全国教育科学规划项目“图画书主题活动促进幼儿健全人格发展的实验研究”（BHA160095）成果

# 绘本主题活动促进学前儿童健全人格发展研究

韩映虹 ◎主编

科学出版社
北京

## 内 容 简 介

本书通过绘本主题活动对学前儿童的人格培养进行了干预研究，以探索学前儿童人格发展规律，丰富和拓展相关的学前儿童人格理论。本书具体介绍了对学前儿童、听障儿童绘本阅读规律的探索，并探讨了绘本主题活动对学前儿童人格培养的影响。

本书可供阅读相关研究领域的研究者参阅，用到的观察、问卷调查、眼动追踪等方法也可供发展心理学相关专业本科生和研究生参考使用。本书还可以帮助幼教工作者、家长了解学前儿童绘本阅读的一些基本规律，以及如何使用绘本培养幼儿的人格。

**图书在版编目（CIP）数据**

绘本主题活动促进学前儿童健全人格发展研究/韩映虹主编. —北京：科学出版社，2022.3

ISBN 978-7-03-071674-3

Ⅰ. ①绘…　Ⅱ. ①韩…　Ⅲ. ①阅读教学-影响-学前儿童-人格-研究　Ⅳ. ①G613.2　②B844.1

中国版本图书馆 CIP 数据核字（2022）第 032679 号

责任编辑：孙文影　冯雅萌 / 责任校对：严　娜

责任印制：徐晓晨 / 封面设计：润一文化

科学出版社 出版

北京东黄城根北街 16 号

邮政编码：100717

http://www.sciencep.com

北京建宏印刷有限公司 印刷

科学出版社发行　各地新华书店经销

*

2022 年 3 月第　一　版　开本：720×1000　1/16

2022 年 3 月第一次印刷　印张：17

字数：302 000

**定价：99.00 元**

（如有印装质量问题，我社负责调换）

# 前　言

PREFACE

我国的早期教育历来重视对儿童的人格培养从学前阶段抓起。20 世纪 70 年代，我国就有学者开始关注学前儿童人格结构研究，而早期研究多采用理论推导和文献分析的方式。较早对儿童人格结构进行实证研究的是辽宁师范大学杨丽珠教授及其团队，自 2000 年起，在其后的 10 年中，他们进行了 3 轮研究探索，最终确立了学前儿童人格结构的维度和特质。此外，国内其他学者也采用家长评定方式对学前儿童人格结构进行了研究，发现其与“小五”人格结构有很大的相似性（张雨青，1999；张庭辉，张进辅，2010）。

国内外相关研究结果表明，儿童的人格结构不同于成人。另外，由于人格发展还受到文化、家庭等社会性因素的影响，不同国家儿童的人格结构也有所差异。因此，研究学前儿童健全人格的培养问题，应基于我国文化背景下的学前儿童人格结构的相关成果开展。

目前，国内研究者主要通过游戏来促进学前儿童健全人格的发展。除此之外，培养学前儿童人格的途径还包括幼儿园环境创设、主题活动、一日生活活动和家园合作等。

国外关于学前儿童的人格理论比较成熟，国内学者也逐渐形成了相关的理论。但是在人格培养方面，国外的研究主要集中在对人格缺陷者的干预和对青少年群体道德品质的培养两个方面，而国内的研究对象多集中于小学、中学和大学生群体，对学前儿童群体的关注较少。杨丽珠教授带领的研究团队先后对学前儿童的自信心、自尊心、责任心、同情心、好奇心、自我控制等进行了教育现场实验，并取得了卓越的效果。杨丽珠教授的研究主要是通过游戏来进行干预的。本书研究则依据杨丽珠教授构建的学前儿童完整人格评估标准，以符合学前儿童心理发展特征的绘本为媒介，通过绘本主题活动培养学前儿童的健全人格。

学前儿童人格结构理论是学前儿童人格培养的重要心理学依据，绘本主题活动是学前儿童人格培养的重要教育方式。然而，目前将二者进行有机结合的相关研究并不多见，且多为质性研究。

2016年，笔者获批了全国教育科学规划项目“图画书主题活动促进幼儿健全人格发展的实验研究”，这项研究基于心理学视角中的学前儿童人格的结构体系，通过设计相关的绘本主题活动对学前儿童的人格培养进行干预研究，以探索学前儿童人格发展规律，丰富和拓展相关的学前儿童人格理论。本书就是基于该研究项目的科研成果撰写而成的。

本书共分为三编：第一编介绍了学前儿童绘本阅读规律的探索，包括学前儿童绘本阅读的研究概述和实证研究；第二编介绍了听障儿童绘本阅读规律的探索，包括听障儿童绘本阅读的研究概述、听障儿童绘本的筛选和不同阅读方式对听障儿童绘本阅读的影响；第三编探讨了绘本主题活动对学前儿童人格培养的影响，包括绘本主题活动对学前儿童社会性行为培养的影响及对学前儿童自我培养的影响。

承担本书各章撰写任务的人员分别是：韩映虹、刘妮娜（第一章第一节）；康立超、韩映虹（第一章第二节、第二章第三节）；吴小静、韩映虹（第一章第三节）；李佳、韩映虹（第一章第四节、第二章第四节）；杨红、韩映虹（第一章第五节、第四章第四节）；赵婧、韩映虹（第二章第一节）；陈阳阳、韩映虹（第二章第二节）；孙琳琳、韩映虹（第三章第一节和第四节）；陈琦、韩映虹（第三章第二节）；刘佳、韩映虹（第三章第三节）；于悦、韩映虹（第四章第一节）；张晓晨、韩映虹（第四章第二节）；李运余、韩映虹（第四章第三节）；张玉、韩映虹（第四章第五节）；张程程、韩映虹（第五章第一节）；杨欢、韩映虹（第五章第二节）；任晓、韩映虹（第五章第三节）；张平、韩映虹（第五章第四节）；曹冰、韩映虹（第五章第五节）；郭慧颖、韩映虹（第五章第六节）。最后由笔者对全书进行统稿与校对。

在本书的编辑过程中，科学出版社的孙文影等编辑给予了我们悉心的指导和帮助。研究生吴小静、李佳、孙琳琳和兰泽波同学在协助整理和编辑书稿方面做了大量工作，在此向他们表示衷心的感谢。本书的大部分内容基于笔者及团队成员公开发表的论文，在此，深深感谢团队中的每一个成员，没有他们的辛勤努力，就不会有今天这本著作的出版。

如何从幼儿园阶段就培养幼儿的人格，从而为其今后的人生打下良好的基础？这是心理学家和教育工作者面临的一个重要的研究选题。今后如何加强这个领域的研究是需要我们认真思考的问题。笔者衷心地希望这本著作能够起到抛砖引玉的作用，促进更多的学前教育工作者和心理学家在学前儿童人格培养领域进行不断耕耘和探索，取得更大的成就。

韩映虹

天津师范大学教育学部

2021年4月

# 目　录

CONTENTS

前言

第一编　学前儿童绘本阅读规律的探索

第一章　学前儿童绘本阅读的研究概述……3

第一节　学前儿童绘本阅读的眼动研究……3
第二节　学前儿童绘本重复阅读……10
第三节　学前儿童绘本附带词汇习得……16
第四节　AR 绘本阅读……23
第五节　拟人绘本和真人绘本的阅读……31

第二章　学前儿童绘本阅读的实证研究……39

第一节　成人朗读故事的语速对 4～5 岁学前儿童绘本注视模式的影响…39
第二节　高亮字对 4～5 岁学前儿童电子绘本阅读注视影响的眼动研究…47
第三节　不同阅读方式下 4～5 岁学前儿童重复阅读绘本的眼动研究……53
第四节　纸质绘本与 AR 绘本对学前儿童阅读效果的影响……72

第二编　听障儿童绘本阅读规律的探索

第三章　听障儿童阅读的实证研究……91

第一节　国外听障儿童绘本阅读研究概述……91
第二节　4～6 岁听障儿童分享阅读绘本筛选标准的初步研究……96
第三节　4～6 岁听障儿童互动式阅读与传统式阅读的比较研究……118
第四节　重复阅读对听障儿童和健听儿童故事理解和叙事能力影响的比较研究……123

## 第三编　绘本主题活动对学前儿童人格培养的影响

**第四章　绘本主题活动对学前儿童社会性行为培养的影响**……133
第一节　绘本主题活动对中班学前儿童的不熟悉同伴分享行为培养的影响……133
第二节　绘本主题活动对4～5岁学前儿童分享意识和分享行为培养的影响……143
第三节　4～6岁学前儿童合作行为的发展研究……147
第四节　人物绘本和拟人化动物绘本对学前儿童利他性助人行为的影响……161
第五节　绘本主题活动对小班学前儿童同理心发展的影响……170
**第五章　绘本主题活动对学前儿童自我培养的影响**……173
第一节　绘本主题活动对大班学前儿童自控能力培养的影响……173
第二节　绘本主题活动对中班学前儿童自信心发展的影响……182
第三节　绘本主题活动对中班学前儿童责任心培养的影响……199
第四节　绘本主题活动对4～5岁学前儿童坚持性培养的影响……213
第五节　绘本主题活动对4～5岁学前儿童创造性人格发展的影响……223
第六节　绘本主题活动对中班学前儿童负性情绪调节的影响……236
**参考文献**……251

# 第一编

# 学前儿童绘本阅读规律的探索

# 第一章

# 学前儿童绘本阅读的研究概述

## 第一节　学前儿童绘本阅读的眼动研究

世界上第一本绘本（picture book）可以追溯到捷克教育家夸美纽斯于 1658 年出版的著名儿童启蒙读物《世界图解》，这是西方教育史上第一本附有插图的儿童百科全书。儿童如何阅读绘本、存在怎样的阅读规律等，是心理学家和学前教育专家一直探索的问题。眼动分析法可以通过记录读者观看绘本时的眼动数据，分析其阅读的特点和规律，是探索学前儿童图书阅读的重要方法。

### 一、绘本阅读的内容

绘本是学前儿童阅读的主要图书类型，是一种由文本和图画共同组成的书籍。那么学前儿童在阅读过程中究竟是在阅读什么内容？他们是只关注图画，还是只阅读文字，或是二者兼而有之呢？眼动仪揭示了儿童阅读绘本时的一些具体规律。

#### （一）图画

图画就是绘本中的插图，它用线条和色彩来表现事物和构成场景，从而表达一定的故事内容。

1. 图画注视的基本规律

图画注视的基本规律有以下四个方面。

1）图优效应原则。阅读有文字的绘本时，儿童会对图画进行优先关注，而对文字的关注较少或者相对较迟，但随着年龄的增长，这一趋势逐渐减弱（Evans，

Saint-Aubin，2005；韩映虹等，2011a）。学前儿童处于具体形象思维阶段，相比于文字，图画语言的形象性、直观性更符合其思维的发展特点，更易吸引儿童的注意力和兴趣。

2）鲜艳颜色偏好原则。色彩鲜艳程度会影响儿童的视觉关注，与色彩简单、暗淡的页面信息相比，儿童倾向关注色彩鲜艳的图画。研究者对4～6岁学前儿童进行了颜色偏好实验研究，结果显示，学前儿童的颜色偏好顺序为红、黄、橙、蓝、紫、绿；男女学前儿童的偏好间存在显著差异，而不同年龄学前儿童之间的偏好相似（刘少英等，2004）。因此，大多数绘本在设计过程中比较注重对学前儿童偏好色彩的使用。

3）主角优先原则。儿童对图画中的主体信息（例如，主角）的关注要多于其他信息。任何绘本中，主角通常都占据突出位置，且形象鲜明，是故事内容的核心，儿童能够有效地观察主角被认为是其能够理解故事内容的基本条件（刘宝根等，2011b）。因此，研究者通过儿童对主角的观察来初步判断其故事理解水平。

4）新异刺激优先原则。相比于旧的、一般的信息，儿童会优先关注新的、有特点的信息。研究发现，新异的刺激容易引起儿童的无意注意，对于3～6岁的儿童来说，随着认识能力和知识经验的不断发展，其能够发现与原有生活经验不同的新奇和新颖事物，这些都易引起他们的注意。

了解学龄前儿童在绘本阅读过程中对图画观察的规律，有助于成人对儿童阅读进行有效的培养和干预，同时对绘本的出版也具有一定的参考价值。

### 2. 图画注视与故事理解

儿童对图画元素的关注模式与故事理解之间存在密切关系（Jett-Simpson，1976）。研究发现，儿童能够通过对绘本中的角色和情节的观察进行故事推理，且阅读理解能力随年龄的增长而逐渐提高。研究者通过探讨儿童视觉认知能力对阅读理解的影响发现，图画形象区域是3～6岁学前儿童视觉关注的重点区域，且他们在不同状态主角形象区域上的眼动注视特点表现出较高的一致性。同时研究发现，3～6岁学前儿童图画视觉认知水平的提高有利于阅读理解。有研究者进一步探讨了学前儿童关注无字绘本故事元素的眼动特点，结果发现，眼动指标与故事主题认知和记忆力之间存在密切关系。3～6岁学前儿童对无字绘本中重要故事元素以及故事元素间关系的注视程度随年龄的增长而逐渐增加。同时，学前儿童对无字绘本故事结构、内容以及理解的总分的提高与其对整幅图画区域和图画形象区域关注程度的增加有显著关系（韩映虹，王静，2013）。还有研究者对5～6岁学前儿童绘本叙事质量与眼动指标的相关关系进行了考察，结果发现，学前儿童在自主阅读绘本时能够抓住故事的关键信息，并将其表述出来；学前儿童对关键信息的注视次数、注视时间均与其叙事的宏观结构指标（情节线索、主题和遭遇）呈显著正相关；在微观结构层面，学前儿童对关键信息的注视次数与学前儿童叙事的词汇丰富性指标呈显著正相关（王娟等，2015）。

## （二）文字

儿童的文字意识（print awareness）指儿童能够认识到文字具有一定的功能，代表一定的意义，并以一定的方式组织起来。很多研究结果表明，早期文字意识水平能有效地预测儿童日后阅读的发展水平。在阅读绘本时，对文字有意或无意的关注能够促进儿童文字意识的发展，因此，国内外研究者对影响儿童关注文字的因素进行了大量探究。

### 1. 阅读方式对文字关注的影响

阅读方式会影响儿童对文字的关注程度。自主阅读是一种让学前儿童自主进行阅读的方式，分享阅读是一种由父母或研究者与学前儿童进行互动阅读的方式。分享阅读在早期研究中得到了研究者的高度重视（Bus，2001），然而大量研究发现，分享阅读中，儿童对文字的关注程度非常低（Justice，Ezell，2000）。但是，赖洁（2013）的研究结果表明，对话分享阅读能够提高学前儿童对文字的关注程度，而涉及文字分享的阅读既能提高其对文字的关注程度，也能提高其对整页内容的关注程度。相关研究发现，自主阅读比传统分享阅读更有助于提高儿童对文字的关注程度（刘宝根等，2011a），且随着儿童年龄的不断增长，促进作用越来越大（刘妮娜等，2012）。出现这种结果的可能解释是，儿童在自主阅读方式下理解故事的难度更大，需要更加主动地去探索故事，同时也包括对文字的探索，因为儿童已具有“文字是有意义”的知识。

成人可以通过改变亲子阅读中对文字的指导行为来提高儿童对文字的关注程度。指读（一边用手指文字一边进行讲读）是一种被广泛使用的方式。Evans 等采用眼动技术发现，指读方式下，3 岁儿童关注文字的时间比例显著提高，5 岁组的增幅最大（Evans et al.，2008）。Justice 等的研究同样发现，指读比其他分享阅读方式（如评论、提问文字等）能更有效地提高 4 岁儿童对文字的关注程度（Justice et al.，2008）。此外，刘妮娜等（2014）通过比较 2～3 岁学前儿童在自主阅读、伴读和指读三种方式下的绘本阅读行为也发现，指读能够提高学前儿童对文字的关注程度，该研究进一步说明指读中的动态手势并不会抢占儿童阅读图画的注意资源。

重复阅读（repeated reading）是指儿童对文字一遍一遍地进行阅读，从而提高阅读的流畅性和阅读理解能力。重复阅读方式也能够提高学前儿童对文字的关注程度。Verhallen 和 Bus（2011）比较了 5 岁儿童在分享阅读下重复阅读 4 次后的眼动行为，结果发现，儿童能够更快地关注录音文本中提到的重点元素，同时提高对文本的关注程度，也表现出对文本和图画之间联系的理解更加深入。

Evans 和 Saint-Aubin（2013）通过在文本中设置高频和低频目标词，结果发现，学前儿童对低频目标词的关注程度随着阅读次数的增加而显著提高，并且第七次阅读较第一次阅读对文本的总注视时间比例从 5.96%提高到 10.18%。韩映虹等（2016）为探究儿童在重复阅读过程中对文字注视的规律与特点，记录了 40 名 4～5 岁儿童第一次阅读和第五次阅读时的眼动轨迹，结果发现，在文字注视上，两次眼动数据存在显著差异，第五次阅读比第一次阅读时的总注视时间更长，总注视次数和进出文字区域的次数更多，同时注视文字的时间更早。

2. 儿童自身特点对文字关注的影响

有关年龄发展的研究显示，儿童对文字的关注程度随着年龄的增长而增大，小班与中班之间的变化最为明显。刘妮娜等（2012）的研究发现，小班儿童对文字区域的关注程度（总阅读时间、注视次数，以及在图和文之间的转换次数）显著小于中、大班儿童，而中、大班儿童之间的差异不显著。刘宝根等（2011a）的研究也发现，4～6 岁儿童注意到文字的时间越来越早，对文字的注视时间不断增加。随着年龄的增长，儿童通过各种非正式的学习途径（如电视、网络、广告等）与文字自然接触，且在成人对儿童识字有所期待等原因的影响下，其对文字的敏感度和兴趣都得到明显提高，这种变化特点不受阅读方式的影响。

儿童智力发展水平、阅读能力水平、字母知识、词汇量、正字法意识等因素也会在不同程度上影响其对文字的关注。例如，刘宝根等（2011a）的研究发现，汉字正字法意识比接受性语言能力能更好地预测儿童在绘本自主阅读中对文字的注视水平，且在不同的年龄阶段，两者的作用大小不同。然而，也有研究发现，语音概念、首音知识、韵律知识等与注视文字的眼动行为并不存在相关（Justice et al.，2008）。学前儿童自身特点多样，且存在较大的个体差异，目前这个方面的研究还缺乏一致的结论，相关的问题还需进一步探究。

3. 文本特点对文字关注的影响

研究者通过多种形式的文字凸显方式来吸引学前儿童对文字的关注（刘宝根等，2013）。文字凸显的方式主要包括：将文字作为插图的一部分镶嵌在插图中，如泡泡文字；改变文字呈现方式，如颜色、大小、字体加粗等；单独呈现，如字母书中的字母；文本的位置或所占面积的大小；文本呈现在图画以外；等等。

文本难度也会影响儿童对文字的关注。Roy-Charland 等（2007）以三种难度的绘本作为阅读材料进行研究发现，当文本难度适合儿童的阅读水平时，儿童会花费更多的时间在文本上；当文本难度超过其阅读水平时，儿童对文本的关注时间则会减少。Evans 和 Saint-Aubin（2005）的研究发现，绘本中词的使用频率（即词频的高低）也反映了文字识别的难易程度，词频会影响学前儿童对文字的关注。

## 二、特殊儿童群体的绘本阅读

特殊儿童包括自闭症儿童、智力障碍儿童、语言障碍儿童、听力障碍儿童和外因性脑部损伤儿童等。研究特殊儿童群体绘本阅读的基本规律，可以揭示特殊儿童的心理特点，同时可以为特殊儿童绘本阅读的干预提供科学依据。

自闭症是一种由神经系统失调导致的发育障碍，其病症包括异常的社交能力、沟通能力、兴趣和行为模式，这些症状在儿童 3 岁之前就会表现出来。有研究者指出，自闭症儿童在观看与社会情境有关的刺激时表现出了异常的眼动模式（韩映虹，闫国利，2010）。也有研究者以自闭症儿童和学前儿童为研究对象，运用眼动测量技术对自闭症儿童在阅读过程中对社会性信息和非社会性信息的加工特点进行了探讨。研究发现，自闭症儿童对绘本中非关键信息区域（社会性程度低的信息区域）的注意程度比普通儿童更高，而对关键信息区域（社会性程度高的信息区域）的注意程度比普通儿童更少（Sasson et al.，2008）。

Andreu 等（2011）使用眼动追踪技术对特定语言障碍儿童的故事理解和复述故事情况进行了考察。结果发现，在复述故事过程中，特定语言障碍儿童关注到的关键性信息要比同龄正常儿童少，但在故事理解方面，两组儿童并不存在显著差异。

## 三、学前儿童绘本阅读的眼动研究的思考及展望

学者对学前儿童绘本的阅读规律进行了系统而全面的研究，这些规律无论对

于家长还是学前儿童教育工作者来说均具有重要的价值和意义。以下就学前儿童绘本阅读的眼动研究问题提出几点思考，并对未来的研究趋势进行展望。

### （一）眼动技术具有研究学前儿童阅读的优势

眼动技术的使用增强了学前儿童阅读研究的外部效度①。早在 19 世纪，心理学家就开始对阅读进行眼动追踪研究。早期的阅读研究中，在使用眼动仪时，研究者需要在被试头上佩戴某些装置，这给学前儿童带来诸多不便，会在一定程度上对儿童的注意力造成影响。经过多年的发展，眼动技术渐趋成熟，近些年来生产的眼动仪在实验中使用时，被试不需要佩戴任何装置，只需要坐在椅子上注视呈现在屏幕上的阅读材料即可，这种阅读情境更接近自然阅读，使得阅读研究的外部效度有了较大幅度的提高，也为学前儿童绘本阅读研究提供了便利条件。

### （二）研究中的方法论问题

#### 1. 眼动仪的选用和被试年龄问题

在对学前儿童进行绘本阅读的眼动研究时，使用哪种类型的眼动仪是一个十分关键的问题。笔者统计了国内外 33 项学前儿童阅读眼动研究中眼动仪的使用情况，结果如表 1-1 所示。

**表 1-1　国内外学前儿童阅读眼动研究使用眼动仪的情况**

| 眼动仪型号 | 眼动仪生产国 | 使用频次 | 儿童年龄/岁 |
|---|---|---|---|
| EyeLink（Ⅱ、1000、2000） | 加拿大 | 7 | 2～14.75 |
| ERICA | 美国 | 1 | 4～5.75 |
| Iriscom Quick Glance 2SH | 美国 | 1 | 5.42 |
| Tobii（T60、T120，1750） | 瑞典 | 20 | 2～6 |
| SMI | 德国 | 4 | 3～12 |

从表 1-1 中可以看出，学前儿童阅读研究中使用较多的眼动仪是 Tobii 和 EyeLink。

Tobii 眼动仪有以下几个特点：易学易用、非侵入式、允许较大的头动范围，

① 外部效度是指研究人员进行研究之后，能够对同类事物加以有效解释、预测与控制，即研究结果推广到某种群体的有效程度。

以及可靠、稳定、方便的校准。因此，它是目前学前儿童眼动研究的主要工具。

相较于 Tobii 眼动仪，EyeLink 眼动仪可以提供更为丰富的眼动数据，而且其眼动数据取样频率远远高于 Tobii。但是在实验过程中，使用 EyeLink 眼动仪时往往需要被试的头部尽量不要活动，有时为了精确地记录眼动数据，还需要学前儿童戴上头盔，因此，使用 EyeLink 眼动仪的实验对儿童的自律要求比较高。

对于学前儿童阅读的眼动研究，SMI 也是一款常用的眼动仪。SMI 眼动仪的眼动指标也比 Tobii 更丰富，给实验者提供了诸如眼跳等眼动参数。

如果对学前儿童注视精度的要求不高，建议使用 Tobii 和 SMI 眼动仪。但是，如果是较为精细的学前儿童阅读研究，且需要通过非常准确地了解学前儿童的注视位置、注视时间等较多的眼动指标来分析学前儿童的阅读过程，则建议使用 EyeLink 眼动仪。

2. 学前儿童眼动研究的常用指标

在学前儿童绘本阅读眼动研究中，另一个非常重要的问题是选择哪些眼动指标。只有选择恰当的眼动指标，才能较好地了解儿童的阅读规律和特点。表 1-2 是对国内外 33 项学前儿童阅读研究中常用眼动指标使用情况的统计结果。

**表 1-2　国内外学前儿童阅读研究中的常用眼动指标介绍**

| 眼动指标 | 心理学含义 | 使用频次/次 |
| --- | --- | --- |
| 注视次数 | 它是指兴趣区被注视的总次数。该指标能有效反映被试对阅读材料的认知加工负荷，对于认知负荷越大的阅读材料，被试的注视次数也越多 | 28 |
| 注视时间 | 它是指从首次注视点开始到注视点首次离开当前兴趣区之间的持续时间。该指标可以反映被试对一个区域的兴趣度 | 30 |
| 总阅读时间 | 它是指被试对兴趣区所有注视点的注视时间的总和 | 12 |
| 首次注视时间 | 它是指眼动轨迹注视到某一既定区域的第一个注视点的时间。该指标反映了一个区域是否吸引到被试的注意 | 18 |
| 图文转换次数 | 它是指被试阅读时在图画和文字之间进行注视转换的次数。该指标反映了被试进行图画和文字对应阅读的程度 | 2 |
| 回视 | 它是指被试的眼睛视线又退回到刚才注视的内容上。眼睛的回视有利于被试对阅读材料进行进一步的加工 | 5 |

由表 1-2 可以看到，注视时间、注视次数、首次注视时间和总阅读时间的使用频率较高，然后是回视和图文转换次数。研究者可以根据自己研究的实际情况选择眼动指标。如果研究者使用 EyeLink 眼动仪，该仪器可以提供较为丰富的眼

动指标，包括眼动的空间指标和时间指标等（闫国利等，2013），这些指标对于深入分析儿童的阅读过程具有重要的参考价值。

3. 眼动分析法的广泛应用是一个重要趋势

由于仪器设备的原因，以学前儿童为被试，从发展的角度探讨阅读过程眼动特征的研究并不多见。眼动仪可以揭示儿童的实时信息加工情况，其在儿童阅读研究中的独特作用和重要价值已为学者认识到。眼动分析法在阅读发展心理学研究中的广泛应用将会成为今后的一个重要发展趋势。

绘本是学前儿童最为喜爱的儿童读物，绘本的问世有着较为悠久的历史。但是，从实证研究的角度，特别是采用现代化的大型精细仪器——眼动仪来探索学前儿童绘本阅读的规律则是2000年以来的事情。纵观已有研究，通过眼动分析方法，研究者已经发现了学前儿童阅读绘本的一些规律，比如，阅读有文字的图画书时，儿童会对图画进行优先关注，而对文字的关注较少或者较迟。同时，也有学者开始探讨特殊儿童群体的绘本阅读规律。总之，使用眼动仪探讨学前儿童绘本阅读的规律是目前学前儿童阅读研究的一个重要发展趋势。今后，眼动仪在学前儿童阅读研究中的广泛使用对于深入揭示学前儿童的阅读规律将发挥越来越重要的作用。

## 第二节　学前儿童绘本重复阅读

绘本阅读是促进儿童阅读能力和文字意识发展的一种有效途径（Horst，2013），不同的阅读方式或方法影响着儿童的阅读效果和词汇学习。重复阅读作为一种旨在改善儿童阅读理解和阅读流畅性的阅读方法，受到了国内外研究者的广泛关注，并且有许多研究者验证了将这一阅读方法应用于儿童绘本阅读的有效性（Evans，Saint-Aubin，2013）。本节从国内外儿童绘本重复阅读的相关研究入手，对重复阅读的概念与心理机制、儿童绘本重复阅读的图文注视特点、重复阅读对儿童词汇学习的影响，以及儿童重复阅读的最佳重复次数等方面的文献进行了梳理，最后针对儿童绘本重复阅读存在的相关问题提出了几点应对建议。

## 一、重复阅读的概念及心理机制

### （一）重复阅读的概念

重复阅读是由 Samuels（1979）提出来的，是指学生通过反复地阅读材料，以提高理解力并达到一定的流畅性水平的一种阅读方法。这一阅读方法的提出旨在改善阅读困难儿童以及正常儿童对困难文本的阅读理解能力和阅读流畅性（Samuels，1979；Moyer，1982）。儿童的绘本重复阅读是指儿童对自己所喜爱的绘本进行反复观看，或者要求成人反复读给他们听的行为。

### （二）重复阅读的心理机制

重复阅读基于 Laberge 和 Samuels（1974）的信息自动化加工理论。Laberge 和 Samuels 将阅读信息的加工过程分为两个阶段：首先是低层次理解阶段，在这一阶段中，儿童主要进行的是词汇识别、词汇拼写，以及对语音等信息的编码，并逐步实现对字词识别及语音信息解码的自动化；其次是高层次理解阶段，它是建立在低层次理解阶段已经充分实现自动化的基础上的，在这一阶段中，儿童的注意从低层次的解码加工转移到对语句、篇章及段落理解等高层次的解码加工上。

Samuels（1979）认为，重复阅读能够为儿童提供充足的练习机会。儿童对绘本的重复阅读则是基于这一点，重复阅读可以为儿童提供练习阅读图画和文字的机会，增加儿童图文匹配的可能性，并加深儿童对故事内容的理解（Evans，Saint-Aubin，2013；Trivette et al.，2012）。

## 二、儿童绘本重复阅读的图文注视特点

绘本整合了图画语言和文字语言，图画和文字均承载着丰富的阅读信息，绘本的这个特点符合儿童形象性思维的发展特点（耿慧兰，2012）。儿童在重复阅读绘本时的图文观看特点有哪些，这是一个十分重要的问题。为了揭示儿童阅读绘本时的注视特点，近年来，越来越多的研究者将眼动技术应用于儿童的阅读研究中。眼动分析法的应用提高了儿童阅读研究的外部效度（韩映虹等，2017a），同时也为研究者提供了深入探讨儿童阅读内部认知加工过程的机会。儿童在阅读绘本过程中主要关注图画，较少关注文字（Evans，Saint-Aubin，2005），儿童对图画的注视则呈现出遵循主角优先、鲜艳颜色优先、新异刺激优先等原则（Laberge，Samuels，1974）。部分研究者针对儿童重复阅读绘本时的图文注视情况进行了研

究，发现儿童在过程中的眼动模式呈现出以下特点。

### （一）随着重复阅读次数的增加，儿童主要关注图画

在绘本重复阅读过程中，虽然儿童对图画的关注会有所下降，但图画仍然是儿童在阅读过程中的主要关注元素（Evans，Saint-Aubin，2013）。Verhallen 和 Bus（2011）考察了 5 岁学前儿童重复（4 次）进行分享阅读时对文本中强调的图画元素的关注情况，发现儿童会优先注意主角元素，并且随着重复阅读次数的增加，儿童能够更快地注视到文本所提到的重点图画元素。韩映虹等（2016）研究了重复阅读5次绘本对4～5岁学前儿童对文字和图画元素关注程度的影响，研究发现，与第一次阅读相比，重复阅读 5 次绘本后儿童对图画元素的总注视时间和总注视次数明显减少，且对图画中的主角、细节等故事元素的关注程度显著降低。这说明随着重复次数的增加，儿童对故事越来越熟悉，对图画中信息的搜索与关注程度也逐渐降低。

### （二）随着重复阅读的次数增加，儿童对文字的关注程度逐渐提高

随着儿童在绘本重复阅读中对图画关注度的降低，儿童可以分配更多的认知资源去搜索新的能够支撑他们进一步理解故事内容的阅读信息，即“文字”。韩映虹等（2017a）的研究发现，随着重复次数的增加，儿童对绘本中文字的关注程度逐渐提高。这一结果与信息自动化加工理论中文字解码的自动化过程相符（Samuels，1979）。此外，韩映虹等（2017b）的研究结果表明，在重复阅读中，儿童能够更快关注到文本所提到的元素。概言之，重复阅读为儿童提供了反复练习的机会，使得儿童能够借助重复阅读逐步实现图文匹配，以及学习和解码文字含义。

Zawoyski 等（2014）的研究发现，重复阅读能够促进儿童对低频词的关注，以及低文字水平儿童对高频词的关注。对于绘本重复阅读，Evans 和 Saint-Aubin（2013）研究了 4 岁学前儿童在 7 次重复阅读绘本之后眼动数据与文字习得的关系，并且设置了高频词与低频词作为目标词进行考察，研究发现，在 7 次重复阅读之后，儿童主要注视的仍然是图画，但是与第一次阅读相比，第七次阅读时儿童对文字区的关注程度有了显著提高，儿童对低频词的关注程度也随着阅读次数的增加而提高。这说明，儿童绘本重复阅读也能够提高儿童对低频词的关注程度。

## 三、重复阅读对儿童词汇学习的影响

重复阅读为儿童提供了反复接触绘本中文字的机会，儿童在重复阅读中不断接触并储存文字信息，同时逐渐掌握一些文字的组织方式和规则（Horst，2013）。

Bellon-Harn 和 Harn（2008）的研究指出，绘本重复阅读能够促进儿童接受性词汇和表达性词汇的发展。绘本重复阅读也能够帮助儿童扩大词汇量并学习相关词汇知识。Damhuis 等（2015）研究了绘本重复阅读对儿童词汇广度（词汇数量）和深度（包括同义词间的关系、词汇与其他语义信息的关系、词语在特定语境中的使用等词汇知识）的影响，结果表明，通过重复阅读，学前儿童在词汇广度和深度上都有了较大进步。

绘本重复阅读对于阅读障碍、学习障碍等特殊儿童的词汇学习也有着一定的促进作用。Rohlfing 等（2017）研究了绘本重复阅读对于具有特定语言障碍的 3 岁学前儿童词汇学习的影响，学前儿童在一周内进行了 3 次重复阅读，每次均连续进行 3 次阅读，每本故事书均包含 2 个目标词，学前儿童在每次重复阅读中均能遇到目标词 12 次，研究发现，绘本重复阅读能够有效地促进具有特定性语言障碍儿童的词汇学习。Bobzien 等（2015）研究了绘本重复阅读对听障儿童词汇学习的影响，发现重复阅读以及显性的教学指导能够有效促进听障儿童的词汇学习。

## 四、儿童重复阅读最佳重复次数的研究

Horst（2013）的研究发现，儿童早期阅读能力的发展与他们未来的学业成就密切相关。重复阅读能够有效帮助提高儿童的阅读能力，但这并不意味着重复阅读的这种促进效果能够随着重复次数的增加而不断增强。

Evans 和 Saint-Aubin（2005）研究了儿童在 6 次重复阅读一篇文章后对目标词的关注情况，分别记录了第三、四、五、六次阅读时的眼动指标，研究发现，在第五次重复阅读和第六次重复阅读时，儿童在眼动指标上已经不存在显著差异，儿童在第五次重复阅读时已经取得了较好的阅读效果。

目前，研究者尚未对绘本重复阅读的最佳重复次数形成统一的界定，但是结合前人研究来看，在进行 3～5 次重复阅读之后，儿童的阅读理解水平、流畅性水平以及文字学习水平都得到了适宜发展，他们的眼动指标变化也在 3～5 次重复阅

读时逐渐趋于平缓。

## 五、关于绘本重复阅读的建议

### （一）鼓励学前儿童进行重复阅读

重复阅读是儿童阅读发展的重要预测因素，儿童在重复阅读时表现出的阅读理解能力和流畅性水平能够很好地预测他们未来的阅读理解能力和流畅性水平（Gellert，2014）。虽然儿童在绘本重复阅读中仍主要观看图画，但重复阅读有助于促进理解，并减少儿童用于故事理解的注意资源，能够让儿童将更多的注意力分配到文字上，促进他们的文字意识发展以及文字学习，拓宽他们的词汇量，增加他们的词汇知识。因此，家长和教师应鼓励学前儿童积极地进行重复阅读。

### （二）适时给予儿童一定指导与支持，并保证 3～5 次的重复次数

儿童在绘本重复阅读过程中，逐渐熟悉故事内容，并对图画和文字细节信息表现出更大的兴趣。有研究指出，在重复阅读中为儿童提供语音、文本练习以及及时反馈，能够有效地改善儿童的阅读理解力和流畅性水平（Young，Bowers，1996）。因此，在这一过程中给予适当的支持和反馈，将有利于儿童理解故事的内容细节，并加深其对文字细节的认识。这种反馈既可以是家长和教师在与儿童进行重复阅读的过程中对儿童的提问进行积极反馈，也可以是家长和教师在阅读过程中积极对儿童进行评论或提问。此外，在重复阅读过程中，教师和家长应积极帮助儿童关注和发掘图文之间的联系，帮助儿童积极匹配图文，促进儿童文字意识的发展。

如前所述，3～5 次重复阅读已有明显的促进效果（Damhuis et al.，2015）。因此，家长和教师在和儿童一起进行绘本重复阅读时，3～5 次的重复较为适宜，但是在实际阅读过程中，儿童的兴趣至关重要，儿童的兴趣可能会受绘本的难度、类型、故事内容等诸多因素的影响。在重复阅读的次数上，家长和教师应灵活选择，在尊重儿童兴趣的前提下选择适当的重复阅读次数，以促进儿童阅读得到最优发展。

### （三）加强汉语儿童绘本重复阅读的研究

目前，重复阅读的大部分文献是西方对拼音文字绘本的研究。汉语作为表意

文字，与拼音文字有着很大的区别。西方的研究成果是否能够被直接应用于汉语绘本的阅读，是一个值得探讨的问题。由于中国家长比较重视早期教育，有很多儿童很早就能够识别一定数量的汉字，这个特点对于儿童在绘本重复阅读过程中对图画与文字的关注情况有何影响，以及重复阅读对汉语词汇学习有何影响等，这些都是值得探讨的问题。目前对于汉语绘本的重复阅读规律的研究还比较少，因此，加强这个领域的研究是今后的一个发展方向。

### （四）利用眼动技术探究儿童的绘本重复阅读

阅读是一项复杂的认知活动，包含视觉分析、字形加工、语音加工和语义通达四个部分（白学军，闫国利，2017）。眼动分析法可以提供人在进行心理活动过程中的即时加工数据，并可以实现对人的心理活动进行精细分析，这也提高了阅读研究的外部效度（闫国利，白学军，2012）。随着眼动技术的发展，部分眼动设备（如 Tobii 眼动仪）在使用时不需要被试佩戴任何装置，这为研究低龄儿童阅读的内部认知加工过程提供了契机。

对于儿童重复阅读的眼动研究，国外大量研究主要集中在小学阶段儿童对文章段落的阅读上，而对于小学阶段的低龄儿童以及学前儿童的绘本重复阅读的研究则较少。此外，国外有学者已经将儿童重复阅读的研究从实验室推广到实际教学情境中，并探讨重复阅读在实际教学中对儿童阅读流畅性和阅读理解能力的作用，以及重复阅读对儿童注视模式的影响是否存在普遍性。但是，仍然未知的是，将儿童的绘本重复阅读推广到实际教学情境中的效果如何，这一问题仍然值得我们进一步探索。

### （五）关注特殊儿童的绘本重复阅读

重复阅读这一阅读方式被提出的最初目的是改善阅读障碍或阅读困难儿童的阅读理解以及阅读流畅性水平（Samuels，1979）。对于特殊儿童而言，由于他们自身的特殊因素（如听力障碍、语言障碍、自闭症等），他们的阅读发展较正常儿童更为缓慢。Rohlfing 等（2017）的研究结果表明，绘本重复阅读能够促进部分特殊儿童的词汇学习，但是相关文献也只集中在部分特殊儿童（如听障儿童），并且样本量较小。因此，绘本重复阅读在特殊儿童群体中的普适性，以及特殊儿童群体在绘本重复阅读中是否存在一定的阅读规律和特点，这些问题仍值得进一步探讨和研究。

## 第三节　学前儿童绘本附带词汇习得

附带词汇学习（incidental vocabulary learning）最早是由 Nagy 等（1985）提出来的。这个概念主要是指学习者在进行其他主要任务时所伴随的词汇学习，这种词汇学习不是学习者刻意进行的。

绘本附带词汇习得是指以绘本为媒介，学前儿童在绘本阅读过程中不是被教授，而是自己自然地习得部分词汇的一种方式。例如，当家长给学前儿童讲故事时，其主要目的是帮助学前儿童理解故事，在此期间并没有进行词汇教学，但学前儿童还是会自然地学会一部分词汇。

在幼儿园活动中，识字教学是不被允许的。《3～6 岁儿童学习与发展指南》规定，应在生活情境和阅读活动中引导幼儿自然而然地产生对文字的兴趣，用机械记忆和强化训练的方式让幼儿过早识字不符合其学习特点和接受能力。国外相关研究发现，学前儿童可以在绘本阅读中自然而然地附带学会一些词汇。因此，在绘本阅读活动过程中，在家长和教师没有刻意进行识字教学的情况下，学前儿童可以通过附带词汇习得的方式掌握一些文字和文字知识，这是一件有益的事情，可以为他们小学阶段的语文学习打下有益的基础。

投入量假说（involvement-load hypothesis）是由 Laufer 和 Hulstijn（2001）提出来的。他们认为，附带词汇的学习效果取决于加工词语时的投入量，投入量越大，附带词汇的习得效果越好。投入量假说理论包含三个层面，即需要、查找和权衡。“需要”是指和学习者动机有关的情感因素，例如，在阅读中遇到阻碍理解文本内容的词语时，读者感到有弄清词语意思的需要。“查找”是指读者在信息加工过程中是否注意到词语的词形和词义信息，即读者注意到了哪些信息。“权衡”是指为了弄清词语的意思所做的努力，具体来说就是将生词放在文中比较其含义。在其他条件均等的情况下，这三方面的投入越大，附带词汇的习得、记忆效果就越好。学前儿童在进行绘本阅读时常会出现这样一种情况，即有的学前儿童会指着绘本上的文字问“这个字读什么？”这种现象表明学前儿童会主动地提出自己想要主动地弄清词语意思的需要，同时也表明学前儿童在绘本阅读中的投入量越大，越有利于附带词汇的习得。

20 世纪 80 年代，美国语言学家 Krashen（1985）提出了输入假说（input

hypothesis）理论。该理论认为，有效的语言输入应包括“$i$+1”。如果语言习得者目前的语言能力为 $i$，那么语言输入应略高于 $i$，即“$i$+1”。输入假说理论认为，语言不是被教出来的，而是通过接触大量的信息伴随性习得的。绘本阅读恰好给了学前儿童接触大量信息的机会，在阅读中，学前儿童可以通过视觉和听觉方式接触大量信息，这有利于学前儿童在阅读中伴随性地习得词汇。

本书通过梳理国外学前儿童绘本附带词汇习得的相关文献，从绘本类型、绘本阅读方式、学前儿童自身特点、绘本讲述者特征等方面探讨学前儿童附带词汇习得问题，以期为国内从事学前教育领域工作的教师和科研人员提供一定的参考。

## 一、不同类型绘本对学前儿童附带词汇习得的影响

依据绘本借助的媒介不同，可以将绘本分为纸质绘本与电子绘本两大类，这两类绘本在学前儿童附带词汇习得的过程中发挥着重要作用。

### （一）纸质绘本对学前儿童附带词汇习得的影响

纸质绘本作为学前儿童最常接触的绘本，会影响学前儿童附带词汇的习得。绘本中插图背景的复杂程度会影响学前儿童附带新词的习得。Kaefer（2017）对纸质绘本主题的背景知识如何影响儿童对插图不同元素的关注以及如何影响其词汇习得进行了研究，发现绘本的背景元素越多、越复杂，学前儿童产生的认知负荷就越大，从而越不利于学前儿童附带词汇的习得。相反，简单的插图可以减少学前儿童的认知负荷，学前儿童能够在阅读中更好地关注插图中的信息，有利于学前儿童附带学习到新词。

绘本阅读过程中，页面的呈现方式会对学前儿童的附带词汇学习产生影响，单独呈现一页图画更有利于学前儿童的附带词汇习得。Flack 和 Horst（2017）的实验研究发现，相比于同时呈现两页图画，单独呈现一页图画时，学前儿童附带习得新词的效果更好。同时呈现两页图画时，学前儿童习得的词汇量明显减少。因为单独呈现一页图画时，儿童加工信息时的认知负荷较小。在进一步的实验中，当呈现两页图画时，故事讲述者伴随做出了一个手势，以引导儿童注意到两个插图条件中的正确页面，结果发现，这种条件下学前儿童附带词汇习得的效果与单独呈现绘本中一页图画的效果相近。当故事讲述者伴随外部手势（如指读）时，学前儿童会因受到手势的影响而直接关注到绘本的相应位置，减少了学前儿童加

工全部信息时的认知负担。这表明，添加外部手势有利于降低学前儿童的认知负荷程度，从而有助于学前儿童附带词汇的习得。

### （二）电子绘本对学前儿童附带词汇习得的影响

电子绘本的多媒体功能有利于学前儿童附带词汇的习得。电子绘本能将语音与文本同时呈现，这样可以提高学前儿童对文字的关注程度，从而促进学前儿童的附带词汇学习。Skibbe 等（2017）使用 TobiiX2-60 眼动仪记录了学前儿童阅读电子绘本时的眼动模式，发现当实验人员朗读文本的同时突出显示文字，即朗读文本时，文字会以高亮字的形式显示，这会增加学前儿童对突出显示的文字的关注程度。这种语音功能会吸引学前儿童的注意，促进学前儿童将图画和文字建立联系。

电子绘本的交互功能有利于促进学前儿童的附带词汇习得。电子绘本为学前儿童提供了与图画和文本互动的途径，通过电子绘本，学前儿童能够和绘本中的人物、动物以及文字等进行互动。Smeets 和 Bus（2015）的研究发现，电子绘本的动态图画可以让学前儿童通过触摸屏与图画和文本进行互动，在互动中理解词语含义，直观地感受文字和图画的联系，在潜移默化中附带习得了一部分词语。此外，语音释义功能通过诉诸听觉刺激，也能够吸引学前儿童对文字的关注，进而在理解词义的基础上促进学前儿童的附带词汇习得。

## 二、绘本阅读方式对学前儿童附带词汇习得的影响

分享阅读和重复阅读作为学前儿童主要的阅读方式，在学前儿童附带词汇习得过程中发挥着不同的作用。

### （一）分享阅读对学前儿童附带词汇习得的影响

分享阅读对学前儿童附带词汇习得发挥着积极的作用。分享阅读是指在轻松的环境下，成年人和学前儿童或学前儿童同伴之间共同阅读一本书的活动（Blewitt et al.，2009）。

Ford-Connors 和 Paratore（2015）的研究也表明，在学前儿童学会独立阅读之前，分享阅读是学前儿童词汇习得的重要来源。它可以帮助学前儿童将听到的内容与书中的文字进行匹配，从而促进学前儿童的附带词汇习得（Sim et al.，2014）。Read（2014）的研究发现，在分享阅读中，押韵、停顿等技巧有助于学前儿童在

词与词之间建立联系，帮助学前儿童从绘本中附带学到新词。同时，其他阅读技巧的使用，如提问、停顿等，也能帮助学前儿童通过记忆再现等方式附带习得词汇（Rideout et al.，2003）。

### （二）重复阅读对学前儿童附带词汇习得的影响

重复阅读是学前儿童附带词汇习得的重要方式。Axelsson 和 Horst（2014）的实验研究发现，3 岁学前儿童在重复语境下能更容易地习得附带词汇。语境的重复能够帮助学前儿童在词语与图画之间建立联系。语境为学前儿童的附带词汇习得提供了线索，学前儿童可以在语境中“猜词”。重复相同语境的故事可以加强儿童对新词的记忆。例如，“搅拌器”作为新词出现在“小明在厨房使用搅拌器做蛋糕”这一语境中，通过反复阅读这个句子，学前儿童加深了对“搅拌器”这一新词的印象，并将“搅拌器”与做蛋糕联系在一起，有利于学前儿童习得“搅拌器”这一新词。

Schwab 和 Williams（2016）的研究也证明了重复连续的句子是学前儿童进行附带词汇习得的有效方式。重复的方式加深了学前儿童对句子的记忆，同时也增强了其对词汇附带习得的效果。

重复阅读作为一种特殊的阅读方式，有利于学前儿童对新词的记忆，对学前儿童的附带词汇学习起着重要作用。重复也是学前儿童喜欢的阅读方式，重复阅读可以增进学前儿童对故事的理解，增加其对文字的关注程度，使其对图画和文本进行反复的加工和记忆，促进学前儿童对附带词汇的学习。

## 三、学前儿童自身特点对附带词汇习得的影响

### （一）学前儿童的词汇量对附带词汇习得的影响

词汇量越丰富的学前儿童，附带词汇习得的效果越好。Kaefer（2017）通过实验研究发现，当学前儿童第一次接触新词与目标对象（即新词所指代的事物）时，学前儿童能够利用已有的知识，排除熟悉对象，定位目标对象，对新词与目标对象进行匹配，进而掌握新词。例如，绘本中有这样一页图画，桌子上放着报纸、水杯、剪刀和螺丝，同时呈现相对应的文字。当学前儿童熟悉报纸、水杯和剪刀时，学前儿童会在大脑中排除熟悉词，并能够快速定位到新词“螺丝”，将文字与图画进行匹配，从而促进附带词汇的习得。

### （二）学前儿童的语音意识与语音记忆对附带词汇习得的影响

学前儿童的语音意识（phonological awareness）与语音记忆（phonetic memory）会影响学前儿童的附带词汇习得。语音意识是指个体感知发音的能力，就是辨别一种语言中声音组合的结构，包括意识到语言中的词、音节、首音和韵脚等（Castles，Coltheart，2004）。语音记忆是指对字母发音、韵律等语音的记忆，例如，对字母中元音和辅音的记忆（Pisoni，1973）。

学前儿童的语音意识与语音记忆随着年龄的增长而不断发展与完善。Abel 和 Schuele（2014）调查研究了语音意识与语音记忆对 5 岁学前儿童附带词汇习得的影响。研究选取了 35 名学前儿童，选择了 19 个目标词，学前儿童均不熟悉这些词，且这些词没有被明确定义或强调给学前儿童。将这些词嵌入一本 26 页的无字绘本中，每个单词重复 3～12 次，结果发现，语音意识与语音记忆能力越强的学前儿童可以通过分享阅读的方式，成功地从故事文本和故事图片中获得不熟悉单词的信息，词汇习得的效果越好。实验表明，学前儿童感知发音的能力较强，能够熟练区分单词中的元音和辅音，在听到外部语言时能够通过发音附带性地习得词汇。

### （三）听障学前儿童的附带词汇习得

与健听学前儿童相比，听障学前儿童由于听力受损，在阅读理解和词汇习得等方面发展滞后。绘本故事的题材广泛，角色形象，内容生动，为听障学前儿童的康复起到桥梁性的作用。绘本在一定程度上降低了语言康复训练的难度，减少了训练的枯燥性，对听障儿童的阅读兴趣、语言能力、习惯培养具有积极作用。

研究发现，听障学前儿童可以通过阅读绘本习得附带词汇。Fung 等（2005）的研究选取了 28 名听障学前儿童，年龄与听力损失程度匹配，并将其随机分配到三种条件中的一种：对话阅读组、典型阅读组和控制组。对话阅读组是指父母在和学前儿童的阅读过程中会提出问题，例如，这是什么。典型阅读组为普通阅读，父母不会提问。整个实验过程中，父母和学前儿童共阅读了 8 本绘本，阅读后对学前儿童的词汇习得情况进行测试，结果发现，对话阅读组的词汇得分显著高于典型阅读组与控制组。实验表明，听障学前儿童可以通过对话阅读的方式习得附带词汇。

## 四、绘本讲述者对学前儿童附带词汇习得的影响

绘本讲述者作为给学前儿童讲故事的人，要掌握相关的阅读知识与技巧，才能帮助学前儿童理解故事，为学前儿童附带词汇习得起到促进作用。一系列的研究发现，在绘本阅读中增加引导语以及使用提问的技巧可以引导学前儿童关注图画和文字，使其在图画和文本之间建立对应关系，有利于学前儿童关注目标对象周围的图文信息，在阅读中附带学习词汇。

成人在绘本阅读中使用合适的引导方式，有利于学前儿童的附带词汇习得。研究发现，听到更多学前儿童引导语（child-directed speech，CDS）的学前儿童在童年后期往往会有更大的词汇量。重复和部分重复的话语被定性为学前儿童引导语的特征。例如，妈妈："熊需要戴帽子，爸爸的黄色帽子会合适吗？"妈妈："不，黄帽子太大了。"妈妈："帽子在哪？"在这个例子中，我们可以看到，在相邻的语境中，妈妈会反复提到"帽子"一词，这就是学前儿童引导语的特征。Fernald和Hurtado（2006）的研究发现，讲述者在使用学前儿童引导语时所包含的句式，如"看看……"，能在无意间强化学前儿童对一些名词用法的认识，促进学前儿童的附带词汇习得。

在绘本阅读过程中，成人的提问技巧有利于学前儿童表达性词汇的习得。成人常用的提问句式包括"图画里面有什么""他在做什么""他在哪里""然后发生了什么""为什么他要这么做"等，这可以增加学前儿童对图画和文字的关注程度，引导学前儿童对词汇进行深层加工，同时促进其表达性词汇的发展（Smeets，Bus，2015）。

## 五、关于我国学前儿童绘本附带词汇习得研究的建议和展望

### （一）教育建议

#### 1. 鼓励学前儿童进行分享阅读和重复阅读

分享阅读和重复阅读是学前儿童进行附带词汇习得的主要阅读方式，可以促进学前儿童文字意识的发展，并对学前儿童的附带词汇习得产生积极影响。在分享阅读时，提问和停顿等技巧可以帮助学前儿童在理解故事内容的同时习得附带词汇。重复阅读是影响学前儿童附带词汇习得的重要因素，重复阅读通过反复阅读绘本的方式可以提高学前儿童的阅读能力，帮助学前儿童理解故事，反

复阅读也有利于学前儿童附带性地习得部分词汇，从而扩大学前儿童的词汇量，增进其对词汇知识的理解。因此，家长和教师应鼓励学前儿童进行分享阅读和重复阅读。

2. 鼓励绘本讲述者在阅读中运用多种阅读技巧

在绘本阅读中，绘本讲述者通过使用引导方式、提问技巧以及指读等阅读技巧，能够增加学前儿童对文字的注视程度以及加强其对文字的加工和记忆。不同语境下的重复可以加深学前儿童对词汇的记忆，以开放式的问题进行提问可以激发学前儿童进行观察和思考。例如，提问学前儿童“图画中有什么”“接下来会发生什么”可以促进学前儿童表达性词汇的发展，学前儿童在问答中也潜移默化地习得附带词汇。指读则是指借用外部手势指向图画或文字等方式，这种方式在学前儿童绘本阅读中可以加强图画和文字之间的联系，使学前儿童将文字与图画进行匹配，减少学前儿童的认知负荷，图文的匹配有利于学前儿童的附带词汇习得。因此，绘本讲述者在阅读时可以运用多种阅读技巧，在没有刻意进行词汇教学的情况下，学前儿童可以自然地习得附带词汇。

（二）研究展望

1. 加强对学前儿童中文绘本附带词汇习得的实证研究

附带词汇习得的价值在于，不是刻意地去教学前儿童学习词汇，而是使学前儿童在不知不觉中自然而然地掌握一些生词。它既不违背《3～6 岁儿童学习与发展指南》的相关要求，同时也可以使学前儿童掌握一些词汇，为其今后的小学语文学习打下有益的基础。国外已经有大量关于绘本附带词汇习得的研究，这些研究的对象不仅有小学生，也有学前儿童。目前，国内的相关研究非常少，加强这个领域的研究是今后一个重要的发展方向。

中文与其他拼音文字，如英语相比，存在较大的区别。例如，中文“苹果”，其英语为“apple”，我们可以直观地观察到，中文和英文在字形、语音和构词规律等方面存在显著差异。西方语言背景下获得的研究结果能否适用于中文背景，还有待进一步的探讨。因此，加强学前儿童中文绘本附带词汇习得的实证研究具有重要的价值。

2. 借助眼动仪探索学前儿童绘本附带词汇习得的规律

随着眼动技术的不断发展，眼动仪也在不断更新，在实验时，被试不需要佩戴任何设备，只需要注视屏幕中的阅读材料即可，实验情境更加接近自然情境，增强了学前儿童绘本阅读研究的外部效度（韩映虹等，2017a）。

眼动仪是探讨学前儿童绘本附带词汇习得的一种重要工具。国外较为重视采用眼动技术揭示学前儿童绘本附带词汇习得的规律。新近一项研究中，Skibbe 等使用 TobiiX2-60 眼动仪记录了学前儿童阅读电子绘本时的眼动模式，揭示了学前儿童阅读图画和文字之间的规律（Skibbe et al.，2017）。

眼动技术可以呈现学前儿童在阅读绘本时图文注视的实时情况，通过注视时间、注视次数、眼跳距离、瞳孔直径等数据反映其阅读情况。将眼动技术与学前儿童绘本附带词汇习得相结合，可以客观地反映学前儿童附带词汇习得的规律，帮助我们了解学前儿童附带词汇习得的特点，从而采取适合学前儿童的方法，促进学前儿童的附带词汇习得。国外的相关研究已将眼动技术运用到学前儿童绘本附带词汇习得中，而我国对学前儿童绘本附带词汇习得的眼动研究还较少。使用眼动仪探索学前儿童中文绘本附带词汇习得的规律，将是这个领域今后研究的一个重要趋势。

3. 探讨特殊学前儿童绘本附带词汇的习得

特殊学前儿童包括听障学前儿童、自闭症学前儿童、语言障碍学前儿童等群体。由于各种原因，这些特殊儿童的阅读发展水平与同龄学前儿童相比存在一定的滞后。已有研究表明，听障学前儿童可以通过绘本阅读的方式促进其附带词汇习得（Fung et al.，2005）。

但是，有其他特殊需求的学前儿童群体的绘本附带词汇习得规律仍有待进一步探索。如何通过非强制性教授的方式促进特殊儿童自然习得词汇，以及促进他们阅读能力的发展，是摆在发展心理学家和特殊教育工作者面前的一项重要任务。

## 第四节　AR 绘本阅读

### 一、AR 绘本概述

增强现实（augmented reality，AR）是运用电子信息技术把虚拟世界在屏幕中呈现出来并与真实世界相融合的一种人机交互技术。它是虚拟现实领域不断发展的一项技术，把增强现实感的技术与传统的纸质书相结合，可以使绘本变得更加生动有趣。

绘本是用图画与文字共同叙述一个完整的故事（夏少琼，2014）。AR 绘本是集图画、视频、动画、声音于一体，借助电子设备让逼真的景物跃然纸上。在信息传递异常迅速的今天，传统绘本单一的绘画形式已经不能满足当代儿童的兴趣。AR 技术为绘本带来了前所未有的数字化理念，将 2D 图片转换为 3D 虚拟对象和动画，提供了一种有趣的学习方式，学前儿童可以实时地与虚拟世界和现实世界进行互动。这符合绘本传递给儿童快乐和促进学前儿童进行思考的基本特征。

AR 绘本最早创作于美国，其中最著名的是 2001 年由美国华盛顿大学教授 Billinghurst 和日本广岛大学教授 Kato 联合索尼计算机科学实验室共同创作的 *Magic Book*，*Magic Book* 看起来像是一本普通的绘本，但是其页面中包含 AR 标记，用户用手持显示屏观看图片就可以沉浸在故事中，当用户推动手柄上的压力垫时，他们就可以体验朝着正在寻找的方向飞行。随后，AR 绘本相继在日本、韩国、德国、泰国、新加坡、马来西亚等国家创作出版。例如，2008 年 7 月，泰国 LarnGear Technology 公司推出首套 AR 绘本 *Earth Structure*，2008 年 9 月在第 60 届法兰克福国际图书博览会上，德国 arsEdition 公司推出 AR 电子图书 *Aliens & UFOs*。在我国，AR 绘本最早兴起于台湾地区。2012 年谷歌发布谷歌眼镜以后，AR 技术开始在我国大陆地区受到关注，2014 年，我国的 AR 技术市场就已经比较火热了，针对学前儿童的绘本大量涌现，例如，青岛智海云天信息技术有限公司旗下综合 12 国百科类绘本的《魔法涂涂看世界：航海历险记》、小熊尼奥公司的《神笔立体画》等（马玉洁，2017）。

AR 绘本是一种利用 AR 技术的智能图书，读者只需在智能手机或平板电脑中下载相应的应用程序（application，APP），将智能设备的摄像头对准书中的 AR 元素，书中的人或物就会以 3D 立体形象呈现在其面前，点击屏幕上的操作按钮还可以与 AR 元素进行互动。例如，小鸡球球成长系列绘本适合 1～3 岁学前儿童亲子互动阅读，这一系列绘本共 6 本，每本书指定一页带有 AR 效果，用电子设备对准相应的书页，小朋友就可以和小鸡球球一起探秘。AR 亲子互动百科系列绘本适合 3～6 岁学前儿童亲子互动阅读，这一系列绘本共 4 本，分别介绍了群鸟、恐龙、海洋动物和陆地动物，所有书页均带有丰富的 AR 特效，读者只需点击屏幕上的操作按钮，就可以身临其境般地和动物零距离接触，观察它们的一举一动，还可以给动物喂食、与它们合影。

## 二、AR 绘本的特点

### （一）虚拟现实

当用户把电子设备放在 AR 绘本上时，书中的图画就会产生 3D 立体效果，为儿童提供一个更加真实和神奇的情景，有助于学前儿童熟记故事中的人物、理解故事情节。Dong（2018）选用一本适用于 3～5 岁学前儿童的绘本——《恐龙 ABC》，该书内容讲述的是史前大型动物——恐龙，该书作者利用软件把书中的平面恐龙制作成 3D 模型，借助相应的 APP，把书中的内容和 3D 模型融合在一起，学前儿童可以在书页上看到“真实”的恐龙，观看恐龙走路、打斗，从而帮助学前儿童理解和记忆与恐龙相关的一些知识。

### （二）情景互动

在阅读绘本时，读者能够与绘本中的人物进行互动是一种非常神奇的体验。当 AR 元素呈现在电子屏幕上时，用户可以通过旋转屏幕从不同的角度观察实物，通过放大或缩小 3D 物体来感知物体的大小，还可以观看 3D 动画，触摸电子屏幕玩 AR 小游戏。Norraji 和 Sunar（2015）发现，AR 的多模式和交互性使得 AR 绘本比传统绘本更具沉浸感和吸引力。Bazzaza 等（2014）使用一本介绍古代建筑的绘本，书中有一页显示的是比萨斜塔的卡通图画，当学前儿童用电子设备对准图片时，屏幕上就会出现与地面垂直的比萨斜塔 3D 模型，学前儿童可以用手触摸屏幕与 AR 元素进行互动，如可以沿箭头指示方向推动比萨斜塔，在它倾倒的瞬间还会发出声音。

### （三）富有趣味

学前儿童喜欢生动、贴近生活的事物，AR 元素使绘本的情节更加生动有趣，让学前儿童能够更好地感知生活中的事物，增强绘本的趣味性。Yilmaz 等（2017）认为，AR 绘本对于儿童来说非常有吸引力，比传统书籍更神奇，更具有趣味性。Rusiñol 等（2018）在法国制作了一本 AR 图画音乐书，旨在让学前儿童学习音乐符号，当学前儿童把 iPad 立在书的前面时，书中的音符和图片就会变成彩色的并在屏幕上显示出来，屏幕的两侧还会出现钢琴、小提琴、长笛、萨克斯、小鼓的图标，学前儿童可以自由选择图标播放动听的旋律，音乐播放完毕后，屏幕的下方会出现虚拟的钢琴黑白键，学前儿童可以看着乐谱在“琴键”上弹奏。AR 绘本让学前儿童的学习充满乐趣，可以达到寓教于乐的效果。

## 三、AR 绘本对学前儿童早期阅读发展的促进

传统绘本与 AR 技术相结合，不仅可以培养学前儿童阅读传统绘本的习惯，而且将普通绘本升级到 3D 立体效果，让学前儿童可以在 360 度范围内任意选择一个角度浏览绘本中的内容。另外，丰富的多媒体手段可以增强绘本内容的趣味性。学前儿童非常喜欢融入 AR 技术的绘本，AR 绘本可以提高学前儿童的阅读兴趣，激发学前儿童的学习动机，促进学前儿童的认知发展，同时还可以促进特殊儿童的心理品质发展。

### （一）提高学前儿童的阅读兴趣

阅读兴趣是读者对阅读活动的一种注意倾向、积极态度和喜爱程度，是维持阅读的动力之源。从小培养学前儿童的阅读兴趣，可以使其受用终身。

AR 绘本让故事里的事物“活了”起来，让学前儿童有身临其境的感觉，学前儿童很喜欢这种阅读方式。Zhao 等（2017）的研究发现，AR 绘本的操作对于学前儿童来说非常简单。大多数学前儿童在看完 AR 绘本后表示很喜欢 AR 绘本。Hyun 等（2011）的研究旨在评估学前儿童 AR 绘本的可用性。参与者为韩国 M 幼儿园的 17 名 5 岁学前儿童，研究者通过对学前儿童阅读 AR 绘本期间和之后的观察和访谈来评估 AR 绘本的可用性。研究结果表明，大多数学前儿童可以调整 AR 绘本和网络摄像头的距离，从而顺利地阅读 AR 绘本。他们在阅读 AR 绘本时出现了语言表达行为和非语言表达行为，例如，当通过移动电子摄像头以对准书页时，学前儿童会惊讶地说“里面的主角从绘本中跳了出来”“这些字母变大了”，学前儿童还会出现“我很高兴”等语言表达，以及微笑、“哈哈哈”等行为表现。88.4%的学前儿童表示 AR 绘本很有趣，52.9%的学前儿童表示 AR 绘本很容易。AR 绘本使传统绘本变得非常有趣，为学前儿童的阅读增添了很多乐趣。

AR 绘本具有互动性和趣味性的特点，学前儿童可以通过角色扮演沉浸在故事中，提高其阅读兴趣，使其爱上阅读。Han 等（2015）进行了一项探索性研究，考察学前儿童在 AR 绘本角色扮演活动中的互动性和参与性。研究者选用《三只小猪》这本绘本的图文，将其制成 AR 效果并分别输入机器人和计算机中。实验在韩国的一所中等幼儿园进行，参与者为 81 名 5～6 岁学前儿童，有 40 名儿童被分到装有 AR 系统的计算机组，其余 41 名儿童被分到机器人组，每个小朋友的头

上佩戴着印有书中角色二维码的头饰，当小朋友头上的头饰对准电子摄像头时，屏幕上就会出现立体的卡通人物。小朋友通过与 AR 元素互动、与同伴交流完成故事的角色扮演。研究表明，以机器人和以计算机为媒介的参与者之间的互动有显著不同，机器人组学前儿童的参与程度显著高于计算机组学前儿童。通过前人的探究，我们不难看出，学前儿童喜欢 AR 绘本这种阅读方式，对 AR 元素表现出积极的态度。

### （二）激发学前儿童的学习动机

学习动机是指直接引发和维持学前儿童学习的一种内部动力，是激励与指引学前儿童达到学习目标的心理需要。在阅读 AR 绘本时，学前儿童可以自由摆弄和操作，可以直接感知绘本中的内容，增加其成功体验，进而提高学前儿童自主学习的内部动机。

Nazaruddin 和 Efendi（2018）对印度尼西亚的两名幼儿园教师进行了访谈，教师认为，AR 绘本具有独特的视觉辅助功能，学前儿童能更轻松、更快速地学习到知识，他们会把阅读当作娱乐，从而提高其阅读动机。Cheng 和 Tsai（2016）在一项研究中考察了儿童和父母共享阅读 AR 绘本的互动情况。研究者在中国台湾地区选取了 33 对父母和儿童，儿童的年龄为 5～10 岁，以《宇雨历险记》这一 AR 绘本为材料。AR 绘本阅读有四种模式：第一种模式是父母作为主导者（父母控制书的翻页、讲述、观看 AR 元素，父母和学前儿童之间没有交流）；第二种模式是学前儿童作为主导者（学前儿童控制书的翻页、讲述、观看 AR 元素，父母和学前儿童之间没有交流）；第三种模式是高交际儿童-父母对（学前儿童控制书的翻页、讲述、观看 AR 元素，父母和学前儿童之间有良好的互动）；第四种模式是低交际儿童-父母对（学前儿童控制书的翻页、讲述、观看 AR 元素，父母与学前儿童之间没有良好的互动）。结果表明，高交际儿童-父母对的阅读效果最佳，在父母对 AR 绘本的评价中，有 31 对父母选择 AR 绘本可以激励学前儿童的学习动机，有 27 对父母选择理解，即 AR 绘本可以帮助学前儿童更好地理解绘本的内容，帮助其学习更多的知识。Chen 等（2016）在中国台湾地区的一所幼儿园进行了一项研究，被试为 30 名 6 岁以下的学前儿童。研究者将学前儿童分为两组来学习汉语：一组使用传统绘本进行学习；另一组使用 AR 绘本进行学习。研究发现，AR 绘本可以帮助学前儿童更好地理解中文含义，从而增强学前儿童的学习动机。Abas 和 Zaman（2011）在马来西亚的一项研究结果表明，阅读困难儿童在阅读纸质绘本时的阅读动机较低，在阅读期间缺乏参与，在阅读结束后也没有真正记住并理解刚刚阅读的内容。AR 绘本是一种可以提供多感官学习环境的纸质书，可以使阅读困难儿童通过与 AR 元素进行互动来激发他们的学习动机，帮助他们理解绘本中的内容。AR 绘本通过为学前儿童提供多感官互动，帮助学前儿童更好地理解书中的内容，让阅读和学习过程变得简单、轻松，激发学前儿童的学习动机。

### （三）促进学前儿童的认知发展

AR 绘本的音频、视频动画能有效提高学前儿童的阅读理解能力，生动的立体互动能够积极影响学前儿童的记忆保持，丰富的画面可以激发学前儿童的想象力。各种神奇的 AR 效果能够调动起学前儿童的各种感官活动，促进学前儿童感知觉能力的发展。

Yilmaz 等（2017）使用 AR 绘本对土耳其一所幼儿园的 92 名 5～6 岁学前儿童进行了研究，发现 AR 绘本通过使用 3D 视觉和音频强调了故事的时间和地点，能有效地促进学前儿童对故事的理解，加深其对故事的记忆。

Alisa（2016）旨在研究为 4～5 岁学前儿童创作 AR 绘本，并探究 AR 对参与度、记忆保持的影响，确定其可用于儿童课堂教育的优势。实验选取瑞典幼儿园的 8 名 4～5 岁学前儿童，并将 8 名学前儿童分为两组：一组为传统书组；另一组为 AR 书组。绘本选用改编版的瑞典童谣《这是汉斯建造的房子》，先分别对学前儿童进行记忆测试，然后让两组学前儿童分别阅读绘本中的内容，每组各读两遍，记录学前儿童与绘本的互动情况，阅读之后逐一测试学前儿童的记忆。结果表明，AR 绘本可以促进学前儿童的记忆保持。

Hamada（2018）认为，AR 允许数字内容无缝地覆盖并融入现实世界，除了可以把平面的事物变成 3D 对象之外，诸如音频和视频文件、文本信息甚至嗅觉或触觉信息等数字资料也可以被整合到用户对真实世界的感知中。这些 AR 功能可以帮助学前儿童了解他们周围发生的事情，为每个学前儿童提供其独特的探索和发现方式，以一种前所未有的方式吸引学习者。AR 绘本可以让学前儿童真实地感知周围的事物，促进学前儿童的认知发展。AR 绘本带给学前儿童前所未有的阅读体验，让学前儿童在愉快的氛围中进行学习，促进其认知能力的发展。

### （四）促进特殊儿童的心理品质发展

特殊儿童有其自身的特点，需要因材施教。近年来，有很多研究结果表明，在阅读或使用 AR 绘本的过程中，AR 绘本能有效指导特殊儿童，使他们进行更多的互动和交流，增强他们的自信心、持久性和挫折耐受力。

Tesolin 和 Tsinakos（2018）开发了一种远程 AR 学习平台，研究结果表明，AR 与虚拟环境相融合的特征，可以使特殊儿童（自闭症儿童、智力障碍儿童、学习障碍儿童）在自己熟悉的环境中阅读故事，与 AR 元素进行互动，从而增强特殊儿童的自信心，使其自主地参与到学习中。

Lin 等（2015）进行了一项研究，让正常儿童和残疾儿童一起在纸上拼彩色的七巧板，AR 被作为一种辅助工具，帮助他们学习几何图形，结果显示，正常儿童都能够顺利完成任务，而残疾儿童通过反复操作、反复观看 AR 视频，也能够自主完成这项任务。AR 可以提高不同残疾儿童的挫折耐受力，激励他们克服困难，大胆主动地进行操作，以探究知识。自闭症儿童的交流和互动障碍常常会使得老师很难进行干预，AR 绘本可以在一定程度上解决这一难题。

Nazaruddin 和 Efendi（2018）针对自闭症儿童的特点选择了一本自闭症儿童可以阅读的 3D AR 绘本，数据分析显示，自闭症儿童在阅读 AR 绘本后观察事物的持续时间比未阅读绘本时观察事物的持续时间延长了 62.5%，在观察事物时的沟通交流也增加了 43.75%，AR 绘本能有效地提高自闭症儿童的意志坚持性和自觉性，让自闭症儿童打破心理防线，主动地进行互动交流。Hung 等（2016）对智力落后儿童进行研究，发现 AR 绘本给学前儿童提供了一种亲身实践的方式来进行探索和体验，学前儿童通过观看 AR 视频、操作电子设备感受阅读的乐趣。他们认为，AR 绘本可以激励学前儿童进行阅读和学习，一些智力落后儿童甚至要求重复阅读 AR 绘本或把 AR 绘本带回家阅读。

## 四、教育建议

AR 绘本是深受学前儿童喜爱的新型绘本，但是如果不能得到合理使用，其就不能发挥积极作用，甚至会有负面影响。那么要如何正确地阅读和使用 AR 绘本呢？本书提出以下几点教育建议以供参考。

### （一）指导学前儿童正确阅读 AR 绘本

AR 绘本在操作上有一定的难度。用户在阅读 AR 绘本时，需要用手机或 iPad 扫描 AR 绘本的封面，下载与绘本匹配的 APP，用电子设备对准标有 AR 效果的页面进行扫描以呈现 AR 效果。在对准绘本时，如果电子设备离书页太近，AR 元素就会与图画重合，达不到 AR 效果；如果电子设备离书页太远，用户就会看不到 AR 效果。

学前儿童在阅读 AR 绘本时，家长或学前儿童教师要给予相应的指导，教会学前儿童正确阅读 AR 绘本的方式，让学前儿童能够选择相应的 APP 观看 AR 效果，调整好屏幕与书页的距离。AR 绘本是一种很好的儿童阅读书籍，但是如果不能得到合理使用，它就会增加学前儿童的认知负担，从而起到负面作用。由此，学前儿童在阅读 AR 绘本时，家长或学前儿童教师的指导很重要。共享阅读 AR 绘本是一种很好的阅读方式，学前儿童可以通过与家长互动（如提问题）从中获得更多的信息，进而学习到更多的知识。

### （二）引导学前儿童分清虚拟和现实

AR 绘本通过电脑技术，将虚拟世界的信息应用到真实世界，真实的环境和虚拟的物体实时地叠加到同一个画面或空间。在观看有关动物科学的 AR 绘本时，家长和学前儿童教师要让学前儿童分清虚拟与现实，尤其是 3 岁以下的学前儿童。例如，小朋友在和电子屏幕中出现的动物互动时会觉得它们很可爱，或是可以随意地摆弄它们，当他们到了现实生活中，可能也不会畏惧动物，抱着现实生活中的猫、狗随意摆弄，甚至会主动接近大型动物，认为它们很好玩，没有意识到这样做可能存在危险。在阅读 AR 绘本时，在学前儿童感受到愉快的同时，家长和学前儿童教师要向学前儿童渗透一些生活常识，或是边让学前儿童与虚拟动物互动边和学前儿童讲每种动物的特征，帮助学前儿童分清虚拟和现实，避免学前儿童受到伤害。

### （三）控制学前儿童阅读 AR 绘本的时间

AR 绘本类似于纸质绘本，但是在阅读过程中要借助电子设备观看 AR 效果，长时间地阅读和观看电子屏幕会影响学前儿童的视力。《3～6 岁儿童学习与发展指南》规定，5～6 岁儿童连续看电视等不超过 30 分钟。因此，家长要合理控制学前儿童阅读 AR 绘本的时间，一般不超过 30 分钟，保证学前儿童健康快乐地阅读书籍、学习知识。

### （四）提高 AR 绘本的质量

现在市场上出售的 AR 绘本价格偏高，有一些 AR 绘本的内容并不适合学前儿童阅读。出版商在设计 AR 绘本时，既要考虑到 AR 绘本的商业价值，又要考虑到绘本的适用性和教育价值。AR 绘本的内容和主题要有一定的适切性。出版商可以把经专家评定的高质量的纸质绘本制作成 AR 绘本，增加绘本的互动性、有趣性，吸引学前儿童的兴趣，促进学前儿童的认知发展。总之，如何出版一批适合学前儿童阅读的优秀 AR 绘本，是我国学前儿童教育界和出版界需要认真考虑的一个重要问题。

综上所述，学前儿童阅读 AR 绘本，能够获得虚实结合、实时交互、深度沉浸的体验。不管是在形式上还是内容上，阅读 AR 绘本都会对学前儿童的早期阅读发展产生潜移默化的影响，有效提高学前儿童的阅读兴趣，激发学前儿童的学习动机，促进学前儿童的认知发展，促进特殊儿童的心理品质发展。AR 绘本的教育价值还需要得到进一步开发和利用，教师和家长在日常生活中要指导学前儿童正确阅读 AR 绘本，合理控制学前儿童的阅读时间，发挥 AR 绘本的优势和积极作用。随着科技的不断进步和发展，AR 绘本将在内容与功能上向高度专业化和人性化的方向发展。

## 第五节　拟人绘本和真人绘本的阅读

绘本带给学前儿童的不仅仅是娱乐感受，而且有重要的教育意义。作为绘本的重要组成部分，角色类型的塑造是学前儿童绘本创作的重要环节，担任着演绎故事、揭示主人公性格特点和表达绘本主题的重要任务。

根据角色贴近生活的真实程度，绘本可以被划分为写实绘本与拟人绘本。

写实绘本包含真实人物绘本（简称真人绘本）和真实动物绘本。写实绘本是指以角色自然外形结构为参照，保持人物、动物的特性和造型动作符合其自然属性和自然规律的绘本（何湘，2016）。真人绘本即以真实人物来设计角色，选择贴近生活的情节作为故事题材，从而传递真实的情感。例如，安东尼·布朗创作的《我爸爸》《我妈妈》借学前儿童的口吻介绍令自己自豪的爸爸、妈妈；米莉茉莉系列绘本中的《饼干加工厂》讲述的是米莉、茉莉和小伙伴们一起加工饼干，通过合作获得友谊的故事。真实动物绘本指的是科普类的真实动物类绘本，如《恐龙小百科》《海洋动物小百科》《儿童动物百科全书》等，以科学的视角，提供有关动物的知识信息，满足学前儿童的好奇心和探索欲望。

不同于写实绘本，拟人绘本利用拟人的手法来表达主题内容，拟人是一种以转移人格为目的、转移目标为人类以外事物的修辞手法（吴昊悦，2017）。拟人绘本将生命和丰富的情感赋予动物或没有生命的物体，通过服饰、语言、行为等方面对角色进行拟人化设计。例如，张从主编的绘本《小马过河》赋予了小马、小松鼠等动物以人类的情感和行为；获得美国科特马希勒最佳图书奖的经典绘本《猜猜我有多爱你》通过塑造出充满动感、表情十足的小兔子和大兔子，道出温馨的亲子之爱。这种将角色拟人化的绘本充满无限的想象力，容易吸引学前儿童的兴趣，因而在国内外绘本中占据主导地位。

拟人绘本基于学前儿童特有的审美视角，通过抽象的造型设计激发学前儿童的想象力，也更容易激发他们的兴趣（孙晓光，2017）。日本学者河合隼雄（2015）在阐述童话故事产生的原因时指出，在经历原型性体验，如认识和体验英雄原型时，人们想要采取更加直接的方式将这种体验传达给别人，于是便产生了故事。从本质上来讲，绘本也是故事，也在传递一种体验。真人绘本的角色类型往往受文化背景的影响，不太容易有所突破；而拟人绘本以人们常见的动物、植物为基础，具有更加广泛的传播性、跨文化性。从这一特点来看，拟人绘本在传播方面优于真人绘本。

## 一、拟人绘本教育的相关研究

在传统观念中，人们经常会给学前儿童讲道德故事，以促进学前儿童的亲社会行为。但是，这类令家长和学前儿童青睐的拟人绘本是否真的有助于学前儿童对道德行为的习得呢？2017 年的一项心理学实验研究挑战了我们对拟人绘本教育作用的传统认知。下面将介绍这项实验，以及其他一些相关研究。

### （一）加拿大心理学家的实验研究

加拿大心理学家 Larsen 等（2017）在国际著名学术杂志《发展科学》（*Developmental Science*）上发表了一篇论文，即“Do storybooks with anthropomorphized animal characters promote prosocial behaviors in young children？”。该研究的目的是验证分享主题绘本是否会增加学前儿童的分享行为，拟人绘本和真人绘本是否会产生不同的教育效果。

实验对象为 96 名（46 名男孩和 50 名女孩）4～6 岁的学前儿童，这些儿童被随机分为三组，每组 32 人。实验材料包含两本分享主题的绘本（一本是《浣熊学会分享》的拟人绘本，另一本是将《浣熊学会分享》进行真人化处理的绘本，书中的其他插图和文字保持不变），以及一本非分享主题的绘本——《小种子》。

该研究的实验过程如下：①为了确保学前儿童有足够的词汇量去理解绘本中的内容，对学前儿童进行三本绘本的词汇测试。②进行贴纸分享实验的前测。学前儿童可以从100张贴纸当中选出他们喜欢的10张贴纸，实验者会对学前儿童说："有一个比你年龄小的小朋友，不能来挑选贴纸，所以你可以把自己的一些贴纸放在这个信封里，然后分享给这个小朋友。"随后实验者转过头去，请学前儿童把自己分享的贴纸放进信封里并将信封封好，放进邮箱。实验者在学前儿童不在场的时候打开信封，清点其分享的贴纸数量。分享一张贴纸计1分，根据此方法记录分数。③其他两组学前儿童分别开始进行绘本阅读活动。④每组学前儿童阅读完绘本后，进行贴纸分享实验的后测，记录其分数。⑤对学前儿童对绘本故事内容的理解程度进行提问测试（例如，"当她和她妈妈在家的时候，浣熊在做什么，浣熊做出分享后开心吗？"）。⑥询问学前儿童喜爱真人绘本还是拟人绘本，进行绘本偏好测试。

实验发现：首先，各组学前儿童的绘本词汇测验成绩不存在显著差异，根据故事理解测试，排除了没有理解绘本内容的两名学前儿童，其余学前儿童都能够清晰地理解故事内容，这说明绘本词汇测验成绩和故事理解情况都不会对贴纸分享实验产生影响。其次，在绘本偏好方面，一半学前儿童喜欢真人绘本，另一半学前儿童喜欢拟人化动物绘本，这也表明学前儿童在绘本偏好方面不存在差异，因此不会影响贴纸分享实验的研究结果。最后，通过对贴纸分享结果进行分析，发现相对于拟人化动物绘本和非分享主题的绘本，真人绘本显著增加了学前儿童贴纸分享的数量。与此相反，阅读拟人化动物绘本和非分享主题的绘本的学前儿童在随后的贴纸分享活动中不仅没有分享更多的贴纸，反而大大减少了贴纸分享的数量。

实验结果表明，分享主题的绘本可以促进4～6岁学前儿童分享行为的发展，但拟人绘本和真人绘本会对学前儿童的分享行为产生不同的教育效果，即阅读了真人绘本后的学前儿童变得更加慷慨大方，会更加愿意帮助他人，做出更多的分享行为；而阅读了拟人绘本后的学前儿童不仅不会增加分享这一亲社会行为，反而会变得更加自私。因此，真实人物的故事，而不是拟人化的故事，更有利于促进学前儿童亲社会行为的发展，这有悖于我们的传统观念。

### （二）其他相关研究

很多经典的道德故事讲述了撒谎的不良后果，弘扬了诚实的美德。尽管这些故事被广泛使用，但没有证据表明这些故事是否真正促进了学前儿童诚实品格的建立。Lee 等（2014）运用《华盛顿砍樱桃树》《木偶奇遇记》《狼来了》三本经典绘本对 268 名 3～7 岁学前儿童的诚实行为进行了干预，结果发现，只有《华盛顿砍樱桃树》这本真人绘本促进了学前儿童的诚实行为，可见并非所有经典故事都能发挥其教育功能。

不同类型的绘本不仅会对良好人格品质的培养产生一定的影响，也会影响学前儿童对动物科学知识、因果关系知识的获得及问题解决能力的提高。

Ganea 等（2014）为了考察绘本中的拟人化现象是否会对学前儿童学习和理解动物学知识产生影响，选取了 142 名 3～5 岁学前儿童，根据学前儿童不熟悉的三种动物设计了四类绘本：第一类为用拟人化语言描述真实动物的半拟人绘本，第二类为用客观性语言描述拟人化动物的半拟人绘本，第三类为纯拟人绘本（用拟人化语言描述拟人化动物），第四类为真实动物绘本（用客观性语言描述真实动物）。学前儿童在阅读完不同类型的绘本后，需要回答一些有关动物知识的问题。研究结果表明，阅读了真实动物绘本的学前儿童对新动物的认识最为客观，而阅读了纯拟人绘本的学前儿童所获得的动物知识效果不佳。

在另外一项研究中，Walker 等（2015）选取了 108 名 3～5 岁的学前儿童，利用与现实世界相似度不同的两种绘本考察了学前儿童对因果关系的概括能力，两种绘本都描绘了一次家庭野营旅行，两种绘本中的故事是相互匹配的。一种绘本的故事内容贴近现实生活（如爬树、游泳），另一种绘本的故事内容脱离现实生活（如和大树交谈、在巧克力泳池中玩耍）。完成绘本阅读后，学前儿童回答一些有关绘本故事内容的问题，以确保他们能够回忆起故事情节。结果表明，学前儿童对绘本中故事的理解和记忆没有差异。研究者对学前儿童在因果关系知识问题上的得分情况进行分析发现，学前儿童很难学习和应用拟人绘本中的因果关系方面的知识。

Richerd 等（2009）选取了 135 名 3～6 岁的学前儿童，以 2001 年的电影《怪兽电力公司》中麦克和苏利文的故事与真实生活故事做对比，期望他们从这些故事中学习到适用于现实世界的信息。研究发现，学前儿童对虚构世界和现实世界有着不同的概念，他们更愿意从真人角色的故事中获得信息，而不善于将从幻想的故事中学习到的相关知识迁移到真实生活中。

绘本是传递知识的良好媒介，但是其内容中总是添加一些与学前儿童实际生活存在一定距离的奇妙元素，引导学前儿童以拟人化的方式去认识世界、认识和学习社会生活规律。综合以上几项研究，我们可以发现，拟人绘本会影响学前儿童对动物科学知识的学习以及对自然世界的探索和认知，同样也可能不利于培养学前儿童的道德品质及解决真实生活问题的能力。那么，造成两类绘本教育功能有差异的原因是什么呢？

## 二、拟人绘本影响教育功能的心理机制

在观察学习理论中，班杜拉提出学前儿童是通过观察和模仿来学习诸如合作、竞争、分享和攻击等一系列社会行为的，人类普遍的、有效的学习方式就是观察学习（陈帼眉，2015）。观察学习是由美国心理学家班杜拉提出来的，是社会学习理论中的一种学习模式，指学习者通过对榜样人物的行为及其结果的观察来进行学习。当学前儿童阅读绘本时，学前儿童会在绘本众多角色中寻找具体的人物作为观察对象，这些人物进而可能会成为学前儿童的榜样示范者。因此，绘本中角色主体的性格特点和行为特征都会影响学前儿童的学习过程和学习效果。

根据皮亚杰的认知发展阶段理论，2～7 岁的学前儿童处于前运算阶段，思维具有不可逆性、缺少灵活性等特点，不能很好地掌握概念的概括性和一般性（陈琦，刘儒德，2007）。同时，学前儿童自身的个体迁移能力也存在一定的发展差异，这种差异表现为学前儿童无法正确地将拟人绘本中的故事内容和情节迁移到真实的世界当中。

Larsen 等（2017）的研究结果表明，4～6 岁学前儿童可以理解真实人物和真实动物的普遍特征，但难以理解拟人化动物的特征。比如，对于乐于助人的小熊，学前儿童在理解它的时候就仅仅把它当成一个动物，不能理解绘本中的小熊是拟人化的动物，它也是和人一样住在房间里生活……当学前儿童不能够理解拟人化的含义时，其就很难把小熊的故事内容迁移到真实生活情境中，进而产生模仿行为。学前儿童通常是依靠头脑中有关游戏或绘本中角色和行为的表象来学习的，当学前儿童并不能正确理解绘本中的拟人化动物的行为举止时，学前儿童的学习效果将会受到影响。可见，由于这类绘本创设与现实不一样的故事情境，学前儿童难以进行迁移。

## 三、对拟人绘本和真人绘本研究的思考

### （一）加强该领域的实证研究

随着绘本教学在学前教育中的地位不断上升，绘本教学的教育价值也日益凸显。因此，在绘本的设计方面，如何根据学前儿童的认知和审美特点设计比较合

适的角色类型，也是一个十分重要的问题。松居直等（2009）认为，教孩子们认识实物的媒介，如动物、交通工具类绘本应该更简洁明确，不能用成人的思维方式想当然地认为学前儿童肯定喜欢幼稚的画，而应该在构图方式上力求让孩子们一眼看到画就能准确地把握事物的特征。

结合以上有关绘本对培养学前儿童亲社会行为的研究结果，我们需要思考，当我们利用拟人绘本培养学前儿童的助人、合作等品格时，真人绘本真的比拟人绘本效果好吗？中国的学前儿童是否也遵循相同的规律呢？由于东西方文化存在差异，西方的心理学实验成果是否适用于中国，这还需要进一步的研究验证。因此，我们应该持有一种慎重的态度。发展心理学家、学前儿童教育学家等应该设计较为严格的心理学实验，验证这些实验结果在中国的适用性。

真人绘本和拟人绘本的教育效果差异的心理机制是什么？荣格提出将人的无意识分为个人无意识和集体无意识。他认为，人的无意识具有共同性和普遍性，能够创造出绘本中很多特征鲜明的形象，因此提出了原型（archetype）理论。荣格发现了大量原型，如儿童原型、英雄原型、母亲原型等。在特定的时代和文化背景中，一个特定原型的力量能够发挥十分强大的作用。但无论是班杜拉的观察学习理论还是荣格的原型理论，都无法圆满解释两类绘本的教育效果的差异。因此，在拟人绘本影响教育功能的心理机制方面，还有待通过进一步的实验研究进行严格的论证。

### （二）考虑学前儿童年龄的差异性

学前儿童的生理、心理机能发展还不完善，主要靠听觉和视觉来感受文学作品（黄晓丹，2016）。所以，不同年龄的学前儿童对拟人绘本的理解存在差异，将绘本知识迁移到真实世界的能力也存在差异。

Herrmann 等（2010）的研究结果表明，4～5 岁的城市学前儿童更容易在理解生物概念时出现拟人化倾向，忽略动物本身的特征，认为动物具备人的意识、情感和能力。

Waxman 等（2014）的研究发现，3 岁与 5 岁学前儿童在对人类与非人类（如动物、拟人化动物等）关系的理解上存在显著差异，5 岁学前儿童比 3 岁学前儿童更容易采用人类中心主义的观点去认识其他事物，这也意味着学前儿童并非生下来就会以人类中心主义的角度去认识世界。

上文介绍的 2017 年加拿大心理学家所做的那项实验研究中，实验者并没有严格按照年龄来区分实验对象，那么，3 岁学前儿童与 6 岁学前儿童是否在阅读拟人绘本的效果上存在差异？因此，有必要从发展的角度去探讨大、中、小三个不同年龄班的差异，设计更具有针对性的实验，提供更加合理有力的数据，以便教育工作者对不同年龄学前儿童的发展特点有更加清晰的认识。

### （三）提高绘本角色类型的适宜性

学前儿童常会接触大量拟人化的媒介（如绘本、动画片等），这类媒介通常会以幻想、夸张、带有人类感情色彩的方式去描绘动物和其他物体。如果在我国文化背景下重复国外的实验结果，发现拟人绘本在人格品质培养方面不如真人绘本那样有效，那么应该如何继续发挥绘本的教育功能和教育价值，将成为家长、教育工作者及出版商需要认真考虑的问题。

现在有许多绘本都以夸张和幻想的方式描绘现实，常常将人类意识、目的、意图体现在动物角色上，如海豹解开谜团、猫建造房屋、老鼠会驾驶汽车等。Marriott（2002）的研究发现，在 1000 本学前儿童读物当中，几乎有一半以上的学前儿童读物以拟人化动物的形式来表达主题内容，但真实动物的角色类型不到 2%，也就是说，大部分学前儿童读物是以拟人化角色类型来展示的。学前儿童对绘本内容（文字与图画的融合）的理解与记忆是一个从无意识到有意识再到有意识与无意识相互交融的过程（刘霞，王小溪，2016）。如果想通过绘本支持和帮助学前儿童学习社会行为，出版商应该考虑增加传递真实信息的绘本，以便学前儿童能更加容易地将绘本中的知识和优秀行为品质迁移到真实生活中，同时也应考虑到学前儿童对真人绘本和拟人绘本的偏好问题，做到两者兼顾，设计出学前儿童喜爱且更加符合学前儿童发展特征的绘本。

# 第二章

# 学前儿童绘本阅读的实证研究

## 第一节 成人朗读故事的语速对 4～5 岁学前儿童绘本注视模式的影响

文字意识作为儿童早期读写技能的重要组成部分，在其正式学习阅读文字前就已经开始形成和发展（Bialystok，1997）。文字意识不仅是儿童早期阅读能力的基础，也是其后期阅读能力发展的预测因素（Levy et al.，2006；Badian，2001；Stuart，1995），因此，在学前阶段培养学前儿童的文字意识是十分必要的。文字意识亦称文字知识（print knowledge）或书面语言意识（written language awareness）。在英语文化中，文字意识是指儿童对书面文字的形式和功能的理解（Justice，Ezell，2001；Whitehurst，Valdezmenchaca，1988），其中，对文字形式的理解包括对字母、单词、文本结构（如句子、短语、故事、符号）以及标点符号的理解；对文字功能的理解则是对文字使用的目的，如对文字表达的要求、命令、情感等的理解（Justice，Sofka，2010）。在汉语文化中，由于汉字是表意文字，有较强的图形特征和形象性、整体性，以及以形表意的特点（周兢，刘宝根，2010），除了文字形式和文字功能外，汉语文化中的文字意识还包括文字规则、文字结构和文字再认的意识。正是由于汉字具有表意性和形象性，汉语儿童文字意识的培养更应该从视觉策略上来进行。因此，学前儿童教师和家长应该在日常生活和阅读活动中引导学前儿童自然而然地关注文字，通过培养学前儿童积极主动地关注文字来促进其文字意识的发展。

绘本分享阅读是学前儿童经常进行的阅读活动，具体是指由父母、教师等给儿童朗读一本书（Levy et al.，2006；Roy-Charland et al.，2016）。在分享阅读中，学前儿童在倾听成人为其朗读故事的同时，也在通过视觉探索着书中的图画和文字，由此他们可以通过音、形、义的对应关系逐渐对文字的形式与功能产生初步的了解（Clay，1966）。可见，绘本分享阅读是培养学前儿童文字意识的理想方式。然而，研究发现，在自然状态下的分享阅读中，学前儿童对文字的注视很少，他们会更多地关注书中的图画而不是文字内容（Justice et al.，2005；Neuman，2008；Evans，Saint-Aubin，2005；韩映虹等，2011b）。这种较少的关注使儿童与文字接触的机会较少，也使分享阅读在提高学前儿童文字意识上的价值难以得到很好的发挥。因此，如何在绘本分享阅读过程中有效地引导学前儿童关注文字，成为研究者探讨的焦点问题。

为了提高学前儿童在绘本分享阅读中的文字关注水平，研究者尝试使用以下几种策略：首先，调整绘本中的文字和文本特性，如文字的位置、文字的凸显程度（包括改变文字的字体、颜色，在图画中插入文字、角色口语泡泡等）和文本难度。研究结果显示，调整文字和文本特性虽然不能使学前儿童改变更多地关注图画的特点，但可以在一定程度上提高学前儿童对文字的注视水平（Evans，Saint-Aubin，2005；刘宝根等，2013；Roy-Charland et al.，2007）。其次，改变分享阅读过程中成人的文字指导行为，包括语言和非语言的指导。其中，指读作为一种非语言形式的方法，比其他方式，如评论、文字提示等更能有效地提高儿童对文字的关注程度（Evans et al.，2008；Justice et al.，2008；Roy-Charland et al.，2015）。最后，采用重复阅读的阅读方式，即重复多次为学前儿童讲故事，也能够显著提高学前儿童对文字的关注水平（Evans，Saint-Aubin，2013；韩映虹等，2016）。上述研究结果表明，使用这些策略虽然不能从整体上改变学前儿童在绘本分享阅读中喜爱和优先关注图画的发展特点，但均可以在不同程度上提高学前儿童对文字的关注程度。

然而，以上这些研究并没有根据分享阅读过程中故事朗读者的朗读特点来探究其对学前儿童文字注视水平的影响。相较于自主阅读，分享阅读更偏向是一种听读活动，即学前儿童在通过视觉阅读书中的图画和文字的同时，也通过听觉倾听成人朗读和讲述故事。那么，如果对成人朗读故事的语速进行调整，这是否会影响学前儿童的视觉注视模式，特别是其对文字的关注？在较近的一项国外研究中，加拿大研究者 Roy-Charland 等（2016）通过眼动实验探索了成人朗读故事的语速与小学儿童对文本关注程度之间的关系。该研究选取小学一、二年级的学生作为被试，分别在成人以快、慢两种语速朗读故事的情况下给他们呈现两种不同文本难易程度的绘本，并使用 EyeLink II 眼动仪记录其眼动数据。研究结果显示，成人放慢朗读故事的语速可以提高小学儿童对较难文本的关注程度。该研究结果表明，朗读故事的语速是影响儿童关注文字的潜在因素。然而，这项研究并没有对成人朗读故事的语速进行精确控制，只是将成人的正常语速确定为快速语速，儿童逐字朗读的语速确定为慢速语速，这样的标准缺乏科学性，也不足以指导实践，而且，该研究的被试仅为小学儿童，并没有关注处于文字意识萌芽和形成期的学前儿童群体。

本次研究将对成人朗读故事语速的界定进行新的探索，力求以较为客观的方法确定朗读语速的快慢，并在此基础上考察快、慢故事朗读语速对 4～5 岁学前儿童绘本注视模式的影响。本次研究的价值在于探索一种新的具有较好操作性的能提高学前儿童文字关注程度的方法，在丰富早期阅读和文字意识的相关理论的同时，为学前儿童教师和家长在分享阅读活动中对语速的控制提供一定的实践指导。

## 一、研究方法

### （一）被试

本次实验选取天津市南开区某幼儿园 30 名中班学前儿童作为被试，被试的选择经过如下程序：首先，随机选取中班共 50 名学前儿童，对其进行绘本识字量测试；其次，根据测试的结果，选择得分基本相近的 30 名学前儿童作为被试，被试识字量测试结果的平均分为 16.18 分。由于 2 名学前儿童的眼动数据质量较差，无法进行分析，本次研究选用的实际样本为 28 名学前儿童。

### （二）实验材料

#### 1. 绘本

本次研究选取绘本《云朵面包》《月亮冰激凌》作为研究材料，两本绘本出自同一作者的系列绘本，风格和难度基本一致。每本书均配有由同一名朗读者朗读的快、慢两种不同语速的音频。将绘本每页画面与相应的朗读音频合成视频，在仪器屏幕上逐页呈现给被试。所有参加实验的被试之前均未阅读过此书。

#### 2. 快、慢两种朗读语速

由于目前国内外有关成人朗读语速，特别是成人为学前儿童朗读故事语速标准的研究很少，本次研究尝试采用较为客观的方法来确定快、慢语速。本次实验选取了 12 名幼儿园教师和 12 名学前儿童家长，让他们朗读同一故事并计时，其平均朗读速度为 157 字/分（*SD*=22.3）。本次研究将此平均语速定义为快速语速，将快速语速减去两个标准差的语速确定为慢速语速，即 113 字/分（该慢速语速与快速语速有明显区分度，在以该慢速语速为学前儿童朗读故事时，学前儿童能够认真地听故事，并理解故事内容）。最终，本次实验选用的快速语速为 157 字/分，慢速语速为 113 字/分。

3. 绘本识字量测试

本次研究中使用的绘本识字量测试材料是将《云朵面包》《月亮冰激凌》两本绘本中的 100 个关键文字摘出整理，并按字频高低排序（字频参考现代汉语语料库字频表[①]），以每页 5 个文字呈现在白纸上，让学前儿童进行指认。每字认读正确计 1 分，当某页 5 个文字全部答错或不认识时，则停止计分。

4. 故事理解测试材料

为了解学前儿童在快、慢两种不同朗读语速下能否认真阅读故事内容并对故事情节做到基本理解，本次研究对被试的故事理解情况进行了测试。故事理解测试材料是已有研究中使用的阅读理解测试（Paris A H，Paris S G，2003），根据两本绘本的故事内容，本次研究编制了故事理解测试问题，包括 5 个显性问题和 5 个隐性问题，共 10 个题项。显性问题是指问题的答案可以从故事叙述中直接获取，包括对故事主角、背景、引发事件、问题和结局的提问；隐性问题是要求学前儿童在理解的基础上进行推论，包括角色感受、因果关系、语言理解、情节预测、故事主题。每个问题回答正确计 2 分，部分正确计 1 分，错误或没有回答计 0 分。

## （三）实验程序

实验开始前，对每名被试进行识字量测试，之后进入绘本阅读的眼动实验阶段：首先，每名被试需要 2 分钟熟悉眼动仪并进行练习，接着进行 5 点校准程序，然后开始正式实验，主试将伴有快、慢两种朗读速度的绘本视频呈现在仪器屏幕上（绘本呈现的顺序按拉丁方排序，以消除顺序和绘本差异对被试造成的影响），让学前儿童听读故事。绘本采用连续呈现的方式，每页在音频播放结束后自动翻

① http://corpus.zhonghuayuwen.org/

页。在每个故事结束后，对学前儿童进行阅读理解测试。

### （四）实验仪器

本次实验采用 Tobii120 型眼动仪。该眼动仪的采样频率为 120 赫兹，分辨率为 1024 像素×768 像素。被试与屏幕之间的距离约为 60 厘米。测试时，被试头部可自由移动。

### （五）兴趣区划分

本次研究将绘本整体页面划分为两个兴趣区，即文字区和图画区，并使用眼动仪的数据分析软件分别对两个区域的眼动数据进行统计。

### （六）眼动指标

注视时间指被试注视某一兴趣区所持续的时间，反映了其对某区域的感兴趣程度。注视次数指被试注视某一兴趣区的次数，反映了其对阅读材料的认知加工负荷。注视时间比例指被试对某兴趣区的注视时间占其对整个页面的注视时间的比例。注视次数比例指被试对某兴趣区的注视次数占其对整个页面的注视次数的比例。总观察次数指被试的注视点进入某兴趣区的次数之和，反映了其对目标区域的关注频率。

## 二、结果与分析

为了比较在绘本分享阅读中，成人以快、慢两种语速朗读故事时学前儿童的注视模式和故事理解情况，笔者对实验数据进行了配对样本 $t$ 检验，结果如下。

### （一）成人朗读故事的语速对学前儿童文字注视的影响

表 2-1 显示了在绘本分享阅读中，成人以不同语速朗读故事的情况下，学前儿童对文字注视的眼动指标的比较。首先，成人以慢速语速为学前儿童朗读故事时，学前儿童对文字的注视时间比例和注视次数比例显著高于成人以快速语速为其朗读故事时的相应眼动指标。其次，在不同故事朗读语速下，学前儿童对文字区的总观察次数也存在显著差异（$p<0.001$），在成人以慢速语速为学前儿童朗读时，学前儿童对文字区的总观察次数更多。

表 2-1 不同故事朗读语速下学前儿童对文字注视的眼动指标比较

| 眼动指标 | 快速语速 *M*（*SD*） | 慢速语速 *M*（*SD*） | *t* |
|---|---|---|---|
| 注视时间/秒 | 19.88（25.30） | 33.97（37.78） | — |
| 注视时间比例 | 0.12（0.14） | 0.15（0.15） | −3.27** |
| 注视次数/次 | 45.25（43.48） | 73.75（71.43） | — |
| 注视次数比例 | 0.11（0.11） | 0.12（0.12） | −2.47* |
| 总观察次数/次 | 18.96（14.27） | 27.50（21.29） | −4.86*** |

注：*$p<0.05$，**$p<0.01$，***$p<0.001$，下同

## （二）成人朗读故事的语速对学前儿童图画注视的影响

表 2-2 显示了在绘本分享阅读中，成人以不同语速朗读故事的情况下，学前儿童对图画注视的眼动指标的比较。由此可知，成人在以慢速语速为学前儿童朗读故事时，学前儿童对图画的注视时间比例（$p<0.01$）和注视次数比例（$p<0.05$）显著低于成人以快速语速为其朗读故事时的相应眼动指标。

表 2-2 不同故事朗读语速下学前儿童对图画注视的眼动指标比较

| 眼动指标 | 快速语速 *M*（*SD*） | 慢速语速 *M*（*SD*） | *t* |
|---|---|---|---|
| 注视时间/秒 | 138.60（29.13） | 187.62（35.10） | — |
| 注视时间比例 | 0.88（0.14） | 0.85（0.15） | 3.27** |
| 注视次数/次 | 381.29（82.10） | 531.39（115.10） | — |
| 注视次数比例 | 0.89（0.11） | 0.88（0.12） | 2.47* |

## （三）成人朗读故事的语速对学前儿童故事理解的影响

表 2-3 显示了在绘本分享阅读中，成人以不同语速朗读故事的情况下，学前儿童故事理解的得分情况。从整体上看，快、慢朗读语速均能保证学前儿童对故事的基本理解，且成人以慢速语速为学前儿童朗读故事时，学前儿童的阅读理解得分显著高于成人以快速语速为学前儿童朗读故事时的得分（$p<0.001$）。同时，成人在以慢速语速朗读故事时，学前儿童对显性问题（$p<0.001$）和隐性问题（$p<0.01$）的得分均显著高于成人在以快速语速朗读故事时的得分。

表 2-3　不同故事朗读语速下学前儿童故事理解情况比较

| 故事理解得分 | 快速语速 *M*（*SD*） | 慢速语速 *M*（*SD*） | *t* |
|---|---|---|---|
| 阅读理解得分 | 11.57（2.90） | 13.93（2.81） | −6.06*** |
| 显性问题得分 | 7.07（1.70） | 8.10（1.20） | −4.81*** |
| 隐性问题得分 | 4.50（1.64） | 5.82（1.93） | −3.43** |

## 三、讨论

本次研究的目的是探讨在分享阅读方式下，成人朗读故事的速度对 4～5 岁学前儿童的注视模式的影响。研究使用眼动追踪技术记录了成人以快、慢两种语速为学前儿童朗读故事时，学前儿童对绘本注视的眼动数据。研究结果表明，相较于快速语速，成人以慢速语速为学前儿童朗读故事可以增加学前儿童对文字的注视时间、注视次数，以及提高两者相应的比例。此外，通过对学前儿童进行故事理解测试，本次研究还发现，成人朗读故事的语速可以影响学前儿童的故事理解水平，以慢速语速为其朗读时，学前儿童的故事理解得分更高。为了更好地理解和应用研究结论，下面将对研究结果进行更加深入和具体的探讨。

### （一）分享阅读中成人朗读故事的语速对学前儿童图文注视模式的影响

从整体研究结果来看，不论是以快速语速还是慢速语速为学前儿童朗读故事，学前儿童对图画的注视比例远高于其对文字的注视比例，这再次印证了先前的一些研究结论，即在分享阅读中，学前儿童会更多地关注图画而不是文字（Evans，Saint-Aubin，2005；韩映虹等，2011b，2016；Roy-Charland et al.，2015；)，图画在学前儿童信息加工中有着明显的优势( Greenhoot，Semb，2008；Pike et al.，2010 )。

成人朗读故事的语速对学前儿童文字和图画的注视有何影响？首先，在放慢朗读故事语速的条件下，学前儿童对文字的注视时间更长、注视次数更多，学前儿童对文字的注视时间比例和注视次数比例均有所提高，学前儿童对文字区域的总观察次数也显著增加；其次，在放慢朗读故事语速的条件下，学前儿童对图画的注视时间和注视次数也会显著增加，然而，学前儿童对图画的注视时间比例和注视次数比例却有所下降。这说明，在分享阅读中，相较于成人的快速语速，慢速语速可以让学前儿童对书中的文字和图画有更多的关注，但同时会让学前儿童将部分注意力从图画转移到文字上来，从而在总体上增加其对文字的关注程度。

这可能是由于放慢故事朗读语速降低了学前儿童在单位时间内需要解码的语音信息量，从而减少了学前儿童解码声音信息所需要的认知负荷，允许学前儿童在倾听成人口语讲述的同时，将更多的注意分配到对书中文字和图画的视觉注视上来。同时，放慢故事朗读语速可以让学前儿童在优先关注了图画中的主要信息之后，还有更多的时间和机会关注书中的文字内容，因而从整体上提高了学前儿童的文字注视水平。

### （二）分享阅读中成人朗读故事的语速对学前儿童故事理解的影响

从整体上看，快、慢两种语速均能保证学前儿童对故事内容有基本的理解。同时，阅读中的眼动指标反映了学前儿童阅读理解的过程（Rayner et al.，2006），从本次研究结果来看，学前儿童仍然更多地关注图画内容，对文字的关注较少，这说明解码文字对于学前儿童而言较难，所以他们更倾向通过寻找图画中的关键信息来理解故事内容。

成人朗读故事的语速对学前儿童的故事理解有何影响？研究结果显示，当以较慢的语速为学前儿童朗读故事时，学前儿童的故事理解得分较高，在对显性问题和隐性问题的回答上都有更好的表现。这说明，放慢语速可以促进学前儿童对故事内容的理解。其原因可能是，当成人以较慢的语速朗读故事时，学前儿童可以对听到的语音和看到的视觉信息更好地进行解码。一方面，放慢语速可以让学前儿童通过听觉更准确地获取有关故事内容的语音信息；另一方面，放慢语速可以让学前儿童对书中图画的细节进行更充分的认知加工，同时，从上述分析中可以发现，放慢语速可以让学前儿童将更多的注意分配到对文字的注视上来，而文字解码也是阅读理解的关键（Rapp et al.，2007；Broek et al.，2005），学前儿童对一些简单文字的解码在一定程度上也有助于提高他们的故事理解水平。

综上所述，在分享阅读中，成人朗读故事的语速是影响学前儿童注视模式的重要因素，且以慢速语速为学前儿童朗读故事可以给学前儿童提供更多文字注视的机会，也可以让学前儿童对故事内容有更好的理解。然而，由于本次研究的某些局限，在应用和推广本次实验的结论时还需谨慎，未来应进行更多的相关研究来深化对阅读速度这一影响因素的探索。具体来讲，首先，本次研究的被试选自中班学前儿童，被试在年龄上有所局限，未来研究应扩大被试范围，选用小班和大班学前儿童参与实验，以探索成人朗读语速对不同年龄阶段学前儿童的影响。其次，本次研究虽然通过较为客观的方法选用了快、慢两种不同的朗读速度作为研究中的自变量，但由于可借鉴的文献非常少，朗读语速快与慢的界定尚需进一步完善，未来研究应该对朗读速度的快慢进行细化，进而测查学前儿童究竟在何种语速下对文字的关注更多、阅读效果更好。

### 四、结论及教育建议

本次研究结果表明，在分享绘本阅读过程中，成人以较慢的语速为学前儿童朗读故事可以提高学前儿童对绘本中文字的关注程度，还可以促进学前儿童对故事内容的理解。因此，本书提出以下建议。

首先，学前儿童教师和家长在与4～5岁学前儿童进行绘本分享阅读时应该注意控制自己的语速，避免以过快的语速为学前儿童朗读故事，从而给学前儿童提供更多关注和接触文字的机会，更好地促进其文字意识的发展，并提高其故事理解能力。其次，在日常的分享阅读活动中，学前儿童教师和家长要在放慢故事朗读语速的基础上，根据真实情境中学前儿童的特点和需要对语速进行灵活的调整。最后，调整故事朗读语速只是引导学前儿童关注文字的策略之一，学前儿童教师和家长应该在尊重学前儿童喜欢读图的基础上，结合其他策略来引导学前儿童积极主动地关注文字。

## 第二节　高亮字对4～5岁学前儿童电子绘本阅读注视影响的眼动研究

阅读是支持学前儿童读写能力发展和培养学前儿童语言能力的重要活动之一。随着数字技术的不断发展和更新，学前儿童阅读文字的方式及阅读经验也会逐渐发生变化。

电子绘本以电子媒体为载体，综合运用文字、图片、动画、声音等多种媒体元素展现故事内容，并伴有一定的人机互动性，为学前儿童提供了新的阅读方式，激发了学前儿童的阅读兴趣，为其带来了丰富的阅读体验。在绘本阅读过程中，对文字的注视是学前儿童提取、内化文字结构知识的一种方式，是其发展文字意识的基础。学前儿童的文字意识又是预测其学校学习中阅读能力发展水平的重要因素。因此，如何提高学前儿童阅读时对文字的注视水平显得尤为重要。

研究结果表明，学前儿童在阅读过程中对文字的注视会受到绘本中文字凸显状态的影响。已有研究者探讨了文字凸显与文字注视之间的关系。Justice 和 Lankford（2002）用眼动仪记录了 5 岁学前儿童阅读绘本的眼动数据并发现，文字凸显组被试对文字的注视水平显著高于未凸显处理组，即使对文字进行凸显处理，学前儿童对其注视水平仍然低于注视图画的水平。Gong 和 Levy（2009）采用多媒体改变文字特征的方式，即在文字上方加入一个跳动的小球，小球与有声伴读同步，以此来吸引学前儿童对文字的关注。研究结果证实，在亲子阅读中，这种设置能够提高学前儿童对文字的关注程度。由此可见，文字凸显对学前儿童的文字注视水平会产生一定的影响，但如何影响还有待研究者的进一步挖掘。

高亮字是在传统文字的基础上，将文字加上有别于其颜色的彩色背景，并对文字进行动态追踪的一种文字凸显效果。Ridder（2002）指出，电子绘本中的高亮字能够使读者更愿意去关注它。因此，本次研究拟利用高亮字效果，采用眼动追踪技术，准确记录学前儿童阅读电子绘本过程中的眼动参数，以考察 4～5 岁学前儿童自主阅读电子绘本时的文字注视情况。

## 一、研究方法

### （一）被试

本次研究随机选取天津市某幼儿园无色觉障碍的学前儿童 81 名，采用李辉编制的《学前及初小儿童中文识字量表》对其进行识字量测试，筛除无效及缺席被试，最终有效被试为 60 名。其中实验组和控制组各 30 名，两组被试的识字量无显著差异。

### （二）实验材料

本次研究选用电子绘本《第一次上街买东西》为实验材料（所有被试均未读过此绘本）。为保证材料的一致性，研究者统一将实验材料通过 Adobe Flash 软件制作为 AVI 格式的视频，并将实验组绘本设置为高亮字效果，而将控制组绘本设置为常规字效果。实验过程中，绘本内容按页面顺序完整地呈现给被试。

### （三）实验程序

#### 1. 熟悉阶段

教师与学前儿童自由交谈，并与学前儿童一起观看眼动仪，通过短时间的交流与学前儿童建立良好的信任关系，以保证学前儿童能够在自然轻松的状态下完成阅读任务。

2. 校准仪器

本次研究采用 5 点校准程序，保证仪器与学前儿童之间的距离维持在 60 厘米左右。校准达到要求后即可进入阅读练习阶段。

3. 正式实验

待确认学前儿童消除紧张情绪、完全理解实验过程后，正式开始眼动实验。实验中，学前儿童自主阅读电子绘本，阅读速度为自定速，即被试看完一页后提示主试，由主试手动切换至下一页。研究者在旁掌控整个实验过程，不进行任何讲解，并对可能发生的各种状况及时做出处理。实验组阅读高亮字电子绘本，控制组阅读常规字电子绘本。

### （四）实验仪器

本次研究选择 Tobii120 型眼动仪作为研究工具。该型号眼动仪的采样频率为 120 赫兹。本次研究的实验材料由 17 英寸[①]液晶显示器呈现，分辨率为 1024 像素×768 像素。被试与屏幕之间的距离保持在 60 厘米左右。

### （五）兴趣区划分

本次研究将电子绘本阅读注视兴趣区划分为整幅图画区、图画区、文字区。其中，整幅图画区包含图画区和文字区。

### （六）眼动指标

本次研究收集的数据涉及以下眼动指标。

1）首次注视前时间，是指被试从实验开始到第一个注视点进入目标兴趣区之前的总注视时间。时间越短，表明被试越快地进入目标兴趣区，对该区域的关注越早。

2）总注视时间，是指被试在目标兴趣区内所有注视点的持续时间之和。注视时间越长，表明被试对该兴趣区的关注程度越高。

3）总注视次数，是指目标兴趣区内所有注视点的个数。注视次数越多，表明

① 1 英寸≈2.54 厘米。

被试对该区域的兴趣越高。

4）平均注视时间：其计算方式为总注视时间除以总注视次数。

5）注视时间比例：其计算方式为文字区或图画区注视时间除以总注视时间。

6）注视次数比例：其计算方式为文字区或图画区注视次数除以总注视次数。

## 二、结果与分析

### （一）高亮字对学前儿童注视整本绘本的影响

研究者以整幅图画页面为兴趣区，对不同文字呈现方式下各因变量指标进行独立样本 $t$ 检验，结果如表 2-4 所示。实验组和控制组在总注视时间、总注视次数和平均注视时间上的差异均非常显著（$ps<0.001$），且实验组在该三项指标上的得分均高于控制组，说明高亮字能吸引学前儿童更久地注视绘本。

**表 2-4　不同文字呈现方式下学前儿童注视绘本时的眼动指标比较**

| 眼动指标 | 组别 | *n* | *M* | *SD* | *t* |
|---|---|---|---|---|---|
| 总注视时间/秒 | 实验组 | 30 | 292.55 | 103.83 | 7.64*** |
| | 控制组 | 30 | 135.48 | 43.42 | |
| 总注视次数/次 | 实验组 | 30 | 106.30 | 43.58 | 7.23*** |
| | 控制组 | 30 | 43.07 | 19.93 | |
| 平均注视时间/毫秒 | 实验组 | 30 | 469.82 | 78.40 | 5.13*** |
| | 控制组 | 30 | 382.15 | 51.00 | |

### （二）高亮字对学前儿童注视文字的影响

#### 1. 学前儿童对绘本中文字注视情况分析

研究者以页面中文字部分为兴趣区，对各因变量指标进行独立样本 $t$ 检验，结果如表 2-5 所示。两组被试在注视时间比例、注视次数比例和平均注视时间上均存在显著差异（$ps<0.001$），且均是实验组在该三项指标上的得分显著高于控制组，这说明实验组学前儿童对文字的关注程度显著高于控制组学前儿童；实验组学前儿童的首次注视前时间显著长于控制组学前儿童（$p<0.01$）。以上结果说明，高亮字能吸引学前儿童更久地关注文字，提高其对文字的关注程度，且使其对文字的关注频率大大增加，但是却没能吸引学前儿童更早地关注文字。

**表 2-5　不同文字呈现方式下学前儿童注视文字时的眼动指标比较**

| 眼动指标 | 组别 | *n* | *M* | *SD* | *t* |
|---|---|---|---|---|---|
| 首次注视前时间/秒 | 实验组 | 30 | 50.10 | 36.56 | 2.99** |
| | 控制组 | 30 | 26.92 | 21.50 | |
| 注视时间比例 | 实验组 | 30 | 0.48 | 0.23 | 6.72*** |
| | 控制组 | 30 | 0.15 | 0.15 | |
| 注视次数比例 | 实验组 | 30 | 0.49 | 0.07 | 7.40*** |
| | 控制组 | 30 | 0.31 | 0.11 | |
| 平均注视时间/毫秒 | 实验组 | 30 | 616.70 | 137.49 | 4.15*** |
| | 控制组 | 30 | 468.06 | 139.99 | |

2. 学前儿童对绘本中各页面文字区的注视时间变化情况分析

由图 2-1 可以看出，随着页码的增加，实验组学前儿童对文字区的注视时间呈缩短趋势，控制组学前儿童对文字的注视时间则相对稳定，但在整个过程中，实验组学前儿童对文字区的注视时间始终长于控制组学前儿童。

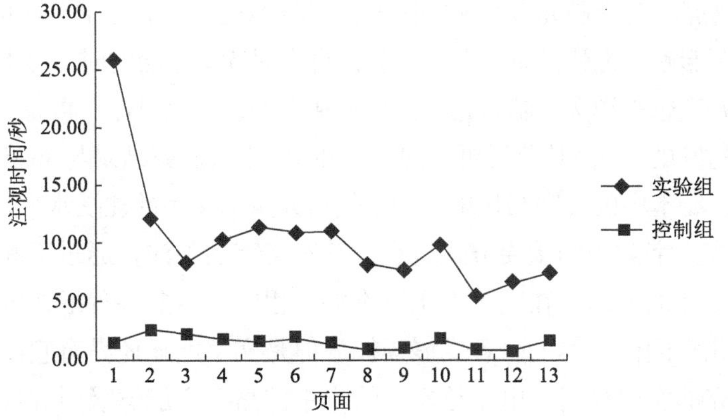


图 2-1 不同文字呈现方式下学前儿童对各页面文字区的注视时间变化图

## （三）高亮字对学前儿童注视图画的影响

为了考察高亮字对学前儿童注视图画的影响，研究者将绘本中每一张页面的图画区作为兴趣区进行分析，结果如表 2-6 所示。不同文字呈现方式下学前儿童对图画的注视时间、注视次数和平均注视时间的差异均不显著（*ps*>0.05），说明学前儿童对图画的注视程度没有受到高亮字效果的影响。

表 2-6 不同文字呈现方式下学前儿童注视图画时的眼动指标比较

| 眼动指标 | 组别 | *n* | *M* | *SD* | *t* |
|---|---|---|---|---|---|
| 注视时间/秒 | 实验组 | 30 | 132.52 | 73.16 | 1.88 |
| | 控制组 | 30 | 104.70 | 35.06 | |
| 注视次数/次 | 实验组 | 30 | 341.07 | 151.31 | 1.84 |
| | 控制组 | 30 | 282.57 | 85.59 | |
| 平均注视时间/毫秒 | 实验组 | 30 | 371.05 | 72.78 | 0.07 |
| | 控制组 | 30 | 369.95 | 44.25 | |

## 三、讨论

### （一）4～5 岁学前儿童自主阅读电子绘本时对文字的关注

高亮字对学前儿童阅读文字时首次注视前时间的影响不显著，即文字凸显不会吸引学前儿童更早地关注文字。

但是，绘本中影响学前儿童文字注视的重要因素是文字的凸显程度。本次研究结果显示，高亮字对学前儿童在文字区的注视时间比例、平均注视时间、注视次数比例都有显著影响，也就是说，学前儿童在自主阅读电子绘本时，绘本中的高亮字能吸引学前儿童越来越久、越来越频繁地关注文字，长此以往，高亮字能够促进儿童文字意识的发展，并使其获得更多的文字知识。本次研究结果与 Justice 等（2008）的结果一致，绘本中的文字凸显影响因素使得儿童对文字的注视水平显著提高。

儿童形成文字意识的重要方式就在于其对文字的关注，通过不断接触文字以获得语音和形状的联结。在阅读电子绘本的过程中，虽然各种形式的文字凸显无法改变学前儿童阅读绘本的生理发展规律，但是文字凸显还是有它的优点和作用的。本次研究的实验材料是电子绘本，绘本中的高亮字能够吸引和促进学前儿童更多、更频繁地关注文字，有助于学前儿童文字意识的发展，同时，阅读电子绘本也能培养学前儿童的信息素养。

### （二）4～5 岁学前儿童自主阅读电子绘本时对图画的关注

比较两组学前儿童对绘本中图画区的注视情况，发现学前儿童对图画的注视时间、注视次数以及平均注视时间均不存在显著差异，即高亮字对学前儿童图画注视水平没有显著影响。这可能是因为高亮字这一呈现方式只在文字区中有所体现，在图画区中没有高亮字凸显。由此可见，高亮字在提高 4～5 岁学前儿童对文字关注程度的同时，不会抢占其加工图画内容的认知资源。

### 四、结论及教育建议

本次研究与国内外相关研究结论一致，即文字凸显下的电子绘本阅读会更加吸引学前儿童关注文字（Justice，Lankford，2002；Justice et al.，2005；刘宝根等，2011a）。对文字的关注是学前儿童文字意识、词汇概念等发展的基础（Evans，Saint-Aubin，2010），且对学前儿童语言能力的发展有重要影响。因此，本书就教师和家长如何培养学前儿童文字意识方面提出以下建议。

1）家长可适当给予学前儿童阅读电子绘本的时间和空间，引导学前儿童主动对文字产生兴趣。但为了学前儿童的用眼健康，且符合国家卫生和计划生育委员会（现更名为国家卫生健康委员会）的《儿童眼及视力保健技术规范》要求，学前儿童使用 iPad 等电子移动终端设备观看电子绘本时，宜将屏幕调节到学前儿童感到舒适的亮度，并保持 50 厘米的阅读距离，使用时间以每次 15 分钟为宜，最长不超过 20 分钟，且一天不超过 2 次。目前，市场上带有高亮字的电子绘本相对缺乏，家长可依据高亮字凸显原理，选择包含彩色文字、泡泡文字等文字凸显特点的电子绘本供学前儿童阅读，促进其文字意识的发展。

2）教师可将电子绘本融入幼儿园的一日生活中，如利用饭前等待时间与学前儿童一起通过电视来观看高亮字凸显的电子绘本等，这样既能让学前儿童欣赏到声情并茂的小故事，也能使学前儿童在自然轻松的氛围里受到文字的熏陶。教师也可以将绘本故事扫描成电子版图片，制作成带有高亮字的幻灯片，如可以采用把字体加粗、用彩色突出等方式。此外，教师还可以挑选有高亮字等文字凸显特点的纸质绘本并将其投放到班级的活动区中，使学前儿童能够在自主阅读中增进与此类绘本的亲密接触，促进其文字意识的发展。

## 第三节 不同阅读方式下 4～5 岁学前儿童重复阅读绘本的眼动研究

绘本阅读是学前儿童早期阅读活动的主要形式之一，对学前儿童早期阅读能力的发展有着十分重要的价值，而早期阅读能力的发展能够有效地预测学前儿童未来的阅读能力和学业成就（周兢，2005）。因此，学前儿童的绘本阅读活动越来越受到教师和家长的重视。

学前儿童在绘本阅读时的阅读方式并不是一成不变的，不同的阅读方式会影响学前儿童的绘本阅读效果。比如，分享阅读能够帮助学前儿童获得书面语言语法和句法知识，扩展他们的词汇知识并发展他们的语音意识以及文字意识（Roy-Charland et al.，2015），自主阅读则更能够提高学前儿童在阅读时对文字的关注程度（刘妮娜等，2012）。

在日常生活中，学前儿童也经常会反复地、不厌其烦地阅读同一本绘本，这种重复阅读现象在学前儿童中普遍存在，并且常常与分享阅读或自主阅读相结合。目前，有关学前儿童重复阅读的研究更多的是在分享阅读方式下进行的，仅有较少研究比较了学前儿童在不同阅读方式下重复阅读有字绘本的文字关注特点与差异。

虽然前人对于绘本重复阅读的图画关注特点已有一定发现，但这些研究更多的是选用有字绘本作为研究材料，较少有研究选用无字绘本。无字绘本在一定程度上可以避免文字的影响，使研究者单纯地探讨学前儿童在不同阅读方式下进行重复阅读时对图画故事元素的关注特点。

因此，本节分别对4～5岁学前儿童在不同阅读方式下重复阅读有字绘本和无字绘本的情况进行了研究，探讨学前儿童对有字绘本中文字关注的特点及其对无字绘本中图画关注的特点，并分别考察了学前儿童在不同阅读方式下阅读绘本时对故事内容的理解情况，以及无字绘本重复阅读对学前儿童的故事结构理解的影响，通过对这些问题的探讨，为学前儿童绘本阅读提供一定的理论支持，并为未来有关的绘本阅读活动提供一些教育建议。

本次研究主要采用实验法，使用眼动仪记录了4～5岁学前儿童在不同阅读方式下进行有字绘本重复阅读和无字绘本重复阅读时的眼动数据，分别分析了学前儿童在不同阅读方式下进行有字绘本重复阅读和无字绘本重复阅读时对有字绘本中的文字和无字绘本中的图画的关注特点和理解情况。

本次研究的主要目的有两个：①探讨学前儿童在不同阅读方式下进行有字绘本重复阅读时对有字绘本中文字的关注特点，以及在不同阅读方式下对故事内容的理解情况；②探讨学前儿童在不同阅读方式下进行无字绘本重复阅读时对无字绘本中图画的关注特点，以及在不同阅读方式下对故事内容和故事结构的理解情况。

## 一、实验一：不同阅读方式下 4～5 岁学前儿童重复阅读有字绘本时的文字关注特点

### （一）研究方法

1. 被试

本次实验选取天津市和平区某幼儿园 16 名 4～5 岁学前儿童（7 名男童，9 名女童，*M*=59.44 个月，*SD*=3.54）。实验开始前抽取了 26 名学前儿童，并对其进行了绘本识字量测试，最终选取了 16 名识字量得分基本处于同一水平（*M*=9.81，*SD*=7.60）的中班学前儿童。所有被试的母语均为汉语，视力和矫正视力正常。

2. 实验材料

（1）绘本

选取两本绘本作为实验材料：《世界上最好的爸爸》共 23 页 413 字；《月亮冰激凌》共 23 页 540 字。两本绘本的字数相当，且故事结构均较为完整，本次研究中的学前儿童对两本绘本均不熟悉。两本绘本的难度水平均经过 15 名幼儿园教师的评定，1 表示“比较简单”，5 表示“比较困难”。经评定，两本绘本难度适中（《世界上最好的爸爸》的难度为 3.10，《月亮冰激凌》的难度为 2.90）。

关于两本绘本在眼动仪上的呈现时间，为保证自主阅读与分享阅读均能接近学前儿童阅读的自然状态，我们请 15 名学前儿童教师和 20 名 4～5 岁学前儿童在 E-prime 程序上进行阅读，具体如下文所述。

关于分享阅读时间的确定，采用 15 名学前儿童教师、研究生在 E-prime 程序上自然朗读的平均时间，并将他们在每页上的平均阅读时间作为最终两本绘本在眼动仪上的呈现时间。其中，《世界上最好的爸爸》的分享阅读总时间为 177.92 秒，《月亮冰激凌》的分享阅读总时间为 210.62 秒。最后按照每页平均时间进行朗读配音，合成视频。

关于自主阅读时间以及每页呈现时间的确定，采用 20 名学前儿童在 E-prime 程序上自主阅读的每页平均时间。《世界上最好的爸爸》自主阅读的总时间为 143.10 秒，《月亮冰激凌》自主阅读的总时间为 122.33 秒。

（2）识字量测试

对两本绘本中的所有文字进行整理统计，除掉重复的字，共得到 277 个汉字。从 277 个中选取 100 个关键汉字，并按照字频及笔画进行整理排序，最终制成 20

页的测验本，其中每页包含 5 个文字。测试时要求学前儿童从第一页开始指出并读出他们认识的文字，直到连续两页的文字都不能被读出为止。每读对一个字计 1 分，读错计 0 分。对 26 名学前儿童进行词汇测试，并以平均值（*M*=11.46，*SD*=10.47）为标准，将被试的词汇量控制在 12±11 分的范围内，最终选出 16 名学前儿童作为被试，平均识字量为 9.81 个字（*SD*=7.60）。

（3）故事内容理解测试

为了解学前儿童对绘本的理解情况，在重复阅读完成后进行了故事内容理解测试。故事内容理解测试的编制参考了 Paris A H 和 Paris S G（2003）的阅读理解问题的设计提纲，该故事理解问题提纲中包含显性问题和隐性问题，共 10 个问题。其中，显性问题涉及故事内容中的角色、背景、引发事件、问题及结局 5 个问题，隐性问题则涉及角色感受、语言理解、故事的因果关系、情节预测及故事主题 5 个问题。根据学前儿童回答每道问题的准确性进行计分，按准确程度由低到高分别计 0 分、1 分、2 分，总分为 20 分。

（4）兴趣区划分

将兴趣区划分为图画区和文字区，学前儿童在图画区和文字区上的眼动数据最终由 Tobii Studio 记录并分析。

3. 实验程序

本次实验采用 2（阅读方式：自主阅读、分享阅读）×3（重复次数：第一次、第三次、第五次）的被试内实验设计。被试既进行分享阅读，也进行自主阅读，主试对被试的阅读顺序进行了平衡，所有被试均重复阅读 5 次，每次阅读间隔 2～3 天，记录学前儿童在第一、三、五次阅读时的眼动数据，并在第五次阅读结束后对学前儿童进行故事内容理解测验。具体流程如下。

实验在一间安静的教室内进行，实验开始前，研究者引导学前儿童熟悉使用眼动仪进行阅读。当学前儿童充分熟悉实验流程后，则开始正式实验。分享阅读过程中，在学前儿童观看图画的同时播放经由研究者录好的录音，自主阅读过程中则由学前儿童自己坐在眼动仪前进行观看。实验记录了学前儿童在第一、三、五次阅读时的眼动数据，每节实验持续时间为 20～30 分钟，在第一次阅读后的 8～12 天，进行第二、三、四、五次阅读，每次阅读间隔 2～3 天，在第五次阅读后对学前儿童进行故事内容理解测验。

4. 实验仪器

使用 Tobii120 型眼动仪记录儿童的眼动数据，该型号眼动仪的采样频率为 120

赫兹。学前儿童的头部可以进行一定程度的自由活动。学前儿童坐在 17 英寸的显示器前，距离屏幕约 60 厘米，绘本在屏幕上呈现的分辨率为 1024 像素×768 像素。在记录眼动数据之前对学前儿童进行 5 点校准，在校准达到要求后，学前儿童进行正式阅读。

5. 眼动指标和阅读理解指标

（1）眼动指标

本次研究采用如下眼动指标：注视时间，是指一个兴趣区内所有注视点的持续时间，注视时间越长，代表被试对该兴趣区的关注程度越高；注视次数，是指被试在一个兴趣区中视线的停留点个数，即注视点个数的总和，注视次数越多，代表被试对该区域信息的关注程度越高。

由于两本绘本的阅读时间并不是完全相同的，我们在分析时对眼动指标进行了处理，采用了百分比的形式，对所有眼动指标均采用了这种方法进行处理。

（2）阅读理解指标

本次研究采用如下阅读理解指标：显性理解得分，包含角色、背景、引发事件、问题及结局等 5 个问题，每个问题 2 分，共 10 分；隐性理解得分，包含角色感受、语言理解、故事的因果关系、情节预测及故事主题，每个问题 2 分，共 10 分；总分，即显性理解得分和隐性理解得分之和，共 20 分。

## （二）结果与分析

### 1. 不同阅读方式下重复阅读对文字区注视的影响

本次研究分析了不同阅读方式下的重复阅读对学前儿童文字关注的影响。研究采用 2（阅读方式：自主阅读、分享阅读）×3（重复次数：第一次、第三次、第五次）重复测量方差分析，以阅读条件和重复次数作为自变量，以学前儿童在文字区的注视时间和注视次数作为因变量，结果见表 2-7。

**表 2-7　不同阅读方式下重复阅读文字区的注视时间比例和注视次数比例**［*M*（*SD*）］

| 眼动指标 | 分享阅读 | | | 自主阅读 | | |
|---|---|---|---|---|---|---|
| | 第一次 | 第三次 | 第五次 | 第一次 | 第三次 | 第五次 |
| 注视时间比例 | 0.05（0.03） | 0.08（0.04） | 0.13（0.12） | 0.08（0.04） | 0.06（0.05） | 0.09（0.05） |
| 注视次数比例 | 0.07（0.05） | 0.07（0.04） | 0.12（0.10） | 0.07（0.03） | 0.06（0.04） | 0.07（0.04） |

在对文字的注视时间上，阅读方式的主效应不显著[$F_{(1,\ 15)}$=0.35，$p$>0.05，$\eta_p^2$=0.02]；重复次数的主效应显著[$F_{(2,\ 30)}$=7.72，$p$<0.01，$\eta_p^2$=0.34]；阅读方式与重复次数的交互作用显著[$F_{(2,\ 30)}$=6.32，$p$<0.01，$\eta_p^2$=0.30]。进一步的简单效应分析显示，在分享阅读条件下，第一次阅读与第三次阅读存在显著差异（$p$<0.01），第一次阅读与第五次阅读（$p$<0.001）、第三次阅读与第五次阅读（$p$<0.05）存在显著差异，表明分享阅读下学前儿童对文字的注视时间随重复次数的增加而逐渐增加。在自主阅读条件下，第一次阅读与第三次阅读的差异边缘显著（$p$<0.06）；第三次阅读与第五次阅读存在显著差异（$p$<0.05），但是，第一次阅读与第五次阅读不存在显著差异（$p$>0.05），表明自主阅读下学前儿童对文字的注视时间随重复次数的增加呈先减少后增加的趋势，但总体上对文字的关注并没有明显增加，见图 2-2。

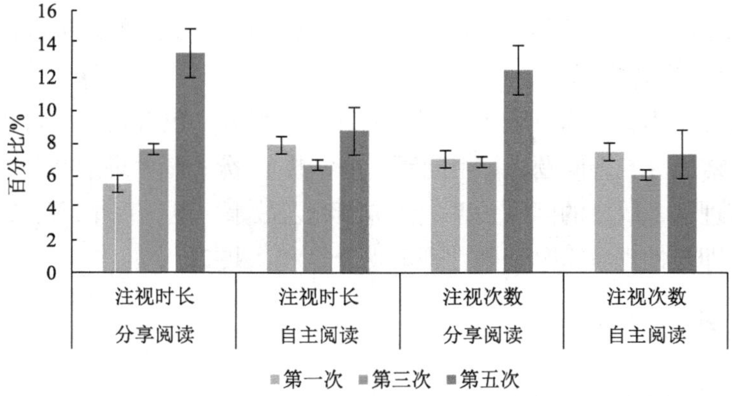


图 2-2 不同阅读方式下重复阅读文字区的注视时间和注视次数

在对文字的注视次数上，阅读方式的主效应不显著[$F_{(1,\ 15)}$=1.56，$p$>0.05，$\eta_p^2$=0.09]；重复次数的主效应显著[$F_{(2,\ 30)}$=5.22，$p$<0.01，$\eta_p^2$=0.26]；阅读方式与重复次数的交互作用显著[$F_{(2,\ 30)}$=3.52，$p$<0.05，$\eta_p^2$=0.20]。进一步的简单效应分析显示，在分享阅读条件下，第一次阅读与第三次阅读不存在显著差异（$p$>0.05）；但第一次阅读与第五次阅读的差异边缘显著（$p$<0.06）；第三次阅读与第五次阅读存在显著差异（$p$<0.05），分享阅读下学前儿童对文字的注视次数逐渐增加。在自主阅读条件下，第一次阅读与第三次阅读的差异边缘显著（$p$<0.06）；第一次阅读与第五次阅读不存在显著差异（$p$>0.05）；第三次阅读与第五次阅读的差异边缘显著（$p$<0.06），自主阅读下学前儿童对文字的注视次数呈先减少后增加的趋势。从均值的变化趋势上看，自主阅读下学前儿童的注视时间和注视次数的

变化趋势保持一致，学前儿童对文字区的关注都表现出先减少后增加的趋势。但从整体上看，分享阅读下学前儿童对文字区的注视次数随重复次数的增加而逐渐增加，而自主阅读下学前儿童在重复阅读前后对文字区的关注没有表现出明显的增加（图 2-2）。

2. 学前儿童的故事内容理解情况

为了解学前儿童对故事内容的理解情况，本次研究还探讨了学前儿童分别在分享阅读和自主阅读条件下进行了 5 次重复阅读后在故事内容理解上的差异。对学前儿童在分享阅读和自主阅读条件下的显性问题得分、隐性问题得分以及总分进行配对样本 $t$ 检验，结果见表 2-8。分享阅读与自主阅读条件下，学前儿童在显性问题得分（$t$=3.21，$p$<0.01）、隐性问题得分（$t$=4.39，$p$<0.01）以及总分（$t$=4.59，$p$<0.001）上均存在显著差异。进行分享阅读的学前儿童在故事内容理解的显性问题得分、隐性问题得分以及总分上都要优于进行自主阅读的学前儿童。

**表 2-8　阅读理解得分情况［$M$（$SD$）］**

| 类别 | $n$ | 显性问题得分 | 隐性问题得分 | 总分 |
|---|---|---|---|---|
| 分享阅读 | 16 | 7.88（1.71） | 5.94（2.41） | 13.81（3.60） |
| 自主阅读 | 16 | 6.00（2.31） | 3.88（1.82） | 9.88（3.83） |

## （三）讨论

提高学前儿童的文字关注程度是发展和促进学前儿童早期文字意识的有效方法。本次研究的主要目的是探讨不同阅读方式的结合对学前儿童文字关注的影响，并发掘促进学前儿童早期文字意识发展的有效途径，同时考察了学前儿童在两种阅读方式下重复阅读的阅读理解情况。

1. 重复阅读对儿童文字关注的影响

本次研究结果表明，学前儿童在分享阅读方式下进行重复阅读时对文字关注的促进效果要优于在自主阅读方式下的重复阅读。随着重复次数的增加，进行分享阅读的学前儿童对文字的关注程度逐渐提高，在第 3～5 次阅读时，学前儿童对文字的关注程度有显著提升，而进行自主阅读的学前儿童对文字的关注程度在重复阅读前后并没有明显地提升。

本次研究结果显示，进行分享阅读的学前儿童在第五次阅读时对文字的注视时间比例和注视次数比例（分别为 13%和 12%）均显著高于第一次阅读（分别为 5%和 7%）和第三次阅读（分别为 8%和 7%）。这与 Evans 和 Saint-Aubin（2013）的研究结果一致，即在分享阅读方式下，重复阅读有效地提高了学前儿童对文字的关注程度，这一结果也反映了学前儿童在分享阅读中积极参与，逐渐学习整合匹配图画与文字、声音与文字的过程（Evans，Saint-Aubin，2013；Valentini et al.，2018）。

进行自主阅读的学前儿童在第一次阅读和第五次阅读时对文字的注视时间与注视次数并没有显著差异，但是，第一次阅读与第三次阅读、第三次阅读和第五次阅读的注视时间和注视次数存在显著差异，并且均表现出先下降后上升的趋势，可能的解释是，在自主阅读中，学前儿童对文字关注的可能性随阅读时间的增加而下降（Su et al.，2018），而在前三次重复阅读中，随着阅读次数的增加，学前儿童也表现出了这种趋势，注视的回升可能是因为当重复一定次数后，学前儿童对故事内容有了一定的理解，他们又再次尝试解码文字，从而表现出注视的回升。但总体上，自主阅读条件下，与第一次阅读相比，第五次阅读时学前儿童对文字的注视程度并没有明显提高，这可能与重复次数和被试量较少有关，未来研究可以通过增加重复次数或被试数量来验证这一趋势的可能性。

虽然前人的研究结果表明，自主阅读在促进儿童的文字意识发展方面有着一定的价值，但是本次研究发现，在自主阅读方式下进行重复阅读时，自主阅读并不像在分享阅读方式下那样能有效促进学前儿童对文字的关注程度。结合认知负荷理论（Chandler，Sweller，1991；Mayer et al.，1999），可能的解释是，同时呈现文本和听力材料能够在一定程度上解放学前儿童的认知和注意资源（Valentini et al.，2018），使得他们能够分配更多的注意资源给不熟悉的文字。学前儿童在自主阅读过程中没有任何外部支持，因此很难独立地对图画与文字进行匹配，并很难分配更多的注意资源给文字。

在分享阅读方式下进行重复阅读的学前儿童对文字的关注程度随着重复阅读次数的增加而逐渐提高，这也反映了重复阅读与分享阅读相结合在促进儿童对文字关注方面的有效性。根据重复阅读的信息自动化加工理论（Samuels，1979，1994），重复阅读增加了学前儿童反复练习阅读文字和图画的机会，使得学前儿童在分享阅读中用于完成搜索图画视觉信息的认知资源减少，进而能够分配更多的注意资源给文字解码和故事理解（Samuels，2006）。但是，重复阅读似乎并没有减少进行自主阅读的学前儿童在完成视觉搜索和故事理解时所需的认知资源，并解放更多的注意资源给文字，这可能是受限于学前儿童有限的认知能力和词汇知识，即使重复阅读为他们提供了反复练习阅读的机会，但他们仍然很难独立地完成阅读，因此并未能在自主阅读方式下的重复阅读中受益。

2. 重复阅读学前儿童的故事内容理解情况

本次研究结果显示，进行分享阅读的学前儿童在显性问题得分、隐性问题得分以及总分上的表现都优于进行自主阅读的学前儿童。进行分享阅读的学前儿童对于故事中的角色、背景、引发事件、问题和结局等显性信息，以及对角色感受、语言理解、故事的因果关系、情节预测和故事主题等隐性信息的理解要显著好于进行自主阅读的学前儿童。进行分享阅读的学前儿童对故事内容的理解整体上优于进行自主阅读的学前儿童，这也验证了 Valentini 等（2018）的研究结果，即同时听和看故事的儿童在语义的学习上要优于只看故事和只听故事的儿童，可能的原因是，故事讲述在一定程度上减少了学前儿童用于故事理解的认知资源，因此儿童能够分配更多的认知资源用于对故事细节内容的搜索，进而实现对故事内容的充分理解。

## 二、实验二：不同阅读方式下 4～5 岁学前儿童重复阅读无字绘本时的故事元素关注特点

### （一）研究方法

1. 被试

本次研究选取了天津市西青区某幼儿园 58 名 4～5 岁学前儿童，并对 58 名学前儿童进行了故事结构测验以及故事内容理解测验，根据得分最终选取了故事结构测验得分和故事内容理解测验得分均处于同一水平的 28 名 4～5 岁学前儿童（11 名男孩，17 名女孩，$M$=55.36 个月，$SD$=4.29），所有学前儿童的母语均为汉语，视力和矫正视力正常。

2. 实验材料

（1）绘本

研究共选取了三本无字绘本——《青蛙，你在哪里？》《一只青蛙足够了》《一个男孩、一条狗和一只青蛙》作为实验材料，其中《一个男孩、一条狗和一只青蛙》为前测材料，《青蛙，你在哪里？》《一只青蛙足够了》为正式实验材料。

本次研究采用了两种阅读方式，即分享阅读与自主阅读，因此创编了分享阅读时的故事文本，具体创编方法如下。

选择额外的 15 名中班学前儿童，并让学前儿童分别自主阅读《青蛙，你在哪

里？》《一只青蛙足够了》两本无字绘本。阅读完成后，研究者引导学前儿童讲述故事并进行录音，之后将15名学前儿童的故事录音转录为文本材料，作为故事元素的参考，再由3名学前教育专业研究生依据儿童讲述的文本材料，以及故事的主线结构进行故事创编，每个故事创编了3个版本，最后邀请15名学前儿童教师对创编的故事难度进行5点计分评定（1表示“比较简单”，5表示“比较困难”），最终确定了难度最适合4～5岁学前儿童的故事文本（《青蛙，你在哪里？》的难度为2.87，《一只青蛙足够了》的难度为3.00）。

对于两本故事书的呈现时间，为了使学前儿童在进行分享阅读与自主阅读时更接近自然状态，使用E-prime程序确定了两种条件下的阅读时间。首先，对于自主阅读的时间，记录了15名中班学前儿童在E-prime程序上进行自主阅读时在每页上的反应时，并计算出15名学前儿童在每页故事上的平均反应时，最后将其作为当页故事在眼动仪上的最终呈现时间。《青蛙，你在哪里？》自主阅读的总时间为124.00秒，《一只青蛙足够了》自主阅读的总时间为135.94秒。其次，分享阅读时间的确定也采用了同样的方法，使用的是15名学前儿童教师和学前教育专业研究生在每页上的平均反应时。《青蛙，你在哪里？》分享阅读的总时间为127.41秒，《一只青蛙足够了》分享阅读的总时间为142.75秒。

（2）故事结构测验材料

参考Thorndyke（1977）对绘本故事结构的划分标准，以及王静等（2016）的故事结构测验，对学前儿童的故事结构理解进行了考察，主要有四个方面：①背景（角色、地点、时间）；②主题（引发事件、目标）；③情节（次级目标、尝试以及结果）；④结局。

对学前儿童的叙述进行评分，学前儿童说出一个结构要素给1分，满分为45分。经统计，58名学前儿童的故事结构测验得分的平均分为18.09分（范围在10～24分，*SD*=3.20），以平均分为基准，将超过或低于平均分3分的被试筛除，余下28名学前儿童的故事结构理解平均分为18.74分（*SD*=1.95）。

（3）故事内容理解测验

故事内容理解测验采用了Paris A H和Paris S G（2003）的阅读理解问题的设计提纲，提纲中包含显性问题和隐性问题，共10个问题。其中显性问题涉及故事内容中的角色、背景、引发事件、问题及结局等5个问题，隐性问题则涉及角色感受、语言理解、故事的因果关系、情节预测以及故事主题等5个问题。根据学前儿童回答每道问题的准确性进行计分，按准确程度由低到高分别计0分、1分、2分，总分为20分。经统计，58名学前儿童的故事内容理解测验得分的平均分为

13.31 分（*SD*=3.00），以平均分为基准，将超过或低于平均分 3 分的被试筛除，余下 28 名学前儿童的故事内容理解测验得分的平均分为 13.71 分（*SD*=2.14）。

（4）兴趣区划分

本次研究的兴趣区主要包含三个部分：整幅图画区域、图画形象区域、图画背景区域。其中，整幅图画区域包括图画形象区域和图画背景区域，图画形象区域包括角色形象、时间形象和地点形象。角色形象包括主角形象和非主角形象。具体示例见图 2-3。

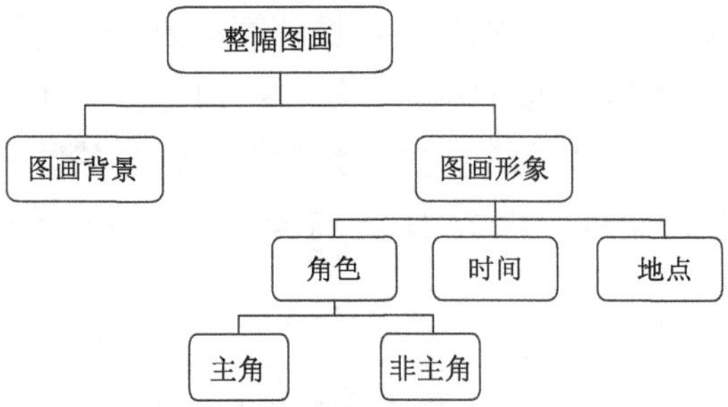


图 2-3　无字绘本兴趣区划分详情

3. 实验程序

实验采用了 2（阅读方式：分享阅读、自主阅读）×3（重复阅读：第一次、第三次、第五次）被试内实验设计。对所有学前儿童的阅读顺序进行了平衡，并记录了学前儿童在第一次、第三次、第五次阅读时的眼动数据，具体流程如下。

实验在一间安静的教室内进行，实验开始前，研究人员引导学前儿童熟悉使用眼动仪进行阅读。当学前儿童充分熟悉实验过程后，则开始正式实验。分享阅读过程中，学前儿童观看图画的同时会播放经由研究者录好的录音，自主阅读过程则由学前儿童自己坐在眼动仪前进行观看。实验记录了学前儿童第一次阅读、第三次阅读以及第五次阅读时的眼动数据，每节实验持续时间为 20～30 分钟，在第一次阅读后的 8～12 天内进行第二次阅读、第三次阅读、第四次阅读以及第五次阅读，每次阅读间隔 2～3 天，在第一次阅读和第五次阅读后对学前儿童的故事叙述进行录音，并在第五次阅读后对学前儿童进行故事内容理解测验。

4. 实验仪器

实验眼动数据的记录使用了 Tobii120 型眼动仪，该型号眼动仪的采样频率为 120 赫兹，显示器为 17 英寸，分辨率为 1024 像素×768 像素。实验时，学前儿童与显示器间的距离约为 60 厘米。

5. 眼动指标和阅读理解指标

本次研究采用了如下眼动指标：注视时间，指的是一个兴趣区内所有注视点的持续时间，注视时间越长，代表被试对该兴趣区的关注程度越高；注视次数，是指被试在一个兴趣区中视线的停留点个数，即注视点个数的总和，注视次数越高，代表被试对该区域信息的关注程度越高。

由于两本绘本的阅读时间并不是完全相同的，我们在分析时对眼动指标进行了处理，采用了百分比的形式，对所有的眼动指标均采用了这种方法进行处理。

本次研究采用以下阅读理解指标。显性理解得分：包含角色、背景、引发事件、问题及结局等 5 个问题，每个问题 2 分，共 10 分。隐性理解得分：包含角色感受、语言理解、故事的因果关系、情节预测以及故事主题，每个问题 2 分，共 10 分。总分：指显性理解得分和隐性理解得分之和，共 20 分。

## （二）结果与分析

1. 不同阅读方式下学前儿童重复阅读无字绘本时对图画形象区域的关注

本次研究分析了学前儿童在不同阅读方式下重复阅读无字绘本时对图画形象区域的关注情况，采用了 2（阅读方式：自主阅读、分享阅读）×3（重复次数：第一次、第三次、第五次）重复测量方差分析，以阅读方式和重复次数作为自变量，以学前儿童在图画形象区域的注视时间比例和注视次数比例作为因变量，结果见表 2-9。

**表 2-9 不同阅读方式下重复阅读图画形象区域的注视时间比例和注视次数比例**[*M*（*SD*）]

| 眼动指标 | 分享阅读 | | | 自主阅读 | | |
|---|---|---|---|---|---|---|
| | 第一次 | 第三次 | 第五次 | 第一次 | 第三次 | 第五次 |
| 注视时间比例 | 0.88（0.03） | 0.85（0.05） | 0.83（0.06） | 0.85（0.04） | 0.84（0.04） | 0.82（0.05） |
| 注视次数比例 | 0.82（0.06） | 0.81（0.05） | 0.80（0.06） | 0.82（0.05） | 0.81（0.05） | 0.79（0.04） |

在注视时间比例上，阅读方式的主效应不显著[$F_{(1,27)}$=2.71，$p$>0.05，$\eta_p^2$=0.09]；重复次数的主效应显著[$F_{(2,54)}$=13.50，$p$<0.01，$\eta_p^2$=0.33]，第一次阅读与第三次阅读（$p$<0.01）、第三次阅读与第五次阅读（$p$<0.05）、第一次阅读与第五次阅读（$p$<0.01）之间均存在显著差异，随着重复次数的增加，学前儿童对图画形象区域的注视时间逐渐减少；阅读方式和重复次数的交互作用不显著[$F_{(2,54)}$=1.75，

$p>0.05$，$\eta_p^2=0.06$]。

在注视次数比例上，阅读方式的主效应不显著[$F_{(1, 27)}=0.22$，$p>0.05$，$\eta_p^2=0.01$]；重复次数的主效应显著[$F_{(2, 54)}=8.57$，$p<0.01$，$\eta_p^2=0.24$]，第一次阅读与第三次阅读之间不存在显著差异（$p>0.05$），第三次阅读与第五次阅读（$p<0.05$）、第一次阅读与第五次阅读（$p<0.01$）之间均存在显著差异，随着重复次数的增加，学前儿童对图画形象区域的注视次数逐渐减少；阅读方式和重复次数的交互作用不显著[$F_{(2, 54)}=0.28$，$p>0.05$，$\eta_p^2=0.01$]。

2. 不同阅读方式下学前儿童重复阅读无字绘本时对图画形象区域中故事元素的关注

为了解学前儿童在不同阅读方式下进行无字绘本重复阅读时对图画形象区域中各个故事元素的关注情况，本次研究采用 2（阅读方式：自主阅读、分享阅读）× 3（重复次数：第一次、第三次、第五次）重复测量方差分析，详细分析了学前儿童对图画形象区域中的主角、非主角、时间、地点等故事元素的关注情况，结果见表 2-10。

**表 2-10　图画形象区域各故事元素的注视时间比例和注视次数比例[$M$（$SD$）]**

| 故事元素 | 眼动指标 | 分享阅读 | | | 自主阅读 | | |
|---|---|---|---|---|---|---|---|
| | | 第一次 | 第三次 | 第五次 | 第一次 | 第三次 | 第五次 |
| 主角 | 注视时间比例 | 0.40（0.07） | 0.38（0.08） | 0.37（0.07） | 0.41（0.07） | 0.38（0.06） | 0.37（0.09） |
| | 注视次数比例 | 0.40（0.07） | 0.38（0.07） | 0.36（0.07） | 0.40（0.06） | 0.38（0.06） | 0.35（0.08） |
| 非主角 | 注视时间比例 | 0.40（0.05） | 0.39（0.06） | 0.37（0.04） | 0.36（0.05） | 0.37（0.05） | 0.34（0.06） |
| | 注视次数比例 | 0.36（0.04） | 0.35（0.04） | 0.35（0.04） | 0.32（0.05） | 0.33（0.04） | 0.31（0.05） |
| 时间 | 注视时间比例 | 0.02（0.03） | 0.03（0.05） | 0.03（0.06） | 0.04（0.05） | 0.06（0.07） | 0.03（0.06） |
| | 注视次数比例 | 0.02（0.03） | 0.04（0.06） | 0.03（0.06） | 0.05（0.06） | 0.05（0.07） | 0.05（0.08） |
| 地点 | 注视时间比例 | 0.12（0.03） | 0.12（0.03） | 0.13（0.04） | 0.13（0.03） | 0.12（0.04） | 0.12（0.05） |
| | 注视次数比例 | 0.13（0.03） | 0.14（0.03） | 0.14（0.03） | 0.14（0.03） | 0.13（0.03） | 0.14（0.05） |

（1）对主角元素的关注特点

在对主角元素的注视时间比例上，阅读方式的主效应不显著[$F_{(1,\ 27)}$=0.005，$p$>0.05，$\eta_p^2$=0.001]；重复次数的主效应显著[$F_{(2,\ 54)}$=10.14，$p$<0.01，$\eta_p^2$=0.27]，第一次阅读与第三次阅读（$p$<0.01）、第一次阅读与第五次阅读（$p$<0.01）之间均存在显著差异，第三次阅读与第五次阅读（$p$>0.05）之间不存在显著差异，学前儿童对主角的注视时间随重复次数的增加而逐渐减少；阅读方式和重复次数的交互作用不显著[$F_{(2,\ 54)}$=0.09，$p$>0.05，$\eta_p^2$=0.003]。

在对主角元素的注视次数比例上，阅读方式的主效应不显著[$F_{(1,\ 27)}$=0.01，$p$>0.05，$\eta_p^2$=0.001]；重复次数的主效应显著[$F_{(2,\ 54)}$=17.87，$p$<0.01，$\eta_p^2$=0.40]，第一次阅读与第三次阅读（$p$<0.01）、第一次阅读与第五次阅读（$p$<0.01）、第三次阅读与第五次阅读（$p$<0.01）之间均存在显著差异，学前儿童对主角的注视次数随重复次数的增加而逐渐减少；阅读方式和重复次数的交互作用不显著[$F_{(2,\ 54)}$=0.33，$p$>0.05，$\eta_p^2$=0.01]。

（2）对非主角元素的关注特点

在对非主角元素的注视时间比例上，阅读方式的主效应显著[$F_{(1,\ 27)}$=10.42，$p$<0.01，$\eta_p^2$=0.28]，进行分享阅读的学前儿童对非主角元素的关注程度显著高于进行自主阅读的学前儿童（$p$<0.05）；重复次数的主效应显著[$F_{(2,\ 54)}$=3.23，$p$<0.05，$\eta_p^2$=0.12]，第一次阅读与第五次阅读（$p$<0.05）、第三次阅读与第五次阅读（$p$<0.05）之间均存在显著差异，第一次阅读与第三次阅读之间不存在显著差异（$p$>0.05）；阅读方式和重复次数的交互作用不显著[$F_{(2,\ 54)}$=0.87，$p$>0.05，$\eta_p^2$=0.03]。

在对非主角元素的注视次数比例上，阅读方式的主效应显著[$F_{(1,\ 27)}$=21.09，$p$<0.01，$\eta_p^2$=0.43]，进行分享阅读的学前儿童对非主角元素的关注程度显著高于进行自主阅读的学前儿童（$p$<0.05）；重复次数的主效应不显著[$F_{(2,\ 54)}$=1.19，$p$>0.05，$\eta_p^2$=0.04]；阅读方式和重复次数的交互作用不显著[$F_{(2,\ 54)}$=1.42，$p$>0.05，$\eta_p^2$=0.05]。

（3）对时间元素和地点元素的关注特点

在对时间元素和地点元素的注视时间比例上，阅读方式的主效应不显著[时间：$F_{(1,\ 27)}$=1.21，$p$>0.05，$\eta_p^2$=0.04；地点：$F_{(1,\ 27)}$= 0.11，$p$>0.05，$\eta_p^2$=0.004]，重复次数的主效应不显著[时间：$F_{(2,\ 54)}$=2.18，$p$>0.05，$\eta^2{}_p$=0.08；地点：$F_{(2,\ 54)}$=0.07，$p$>0.05，$\eta^2{}_p$=0.003]，阅读方式和重复次数的交互作用不显著[时间：$F_{(2,54)}$= 2.17，$p$>0.05，$\eta_p^2$=0.07；地点：$F_{(2,\ 54)}$=1.20，$p$>0.05，$\eta_p^2$=0.04]。这表明学前儿童对时间元素和地点元素的注视时间并未发生显著变化。

在对时间元素和地点元素的注视次数比例上，阅读方式的主效应不显著[时间：$F_{(1,\ 27)}$=1.83，$p$>0.05，$\eta_p^2$=0.06；地点：$F_{(1,\ 27)}$=0.35，$p$>0.05，$\eta_p^2$=0.01]，重复次数的主效应不显著[时间：$F_{(2,\ 54)}$=0.66，$p$>0.05，$\eta_p^2$=0.02；地点：$F_{(2,\ 54)}$=0.01，$p$>0.05，$\eta_p^2$=0.001]，阅读方式和重复次数的交互作用不显著[时间：$F_{(2,\ 54)}$= 0.96，$p$>0.05，$\eta_p^2$=0.03；地点：$F_{(2,\ 54)}$=2.29，$p$>0.05，$\eta_p^2$=0.08]。这表明学前儿童在不同阅读条件下进行无字绘本重复阅读并未对他们对时间元素和地点元素的关注产生显著影响。

3. 不同阅读方式下学前儿童重复阅读无字绘本时对图画背景区域的关注

采用 2（阅读方式：自主阅读、分享阅读）×3（重复次数：第一次、第三次、第五次）重复测量方差分析，以阅读方式和重复次数作为自变量，以学前儿童对图画背景区域的注视时间和注视次数作为因变量，分析学前儿童对图画背景区域的关注情况，结果见表 2-11。

**表 2-11　不同阅读方式下重复阅读图画背景区域的注视时间比例和注视次数比例**[$M$（$SD$）]

| 眼动指标 | 分享阅读 | | | 自主阅读 | | |
|---|---|---|---|---|---|---|
| | 第一次 | 第三次 | 第五次 | 第一次 | 第三次 | 第五次 |
| 注视时间比例 | 0.12（0.03） | 0.15（0.05） | 0.17（0.06） | 0.15（0.04） | 0.16（0.04） | 0.18（0.05） |
| 注视次数比例 | 0.16（0.04） | 0.19（0.05） | 0.20（0.06） | 0.18（0.05） | 0.19（0.05） | 0.21（0.04） |

在注视时间比例上，阅读方式的主效应不显著[$F_{(1,27)}$=2.61，$p$>0.05，$\eta_p^2$=0.08]；重复次数的主效应显著[$F_{(2,\ 54)}$=13.66，$p$<0.01，$\eta_p^2$=0.34]，第一次阅读与第三次阅读（$p$<0.01）、第一次阅读与第五次阅读（$p$<0.01）、第三次阅读与第五次阅读（$p$<0.05）之间均存在显著差异，学前儿童对图画背景区域的注视时间随重复次数的增加而逐渐增加；阅读方式和重复次数的交互作用不显著[$F_{(2,\ 54)}$=1.78，$p$>0.05，$\eta_p^2$=0.06]。

在注视次数比例上，阅读方式的主效应不显著[$F_{(1,27)}$=1.24，$p$>0.05，$\eta_p^2$=0.04]；重复次数的主效应显著[$F_{(2,\ 54)}$=14.50，$p$<0.01，$\eta_p^2$=0.35]，第一次阅读与第三次阅读（$p$<0.01）、第一次阅读与第五次阅读（$p$<0.01）、第三次阅读与第五次阅读（$p$<0.05）之间均存在显著差异，学前儿童对图画背景区域的注视次数随重复次数的增加而逐渐增加；阅读方式和重复次数的交互作用不显著[$F_{(2,\ 54)}$=1.74，$p$>0.05，$\eta_p^2$=0.06]。

4. 学前儿童重复阅读无字绘本时的故事内容理解情况

为了解儿童的阅读理解情况，本次研究还探讨了学前儿童在分享阅读和自主阅读条件下分别进行了五次重复阅读后在故事内容理解上的差异。我们对学前儿童在分享阅读和自主阅读条件下的显性问题得分、隐性问题得分以及总分进行了配对样本 $t$ 检验，结果见表 2-12。分享阅读与自主阅读条件下，学前儿童在显性问题得分（$t$=2.97，$p$<0.01）、隐性问题得分（$t$=8.48，$p$<0.001）以及总分（$t$=7.10，$p$<0.001）上均存在显著差异，进行分享阅读的学前儿童在阅读理解的显性问题得分、隐性问题得分以及总分上都要优于进行自主阅读的学前儿童。

**表 2-12 学前儿童阅读理解得分情况[$M$（$SD$）]**

| 类别 | $n$ | 显性问题得分 | 隐性问题得分 | 总分 |
|---|---|---|---|---|
| 分享阅读 | 28 | 9.04（0.92） | 8.57（1.10） | 17.61（1.45） |
| 自主阅读 | 28 | 8.04（1.48） | 6.46（1.58） | 14.50（2.37） |

5. 学前儿童重复阅读无字绘本时的故事结构理解情况

为了解学前儿童故事结构理解得分的整体情况，本次研究考察了 4～5 岁学前儿童在不同阅读方式下重复阅读无字绘本后在故事叙述总分上的变化。采用 2（阅读方式：分享阅读、自主阅读）×2（重复次数：第一次、第五次）的重复测量方差分析，对学前儿童故事结构理解的得分情况进行分析，结果见表 2-13。

**表 2-13 学前儿童故事结构理解得分情况[$M$（$SD$）]**

| 类别 | $n$ | 第一次 | 第五次 |
|---|---|---|---|
| 分享阅读 | 28 | 18.75（3.51） | 23.32（4.65） |
| 自主阅读 | 28 | 15.46（4.73） | 17.82（4.24） |

在故事结构理解总分上，阅读方式的主效应显著[$F_{(1,27)}$=29.31，$p$<0.01，$\eta_p^2$=0.52]，重复次数的主效应显著[$F_{(1,27)}$=24.93，$p$<0.01，$\eta_p^2$=0.48]，阅读方式和重复次数的交互作用显著[$F_{(1,27)}$=7.56，$p$<0.05，$\eta_p^2$=0.22]。进一步的简单效应分析显示，在分享阅读方式下，学前儿童第一次阅读后和第五次阅读后的故事结构理解得分存在显著差异（$p$<0.01），进行分享阅读的学前儿童的故事结构理解能力随着重复次数的增加而逐渐提高。进行自主阅读的学前儿童第一次阅读后和第五次阅读后的故事结构理解得分也存在显著差异（$p$<0.01），他们的故事结构理解

得分也随着重复次数的增加而逐渐提高。

（三）讨论

学前儿童在阅读无字绘本时对图画中各个故事元素的关注会影响学前儿童对故事结构和故事内容的理解，因此，本次研究的主要目的是探讨不同阅读方式下重复阅读对学前儿童无字绘本图画故事元素关注的影响，并考察学前儿童在不同阅读方式下的阅读理解情况。

1. 学前儿童重复阅读无字绘本时对图画形象区域的关注

无字绘本通过图画来传达故事信息，而图画形象区域则是承载故事信息的关键区域,学前儿童可以通过图画形象来建构完整的故事结构并获得对故事的理解。本次研究结果表明，不同的阅读方式并不会显著影响学前儿童对图画形象区域的关注，不论是在分享阅读还是在自主阅读方式下，图画形象区域都是学前儿童的主要关注区域,学前儿童在两种阅读方式下对图画形象的关注都达到了 80%以上，这与前人的研究结果接近（韩映虹，王静，2013，2016）。这说明，在两种阅读方式下，学前儿童都能够有效地关注到图画形象区域并获得有助于他们建构故事理解的关键信息。

重复阅读能够有效影响学前儿童对图画形象区域的关注，研究结果表明，随着重复阅读的进行，进行分享阅读和自主阅读的学前儿童对图画形象的关注程度都呈现出显著下降的趋势，这反映了无论是在分享阅读还是在自主阅读方式下，重复阅读都降低了学前儿童对图画形象的关注程度。结合重复阅读的信息自动化加工理论（Samuels，1979，1994），在重复阅读中，随着学前儿童对图画形象越来越熟悉，他们获得的关键信息越来越多，并逐步实现了对图画形象解码的自动化，这也在一定程度上解放了学前儿童的一部分注意资源，使得他们能够分配更多的注意资源去解码其他细节信息。

2. 学前儿童重复阅读无字绘本时对图画形象区域中故事元素的关注

图画形象区域中的各个故事元素是承担故事结构的主要载体，学前儿童对各个故事元素的关注反映着学前儿童对故事结构的建构过程以及故事信息的获取过程。本次研究结果表明，在图画形象中，主角和非主角等元素是学前儿童关注的焦点，不论是在分享阅读还是在自主阅读方式下，在注视时间比例和注视次数比例上，相较于整幅图画，学前儿童对主角和非主角等角色元素的总体关注甚至接近 80%，几乎相当于学前儿童对整个图画形象区域的关注。本次研究结果还表明，不论是分享阅读还是自主阅读，阅读方式并没有显著影响学前儿童对主角和非主角元素的关注情况。

重复阅读会影响学前儿童对主角和非主角元素的关注情况，本次研究结果表明，随着重复阅读的进行，学前儿童对主角和非主角元素的关注程度都呈现出显著下降的趋势。这与前人关于有字绘本重复阅读的研究结果类似（韩映虹等，2016），即随着重复阅读的进行，学前儿童对相关角色元素的关注程度逐渐降低。正如本次研究关于图画形象区域的关注结果，学前儿童对主角和非主角等角色元素的总体关注几乎相当于其对于整个图画形象区域的关注。在重复阅读中，随着学前儿童对角色等元素的熟悉，他们用于解码角色元素的注意资源逐渐减少，并尝试将其分配至其他信息的解码中。

对于时间和地点元素，本次研究结果并没有发现学前儿童对这两个故事元素的关注在阅读方式上存在差异，即随着重复阅读的进行，学前儿童对这两个元素的关注未发生显著变化。一方面，这可能受限于学前儿童有限的认知能力，他们的认知能力不足以支撑其将更多的信息纳入他们自己建构的故事结构中；另一方面，这也与图画中这两个元素本身占比较少有关。

3. 学前儿童重复阅读无字绘本时对图画背景区域的关注

图画背景区域是相对于图画形象区域而言的，图画背景区域通常包含一些细节信息，其中的元素或图画并不能构成故事的整体结构。本次研究结果发现，阅读方式并不会影响学前儿童对图画背景区域的关注，这一结果也与图画背景区域本身包含故事信息较少有关。

但是，重复阅读会显著影响学前儿童对图画背景区域的关注，本次研究结果表明，不论是分享阅读还是自主阅读，随着重复阅读的进行，学前儿童对图画背景区域的关注程度都是在逐渐增加的。这与韩映虹等（2016）关于有字绘本重复阅读的研究结果有一定差异，在这一研究中，学前儿童对背景的关注程度并未随着重复阅读的进行而发生显著变化，但是学前儿童对文字的关注程度随着重复阅读的进行而逐渐提高。这反映了学前儿童在对无字绘本和有字绘本进行重复阅读时由绘本类型造成的眼动模式差异。结合信息自动化加工理论，学前儿童对图画背景区域的关注程度提高这一结果可能的解释是，随着学前儿童对图画形象区域逐渐熟悉，学前儿童能够分配更多的注意资源去解码其他的细节信息，而图画背景中通常又包含一定的细节信息，因此，这反映了学前儿童尝试在图画背景区域解码更多细节信息并完善他们对故事结构和故事内容的建构过程。

4. 学前儿童重复阅读无字绘本时的故事内容理解情况

虽然学前儿童在不同阅读方式下重复阅读无字绘本的眼动数据表明，在分享阅读和自主阅读方式下，学前儿童对图画形象以及图画形象中各个故事元素的关注并不存在显著差异，但是学前儿童对故事内容的理解却存在显著差异。本次研究结果表明，进行分享阅读的学前儿童在显性问题得分、隐性问题得分以及总分上都要高于进行自主阅读的学前儿童。这与 Valentini 等（2018）的研究结果一致，即同时听和看故事的儿童在语义的学习上要优于只看故事和只听故事的儿童。即使学前儿童在自主阅读中能够较为全面地关注到各个故事元素，但是受限于学前儿童的认知能力，他们可能并不能像分享阅读中的学前儿童那样将他们所听到的故事信息直接与图画故事元素相对应，同时赋予它们一定的意义，并将其纳入他们所建构的故事结构中。

5. 学前儿童重复阅读无字绘本时的故事结构理解能力情况

本次研究分析了 4～5 岁学前儿童在不同阅读方式下重复阅读无字绘本后对他们故事结构理解能力的影响。研究结果表明，重复阅读能够有效提高学前儿童对故事结构的理解能力。这与前人有关重复阅读的研究结论类似，即重复阅读能够有效提高读者的阅读流畅性以及理解能力（Laberge，Samuels，1974）。本次研究结果也证明了重复阅读对于提高学前儿童故事结构理解能力的有效性，学前儿童能够在重复阅读中不断练习解码图画中的各个故事元素，并逐渐建构起完整的故事结构，最终实现对故事的理解。

### （四）教育建议

结合本次研究对学前儿童在不同阅读方式下重复阅读的相关结果，本书提出以下建议。

1. 利用分享阅读和重复阅读来提高学前儿童对文字的关注程度

在日常生活中，学前儿童喜欢让成人一遍又一遍地讲述同一个故事给他们听，这种重复阅读现象在学前儿童中十分常见。结合前人研究以及本次研究的结果，在帮助学前儿童发展阅读能力、促进他们语音意识和文字意识的发展上，分享阅读有着重要的价值，并且在分享阅读中进行重复阅读能够使这两种阅读方式的优点得到更充分的发挥，能够有效提高学前儿童对文字的关注程度，帮助学前儿童发展他们的文字意识和理解能力。虽然儿童在分享阅读中进行重复阅读时仍主要观看图画，但是这种结合有助于促进学前儿童对故事内容的理解，并减少学前儿童用于故事理解的注意资源，让他们能够将更多的注意分配到文字上，促进他们的文字意识发展，丰富他们的词汇量，扩充他们的词汇知识。因此，家长和教师应积极地与学前儿童进行分享阅读与重复阅读。

2. 重复阅读次数以 3～5 次为佳

虽然研究者对于儿童绘本重复阅读的最佳次数没有达成一致的观点，但是结合以往研究以及本次研究的结果，3～5 次重复阅读已有明显的促进效果，学前儿童在 3～5 次阅读时对文字的关注程度会有显著提升，此时更有利于他们文字意识的发展，因此，在进行重复阅读时，3～5 次较为适宜。但是，在实际阅读过程中，儿童的兴趣至关重要，儿童的兴趣可能会受绘本的难度、类型、故事内容等诸多因素的影响。因此，要灵活选择重复阅读的次数，尊重学前儿童的兴趣，选择适宜的重复次数，以帮助学前儿童获得最优发展。

3. 充分发掘有字绘本与无字绘本的价值

有字绘本与无字绘本的主要区别在于前者是使用图文并茂的形式来呈现故事，后者则主要依靠图画语言来承载故事。两种形式的绘本都有其独特的价值，有字绘本不仅能够提供符合学前儿童兴趣的故事和图画，同时也能够为学前儿童提供探索文字世界的机会；而无字绘本则更贴近学前儿童世界，符合学前儿童具体形象思维的特点，能够充分帮助学前儿童练习阅读，建构完整的故事意义，理解故事结构，促进学前儿童阅读理解能力的发展。因此，在日常生活中，教师和家长要灵活选择绘本，根据教育目的有针对性地选择有字绘本和无字绘本，帮助学前儿童发展他们的阅读能力。

## 第四节　纸质绘本与 AR 绘本对学前儿童阅读效果的影响

### 一、纸质绘本与 AR 绘本阅读

纸质绘本是学前儿童生活中最熟悉也是最为常见的一种绘本类型，是用图画与文字共同叙述一个完整的故事。刘佩杏（2015）认为，纸质绘本是采用传统的图书工艺将故事绘制为一幅幅精心设计的唯美画面，以图画代替文字，为儿童讲述故事，充分考虑到儿童的早期阅读特点，从视觉欣赏的角度为儿童提供可看、可触摸的故事绘本。随着信息技术的发展，绘本的类型更加多样，不单有纸质绘本，近年来随着 AR 技术的发展，还出现了 AR 绘本。AR 绘本能否与纸质绘本达到同样的阅读效果，是目前学前儿童教育工作者探讨的热点问题。

AR 绘本是一种新兴的绘本类型，结合了纸质绘本图文并茂的特点，同时运用 AR 技术创设 3D 效果，融合视觉、听觉、触觉等感觉，形成了一种多感官的阅读体验，让学前儿童在玩中学，体验阅读的乐趣。信息技术与教育是教育工作者关注的重点，在人工智能时代，学前儿童的教育也将发生改变。AR 绘本适应了当今的教育发展需求，且符合学前儿童的认知发展水平。这种新兴的绘本类型是否会受到学前儿童的喜爱，会达到怎样的阅读效果，是值得研究者进一步深入探讨的问题。

近年来，随着 AR 技术的发展，AR 绘本受到了人们的关注。国外学者的研究结果表明，AR 绘本可以增加学前儿童在阅读中的互动性和参与性，让学前儿童沉浸在阅读的快乐之中。Yilmaz（2016）的研究旨在探究学前儿童的行为模式和认知的关系，选取了 30 名学前儿童教师和 33 名 5～6 岁学前儿童。研究结果表明，教师和学前儿童都很喜欢 AR 绘本，学前儿童在阅读期间最喜欢用手指绘本中的人物，经常对绘本的故事内容进行评价、提问、回答和重复，此外还发现，学前儿童的行为与认知成就呈正相关。Han 等（2015）旨在考察学前儿童在 AR 绘本角色扮演活动中的互动性和参与性，将《三只小猪》这本绘本的图文制成 AR 效果，并将其分别输入机器人和计算机中。将 81 名 5～6 岁学前儿童分到装有 AR 系统的计算机组（40 人）和机器人组（41 人），学前儿童通过与 AR 元素互动、与同伴交流完成故事的角色扮演。机器人组学前儿童的互动参与行为显著多于计算机组，且学前儿童年龄越小，机器人组与计算机组的互动参与行为差异就越明显。Tesolin 和 Tsinakos（2018）开发了一种远程 AR 学习平台，AR 与虚拟环境相融合的特征，可以使特殊儿童（自闭症儿童、智力障碍儿童、学习障碍儿童）在自己熟悉的环境中阅读故事，与 AR 元素进行互动，增强特殊儿童的自信心，使其自主地参与到学习中。

快乐的阅读体验有助于延续学前儿童对绘本阅读的兴趣，学前儿童可以在阅读中有更多的收获。国外有研究者发现，AR 绘本的操作对于学前儿童来说难度不大，学前儿童可以在阅读过程中感到喜悦和兴奋。Zhao 等（2017）的研究发现，AR 绘本的操作对于学前儿童来说非常简单，大多数学前儿童在看完 AR 绘本后表示很喜欢这类绘本。Hyun（2011）选用韩国 17 名 5 岁学前儿童，对学前儿童阅读 AR 绘本期间和之后的观察与访谈资料进行了可用性测量。研究结果表明，大多数学前儿童可以成功调整 AR 绘本到适合摄像头的距离和角度，学前儿童在阅读这本绘本时出现了语言表达（如问问题）和非语言表达（如惊讶、喜悦）行为。88.4%的学前儿童表示 AR 绘本很有趣，52.9%的学前儿童表示 AR 绘本很容易阅读。

## 二、AR 绘本阅读对学前儿童阅读理解的影响

学前儿童早期阅读理解能力是其读写能力发展的核心之一，多重感知的刺激是学前儿童阅读理解能力发展的基础。近年来，有研究发现，AR 绘本的真实性、互动性、有趣性等特点能有效促进学前儿童对故事的理解。Cheng 和 Tsai（2016）选取 33 对父母-儿童，考察儿童和父母分享阅读 AR 绘本的互动对儿童阅读理解的影响。结果表明，父母与学前儿童之间良好的互动交流可以激发学前儿童的学习动机，使他们更好地理解绘本的内容。Yilmaz 等（2017）选取了 10 本 AR 绘本，对 92 名 5～6 岁学前儿童的故事理解情况进行了研究，结果发现，AR 绘本丰富的音频和视频动画能有效促进学前儿童对故事的理解。Abas 和 Zaman（2011）的研究发现，AR 绘本是可以提供多感官学习环境的纸质书，阅读困难儿童可以通过与 AR 元素进行互动来激发他们的学习动机，帮助他们理解绘本中的内容。

但也有研究结果表明，AR 绘本阅读存在一些不足。张莎莎（2013）认为，AR 绘本的阅读方式和互动方式还不够成熟。阅读者在阅读过程中要将绘本上的印刷图案对准摄像头，由此才能在屏幕上较好地显示虚拟和现实的叠加效果，对于年龄较小的学前儿童来说，这种人机交互方式并不方便。Yilmaz 等（2017）认为，AR 绘本中有趣的特效效果会使学前儿童专注于视觉、听觉感受，从而忽略故事的主题。Cheng 和 Tsai（2016）调查了父母与孩子分享阅读 AR 绘本的态度，有些父母表示 AR 绘本会分散学前儿童的注意力，还有些父母担心长时间地使用电子屏幕阅读绘本会对孩子的视力造成不利影响。尽管 AR 绘本存在不足之处，但现在越来越多的学前儿童喜欢阅读 AR 绘本，这类绘本会对学前儿童的早期阅读造成什么影响是值得我们进一步探讨的问题。

已有研究都是对两类绘本的阅读效果进行单独研究，但纸质绘本和 AR 绘本的阅读效果会有怎样的差异，需要我们进一步探讨。国内外已有学者探究了 AR 学习材料和纸质学习材料的学习效果差异问题。例如，喻春阳等（2016）比较了

AR 教学与传统教学方式在学前儿童英语识词效果上的差异，发现采用 AR 教学方式比传统教学方式更有优势。Chen 等（2016）将 30 名 6 岁以下的学前儿童分为两组来学习中文：一组使用传统绘本进行学习；另一组使用 AR 绘本进行学习。研究发现，AR 绘本学习能帮助学前儿童更好地理解中文含义，增强学前儿童的学习动机。Alisa（2016）选取 8 名 4～5 岁学前儿童，旨在探究 AR 技术对学前儿童绘本阅读的参与度和记忆保持的影响。他们将学前儿童分为两组：一组为传统绘本组；另一组为 AR 绘本组。结果表明，AR 绘本可以增加阅读过程中的互动，促进学前儿童的记忆保持。

当前国内外关于 AR 绘本的研究主要有两种观点：一种观点表明，AR 绘本有助于学前儿童各方面的发展；另一种观点表明，AR 绘本的发展还不成熟，在阅读过程中存在一些弊端。关于两类绘本的比较研究则表明，AR 绘本的效果要优于纸质绘本。现如今，随着 AR 技术的进步以及电子产品的更新换代，AR 绘本又会有怎样的发展还需要我们进一步探究。

AR 绘本是一种新的绘本类型，越来越受到学前儿童的喜爱，目前关于 AR 绘本的研究非常少，探讨两类绘本的阅读效果差异是一个具有重要现实意义的课题。本次研究采用实验法，通过视频内容分析、提问、故事讲述等方式对学前儿童的绘本互动参与行为、绘本故事理解、故事复述水平，以及纸质绘本和 AR 绘本的阅读形式偏好四方面进行综合考察，从而比较两种不同阅读方式的阅读效果，以期为学前儿童教育工作者及出版商提供教育建议。

## 三、研究方法

### （一）被试

本次研究采用随机抽样方法，选取天津市西青区某幼儿园 56 名大班学前儿童作为被试，其中男生 23 名，女生 33 名。研究者将被试分为两组，分别阅读纸质绘本与 AR 绘本。其中纸质绘本组有 27 名，男生 12 名，女生 15 名，平均年龄为 66.37 个月；AR 绘本组有 29 名，男生 11 名，女生 18 名，平均年龄为 65.86 个月。实验前，所有被试的父母均签署了家长知情同意书。

### （二）实验材料

纸质绘本和 AR 绘本均选用《拾梦老人》。《拾梦老人》讲述的是一位老人和他的小狗每天到废物堆中寻找人们丢弃的“梦想”，并把这些坏了的“梦想”修好后作为礼物送到人们身边的故事，情节丰富有趣，适合5～6岁的学前儿童阅读。绘本共35页，其中10页有AR效果。第一次展示了绘本的主角老人和他的小狗（老人背着背篓在前面走，小狗在他的后面跟着跑）；第二次展示了绘本中关键的事物，小木屋里面的工作台以及那把坏吉他（儿童可以清楚地看到老人工作台上的台灯、闹钟、收音机、坏了的吉他、各种修补工具、小狗在工作台上跑跳）；第三次介绍的是老人修好各种坏了的东西（儿童可以清楚地看到立体的飞机、滑冰鞋、显微镜等）；第四次展示所有的礼物盒子都飞起来了（儿童可以清楚地看到所有礼物盒子在空中盘旋）；第五次展示老人变成了圣诞老人，小狗变成了大驯鹿（儿童可以清楚地看到小狗慢慢地长出犄角，再变大，一转身变成一只大驯鹿）。通过询问，确保所有被试在实验前都没有阅读过这本AR绘本。为控制无关变量的影响，AR绘本组的学前儿童在阅读非AR页时也在iPad屏幕上阅读。

### （三）实验程序

#### 1. 两组学前儿童的同质性检验

为了保证两组学前儿童处于同一水平，先对学前儿童进行同质性检验，主要进行三项测试，分别为皮博迪图片词汇测试（Peabody Picture Vocabulary Test，PPVT）、识字量测试和故事复述。

（1）PPVT

测试学前儿童的可接受性词汇，借助PPVT的相关仪器向学前儿童展示图片，每张图片各有黑白线条画4幅，展示图片的同时用语音播放一个词汇，要求学前儿童选出其中一幅画，当计时结束或学前儿童的选择频频出错时，PPVT程序会自动终止，并记录结果。由表2-14可知，两组学前儿童在PPVT得分上不存在显著差异。

**表2-14　两组被试PPVT结果比较**

| 组别 | *M* | *SD* | *t* | *p* |
|---|---|---|---|---|
| 纸质绘本组 | 53.70 | 17.19 | 0.30 | 0.76 |
| AR绘本组 | 52.20 | 19.56 | | |

（2）识字量测试

将《拾梦老人》中的所有字进行总结整理，根据字的难易程度制成识字量测试表，共计214个字，让每位学前儿童念出认识的字，测试者进行计分，学前儿童正确识别一个字得1分，若连续3页均没有认识的字，则终止本次测试。对两组被试的识字量进行独立样本 $t$ 检验，结果显示，两组被试的识字量不存在显著差异（表2-15）。

**表2-15　两组被试识字量测试比较**

| 组别 | $M$ | $SD$ | $t$ | $p$ |
|---|---|---|---|---|
| 纸质绘本组 | 27.33 | 23.47 | −0.96 | 0.34 |
| AR绘本组 | 33.37 | 23.78 | | |

（3）故事复述

选用《臭臭的小熊布莱恩》这本绘本的图文，实验者先给被试分享阅读这本绘本，再由被试把这个故事讲给实验者，在学前儿童讲述过程中，用手机录音记录全过程。后期对学前儿童的讲述进行转述分析，前测的故事复述得分和后测的故事复述得分采用同样的评分标准，将故事结构要素进行编码，根据被试讲述的故事文本进行评分，包括其中一个要素即给1分，满分为40分。由表2-16可知，纸质绘本组与AR绘本组学前儿童的故事复述得分没有显著差异。

**表2-16　两组被试故事复述测试比较**

| 故事结构要素 | 组别 | $M$ | $SD$ | $t$ | $p$ |
|---|---|---|---|---|---|
| 背景 | 纸质绘本组 | 9.37 | 1.52 | −0.90 | 0.37 |
| | AR绘本组 | 9.72 | 1.41 | | |
| 主题 | 纸质绘本组 | 1.59 | 0.50 | −1.23 | 0.23 |
| | AR绘本组 | 1.75 | 0.51 | | |
| 情节 | 纸质绘本组 | 12.29 | 1.77 | −0.35 | 0.73 |
| | AR绘本组 | 12.44 | 1.50 | | |
| 结局 | 纸质绘本组 | 1.22 | 0.42 | −0.17 | 0.87 |
| | AR绘本组 | 1.24 | 0.43 | | |
| 总分 | 纸质绘本组 | 24.48 | 3.19 | −0.86 | 0.40 |
| | AR绘本组 | 25.17 | 2.85 | | |

2. *施测过程*

阅读过程采取个别施测的方法，全程在带有监控录像的读书角进行，主要是由主试给被试讲述《拾梦老人》这本绘本，用摄像机记录学前儿童在阅读过程中的阅读行为和语言。在阅读纸质书时，把绘本立在桌子上的书架上，由主试来给被试分享阅读绘本，学前儿童可以自主翻页、提问和评论，当被试与主试交谈时，只做诸如“是吗？”“嗯”“继续往下看”之类的回答，避免主试的回答对被试产生暗示；在阅读 AR 绘本时，把 iPad 放在支架上，绘本放在 iPad 摄像头可以扫描到的地方，被试从电子屏幕中阅读绘本，由主试来给被试分享阅读 AR 绘本，被试在阅读过程中观看 AR 效果，与绘本进行互动，同时自由地进行评论和提问，同样，当被试与主试交谈时，主试不做过多的回答。

实验结束后，由实验者观看录制的视频，并用行为编码来记录学前儿童在阅读过程中的互动参与行为，出现一个行为计 1 分。本次实验编码按照认知、情绪和行为进行划分，分为认知表现、情绪表现和行为表现，其中认知表现编码参照程文婷和王军（2015）的研究，情绪表现编码参照韩映虹等（2012）的研究，行为表现编码参照 Yilmaz（2016）的研究，详见表 2-17。

**表 2-17　学前儿童阅读过程中的行为编码**

| 类别 | 维度 | 方式 | 示例 |
| --- | --- | --- | --- |
| 认知表现 | 自发提问 | 针对图片提问 | 这是望远镜吗？这个是什么呀？ |
| | | 针对文字提问 | 这是雪花的雪吗？这个字是念车吗？ |
| | 自发评论 | 针对图片评论 | 好漂亮，能发光。哇噻！酷！ |
| | | 针对文字评论 | 评论文字有意思，有趣，优美 |
| | 自发请求 | 催促讲述后续故事内容 | 被试催促主试继续讲下面的内容 |
| | | 要求重复故事内容 | 主试讲完一页故事，被试要求重复讲这一页的内容，或被试没有听清，主试再次重复故事内容 |
| | 自发描述 | 讲述故事 | 实验者没有开始讲，被试看图自主讲述故事，或是主试讲完，被试补充与绘本内容相关的情节 |
| | | 扩展故事内容 | 讲述生活中发生的事，或联想到其他故事 |
| 情绪表现 | 愉快情绪 | | 微笑表情、大笑表情 |
| | 其他情绪 | | 除愉快表情以外的其他表情 |
| 行为表现 | 主动翻页 | | 主动往后翻绘本的书页 |
| | 尝试触摸绘本中内容 | | 用手指绘本中的图案，或点击屏幕与绘本互动 |
| | 不注意行为 | | 没有认真看书的行为（东张西望、抠手指） |

3. 阅读效果测试

阅读效果测试主要进行四项测试，分别是阅读体验测试、阅读理解测试、故事叙述测试和选择偏好测试。

1）阅读体验测试：在阅读完绘本之后，主试询问学前儿童阅读完绘本之后的感受，采用贴表情小贴纸（开心表情、中性表情和不开心表情）的方式来记录。

2）阅读理解测试：根据《拾梦老人》的故事结构以及阅读理解测试出题标准，共测试 10 道问题，包括 5 道显性问题和 5 道隐性问题，显性问题主要是从故事的角色、背景、引发事件、问题和结局来考察的，隐性问题主要是从角色感受、故事的因果关系、语言理解、情节预测、故事主题这几个方面来考察的。主试采用提问的方式询问学前儿童这 10 道问题并进行计分，对于每个问题，根据儿童回答的准确程度分别计 0 分、1 分、2 分，总分为 20 分。

3）故事叙述测试：依照《拾梦老人》自制没有文字只有图片的小册子，让学前儿童看图进行复述，在讲述的过程中用手机录音功能录音。参考 Thorndyke（1977）对绘本故事结构的划分，笔者对学前儿童的故事讲述内容进行分析，考察学前儿童对故事结构的理解。故事结构划分主要包括背景、主题、情节、结局。将故事结构要素进行编码，根据被试讲述的故事文本进行评分，包括一个要素计 1 分，总分为 40 分。

4）选择偏好测试：阅读和测试结束后，让两组学前儿童分别看不同类型的绘本，询问学前儿童喜欢用哪种方式来阅读这本绘本。根据张文洁（2014）的绘本阅读形式偏好问卷来编制阅读形式偏好问卷，内容包括偏好的阅读形式、偏好的理由、阅读中出现的困难，主要采用提问的方式询问学前儿童问题，对提问过程采用录音记录。

### （四）实验仪器

本次实验的工具主要有 PPVT、摄像机、iPad、手机。PPVT 用于测试 56 名 5～6 岁学前儿童的可接受性词汇，保证学前儿童处于同一水平；摄像机用于记录学前儿童在阅读纸质绘本和 AR 绘本时的参与行为和语言；iPad 用于学前儿童阅读 AR 绘本；手机的录音功能用于记录学前儿童的故事复述过程。

## 四、结果与分析

### （一）学前儿童在不同类型绘本下的阅读行为

为考察学前儿童在阅读不同类型绘本过程中的互动参与，对学前儿童在阅读过程中的认知表现、情绪表现、行为表现进行统计，结果显示，在互动参与的认知表现行为上，两组学前儿童的得分存在边缘显著（$p$=0.09），AR 绘本组学前儿童的认知表现行为要多于纸质绘本组学前儿童。两组学前儿童在情绪表现、行为表现两方面无显著差异（$p$s>0.05）（表 2-18）。两组学前儿童都可以积极地参与到绘本的阅读过程之中。

**表 2-18　两组被试阅读过程中的互动参与比较**

| 编码 | 组别 | $M$ | $SD$ | $t$ | $p$ |
|---|---|---|---|---|---|
| 认知表现 | 纸质绘本组 | 7.25 | 5.81 | −1.74 | 0.09 |
| | AR 绘本组 | 10.17 | 6.67 | | |
| 情绪表现 | 纸质绘本组 | 3.66 | 2.67 | −0.18 | 0.86 |
| | AR 绘本组 | 3.79 | 2.67 | | |
| 行为表现 | 纸质绘本组 | 6.62 | 4.49 | −0.46 | 0.65 |
| | AR 绘本组 | 7.13 | 3.74 | | |

随后对互动行为的进一步分析显示，在阅读不同类型的绘本时，两组学前儿童在认知表现中的评论图片（$t$=−3.32，$p$<0.01）、重复故事（$t$=−2.36，$p$<0.05）和自发扩展（$t$=−2.48，$p$<0.05）这三个方面的互动参与行为有显著差异，表明学前儿童在阅读 AR 绘本时有更多的自发语言表达，AR 绘本所呈现出的图画效果让学前儿童感觉很神奇（他们会用“哇塞”“酷”等词来形容他们所看到的），另外，AR 绘本的真实性、互动性等特点还会激发学前儿童的想象力（当看到老人变成圣诞老人、小狗变成大驯鹿时，他们会哼唱起圣诞歌曲）。阅读 AR 绘本时，学前儿童还有很多要求重复的行为，这可能是由于学前儿童很容易被 AR 效果吸引，会不自觉地进行探索、嬉戏，这时就会要求主试重复所讲内容。

在阅读不同类型的绘本时，两组学前儿童在行为表现中的主动翻页（$p$=0.25）和不注意行为（$p$=0.17）这两个方面的互动参与行为没有显著差异，在尝试触摸行为上的差异边缘显著（$p$=0.07）。AR 绘本组的尝试触摸行为要多于纸质绘本组，学前儿童在阅读 AR 绘本时多了很多互动行为，比如，他们会把手放在电子屏幕的下方以让立体的事物或人物移动到自己手上（他们会用手去抓旋转的礼物盒子）。然而，AR 绘本组的不注意行为要多于纸质绘本组，学前儿童很容易被视频动画或真实的立体角色吸引，沉浸于电子屏幕中并和绘本互动，这会分散学前儿童的注意力，相比来说，纸质绘本组学前儿童的注意力更集中，阅读过程更连续。

### （二）不同类型绘本的阅读体验

学前儿童的阅读体验是检验学前儿童在阅读过程中的感受。放松的、愉快的阅读过程能让学前儿童沉浸在阅读中，获得更多的认知，激发学前儿童的想象力和创造力。纸质绘本组和 AR 绘本组学前儿童的阅读体验无显著差异（$\chi^2$=0.28，$p$=0.60），由表 2-19 可知，94.6%的学前儿童选择开心表情贴纸，大多数学前儿童喜欢这次阅读活动，并且认为阅读过程能让他们感到快乐。有 5.4%的学前儿童选择中性表情小贴纸，其中纸质绘本组中有 1 名学前儿童选择中性表情贴纸，可能是因为该学前儿童口吃，其语言倾听和表达能力不强；AR 绘本组中有 2 名学前儿童选择中性表情贴纸，是因为其中一位学前儿童表示这不是他喜欢的故事类型，另一位学前儿童表示阅读时的光线不好。

**表 2-19　两组被试阅读体验测试比较**

| 组别 | 开心 | 中性 | 不开心 | 合计 |
|---|---|---|---|---|
| 纸质绘本组 | 26（96.3%） | 1（3.7%） | 0 | 27（100%） |
| AR 绘本组 | 27（93.1%） | 2（6.9%） | 0 | 29（100%） |
| 合计 | 53（94.6%） | 3（5.4%） | 0 | 56（100%） |

注：表中括号外的数字代表人数（单位是人），括号内的数字代表该类人数占总人数的百分数

### （三）不同类型绘本的故事理解测试结果

为考察不同类型绘本对学前儿童故事结构理解方面的影响，对显性问题得分和隐性问题得分进行独立样本 $t$ 检验。结果显示，学前儿童阅读不同类型绘本时在显性问题方面无显著差异（$p$=0.30），在隐性问题方面有显性差异（$p$<0.01）（表 2-20）。两组学前儿童都能理解绘本中主要发生的事情，但是在绘本中的细节和角色情感方面存在显著差异。

**表 2-20　两组被试阅读理解测试得分比较**

| 类别 | 组别 | $M$ | $SD$ | $t$ | $p$ |
|---|---|---|---|---|---|
| 显性问题得分 | 纸质绘本组 | 8.74 | 1.28 | −1.04 | 0.30 |
| | AR 绘本组 | 9.06 | 1.06 | | |
| 隐性问题得分 | 纸质绘本组 | 6.37 | 2.16 | −3.24 | 0.00 |
| | AR 绘本组 | 8.03 | 1.65 | | |

进一步对隐性问题的几个方面进行独立样本 $t$ 检验。结果显示，两组学前儿童在角色感受和对话这两个方面有显性差异（$ps<0.05$）。AR 绘本组学前儿童可以更好地理解角色的情感，更能准确地表达角色之间的对话。

### （四）不同类型绘本的故事复述结果

为考察不同类型绘本对学前儿童故事叙事能力的影响，对背景、主题、情节、结局进行独立样本 $t$ 检验。结果显示，学前儿童阅读不同类型的绘本时在主题、结局方面无显著差异（$ps>0.05$），在背景、情节方面有显著差异（$ps<0.05$）（表 2-21）。

**表 2-21　两组被试故事复述测试比较**

| 故事结构要素 | 组别 | *M* | *SD* | *t* | *p* |
|---|---|---|---|---|---|
| 背景 | 纸质绘本组 | 12.81 | 2.41 | −2.11 | 0.04 |
| | AR 绘本组 | 14.06 | 2.03 | | |
| 主题 | 纸质绘本组 | 1.48 | 0.75 | −0.70 | 0.49 |
| | AR 绘本组 | 1.62 | 0.72 | | |
| 情节 | 纸质绘本组 | 8.96 | 2.37 | −3.60 | 0.00 |
| | AR 绘本组 | 11.03 | 1.91 | | |
| 结局 | 纸质绘本组 | 0.33 | 0.48 | −1.13 | 0.26 |
| | AR 绘本组 | 1.48 | 0.50 | | |

对故事复述测试中故事背景的几个方面进行独立样本 $t$ 检验，结果显示，两组学前儿童在地点得分上有显著差异（$p<0.05$），AR 绘本组的得分显著高于纸质绘本组。在角色和时间得分上均没有显著差异，两组学前儿童都能准确地描述故事中的角色和故事发生的时间。

对故事复述测试中故事主题的几个方面进行独立样本 $t$ 检验，结果显示，两组学前儿童在引发事件和目标得分上均没有显著差异（$ps>0.05$），两组学前儿童都能理解故事的主题。

对故事复述测试中故事情节的几个方面进行独立样本 $t$ 检验，结果显示，两组学前儿童在尝试和结果得分上均有显著差异（$ps<0.05$），AR 绘本组的尝试和结果得分均高于纸质绘本组，其中两组在尝试得分上的差异极其显著。尝试得分中有 3 分是关于 AR 页内容的，逼真有趣的动画效果更有利于加深学前儿童的记忆，使其对情节的叙述更丰富。

### （五）不同类型绘本的选择偏好

为考察学前儿童对两类绘本的阅读偏好，对学前儿童进行访谈，访谈结果如表 2-22 所示。两组学前儿童中，喜欢阅读 AR 绘本的学前儿童人数都多于喜欢阅读纸质绘本的学前儿童人数。我们对纸质绘本组学前儿童中选择纸质绘本和 AR 绘本的人数进行卡方检验，结果发现两者存在显著差异（$\chi^2=17.64$，$p<0.001$）；我们对 AR 绘本组学前儿童中选择纸质绘本和 AR 绘本的人数进行卡方检验，结果发现两者存在显著差异（$\chi^2=4.84$，$p<0.05$）。从总体上说，选择喜欢阅读 AR 绘本的学前儿童人数多于选择喜欢阅读纸质绘本的学前儿童人数（$\chi^2=20.48$，$p<0.001$）。两组学前儿童中，还有一少部分学前儿童对纸质绘本和 AR 绘本都喜欢。

**表 2-22　不同类型绘本的选择偏好**

| 组别 | *n* | 纸质绘本 | AR 绘本 | 纸质绘本和 AR 绘本 |
|---|---|---|---|---|
| 纸质绘本组 | 27 | 2（7.4） | 23（85.2） | 2（7.4） |
| AR 绘本组 | 29 | 7（24.1） | 18（62.1） | 4（13.8） |
| 总计 | 56 | 9（16.1） | 41（73.2） | 6（10.7） |

注：表中括号外的数值为人数（单位为人），括号内的数值为该类人数占总人数的百分比（单位为%）

## 五、讨论

### （一）学前儿童在两种绘本阅读中的互动参与行为

关于学前儿童的互动参与行为表现，两组学前儿童在认知表现上存在边缘显著，而在其他两个维度上不存在显著差异。这说明无论是阅读纸质绘本还是阅读 AR 绘本，两组学前儿童都可以积极地参与到绘本的阅读活动中，与绘本和主试之间进行良好的互动。在认知行为中的评论图片、重复故事、自发扩展这几个方面，两组学前儿童之间存在显著差异，这与 Yilmaz（2016）的研究结果一致，他在研究中通过观察共统计了学前儿童在阅读过程中的 2265 种互动行为，学前儿童最喜欢在阅读期间用手指、评价、提问、回答和重复。根据互动参与行为结果，我们不难看出，学前儿童在阅读两种绘本时各有各的特点，学前儿童阅读纸质绘本时喜欢翻页，注意力更集中，表情更丰富，阅读过程更加连续。在阅读 AR 绘本时，学前儿童表现出更多的提出、自发讲述、尝试触摸等行为，学前儿童对 AR 绘本感兴趣，能够与 AR 效果进行良好的互动。两种绘本各有特点和优势，应该根据孩子的阅读特点合理地选择绘本。

### （二）学前儿童对两种绘本的故事理解和故事复述

纸质绘本组和AR绘本组的学前儿童都能理解故事的主要内容，但是关于故事隐含的问题，AR绘本组的得分要高于纸质绘本组。学前儿童在阅读AR绘本时更能体会角色的感受和角色之间的对话，学前儿童在阅读AR绘本时可以看到“真实”的故事角色，还能和故事里面的角色、情节进行互动，能身临其境地感受故事，理解故事中角色的情绪以及产生这种情绪的原因。Cheng和Tsai（2016）认为，孩子像一个舞台剧的小演员一样沉浸在阅读之中。夏少琼（2016）也提到AR绘本可以对一些空间的、抽象的、难以理解的对象给予形象、逼真的展示，充分促进读者的理解和提高其创造力。

韩映虹和王静（2016）在研究中提到，5～6岁学前儿童对图画信息的加工速度加快，但容易遗漏和故事相关的背景和细节信息，AR绘本能有效促进学前儿童对图画背景和故事细节的关注，并将之运用到故事讲述中，使故事内容更加丰富。本次研究中AR绘本组在背景中的地点得分上要显著高于纸质绘本组，这一结果与Yilmaz等（2017）的研究结果一致，他在研究中也发现AR绘本用3D视觉和音频强调了故事发生的时间和地点，能有效地促进学前儿童对故事的理解。学前儿童阅读AR绘本时能够清晰地看到立体的故事场景，符合学前儿童具体形象思维的发展特点，更有利于学前儿童记忆；学前儿童在阅读中还会把自己看到的内容用手指出来并讲述出来，感官的综合运用能帮助学前儿童加深对故事的记忆，更好地叙述故事。关于故事复述的差异也可能与学前儿童的阅读经验有关，当实验者让学前儿童来讲一讲刚刚看过的故事时，阅读纸质绘本的学前儿童通常会说“自己不认识字，不敢讲”，而阅读AR绘本的学前儿童则表现得很积极，他们会自己翻阅绘本进行讲述。阅读纸质绘本的学前儿童在复述时会很紧张，总是在回忆实验者讲述的内容，没有过多的创编语言，害怕自己出错。阅读AR绘本的学前儿童则表示阅读AR绘本像是在看动画，他们表现得很兴奋，想把自己看到的内容讲给实验者听。

### （三）学前儿童对两种绘本的偏好比较

纸质绘本组中有更多的学前儿童选择偏好AR绘本，这可能是因为学前儿童阅读完纸质绘本后对故事里面的人物和故事情节很熟悉，当他们看到里面的角色和场景在屏幕中变成“真的，会走的”的时候，学前儿童表现出喜悦和兴奋，AR效果对于他们来说是一种新异刺激，引起了他们的极大兴趣。还有学前儿童表示阅读 AR 绘本时觉得“故事变简单了，能看懂”，AR 绘本采用 AR 技术将动画和真实的事物结合在一起，能够帮助学前儿童更好地理解绘本的内容。AR 绘本组中选择偏好 AR 绘本的学前儿童除了认为绘本里的事物会变成真实的、会动的以外，还有些学前儿童表示“AR 绘本不用点就能播放”，这与学前儿童在家或是在幼儿园阅读电子绘本的经历有关，阅读电子绘本需要用手划或点才可以出现语音或动画，而阅读 AR 绘本只需要用摄像头对准绘本就会出现 AR 效果，这是 AR 绘本与电子绘本的不同，对于年幼的孩子来说，这也是 AR 绘本的优势。

AR 绘本组中选择偏好纸质绘本的学前儿童要多于纸质绘本组。纸质绘本组中选择偏好纸质绘本的学前儿童表示这是他们熟悉的绘本类型和阅读方式，而 AR 绘本组学前儿童选择偏好纸质绘本是因为“在 iPad 上看很无聊”或是“看不清楚”。Hyun 等（2011）在研究中也有提到学前儿童在阅读 AR 绘本的过程中会遇到一些问题，例如，摄像头距离绘本太近会看不到 AR 效果，学前儿童的胳膊短，有时需要站起来才能看到；在光线暗的情况下，电子屏幕上会出现一条条的线，导致画面不稳定、不清晰。

根据研究结果可以发现，大部分学前儿童喜欢 AR 绘本类型，使用电子设备阅读 AR 绘本对于学前儿童来说没有难度，AR 绘本的真实性、互动性、趣味性是学前儿童可以接受的，阅读 AR 绘本是愉快的，能更好地培养学前儿童的阅读兴趣，调动学前儿童的多种感官，让学前儿童在玩中学，体验阅读的乐趣。

## 六、结论及教育建议

### （一）结论

本次研究通过阅读体验、互动参与行为、阅读理解、故事复述、选择偏好几个方面综合考察了 5～6 岁学前儿童阅读纸质绘本与 AR 绘本的效果，结果显示：①AR 绘本能够增加学前儿童的认知表现行为，在阅读过程中，丰富的 AR 效果会分散学前儿童的注意力。②两组学前儿童都能准确地说出故事的角色、背景、情节和结局，AR 绘本组学前儿童能更好地理解角色的感受和对话。③纸质绘本组学前儿童可以完整地叙述出故事发生的大概情况，AR 绘本组学前儿童更加关注故事的细节，用更多丰富的词汇来叙述故事。④两种类型的绘本都能引起学前儿童的阅读兴趣，但两组学前儿童更偏好 AR 绘本。

### （二）教育建议

#### 1. 将AR绘本合理地运用到幼儿园教学活动中

随着电子设备的不断更新换代，AR 技术逐渐变得大众化，智能电子设备基本上都有 AR 扫一扫功能，当前市场上也售有各种主题的 AR 绘本，AR 绘本教学已经不受技术的干扰。本次研究发现，大多数学前儿童偏爱阅读 AR 绘本，并且操作起来没有难度，因此，可以将 AR 绘本运用在幼儿园中以开展教育活动。

（1）采用 AR 绘本开展教育活动

AR 绘本教学可以帮助学前儿童教师节省活动准备时间，提高教学活动的效率。例如，健康活动的目标是让学前儿童认识心脏结构，教育学前儿童要爱护心脏，通常学前儿童教师都会用心脏解剖图或心脏模型来进行讲解。使用 AR 绘本进行教学，教师不用准备大量的教具和普及相关专业知识，只需要用手机的摄像头对准书页并投屏在大屏幕中，学前儿童就可以直观地看到心脏的立体动画效果和语音讲解，更快地吸引学前儿童的注意力，调动学前儿童学习的积极性。本次研究发现，学前儿童在阅读 AR 绘本的过程中会增加认知表现行为，教师与学前儿童可以在一问一答中共同探索学习。

（2）掌握 AR 绘本阅读过程中的技巧

本次研究发现，阅读纸质绘本的学前儿童在尝试阅读 AR 绘本时并不会对绘本失去兴趣，反而会让其阅读热情更加高涨，由此，本书建议，学前儿童教师或家长在给学前儿童分享阅读绘本时，可以先用传统纸质绘本的方式为学前儿童讲述绘本中的内容，然后让学前儿童自主操作带有扫描功能的电子设备观看 AR 效果，帮助学前儿童更好地理解绘本中的内容，感受绘本中角色的情绪，这样可以使学前儿童更容易理解故事中的因果关系，由此促进学前儿童的语言和思维能力的发展，还可以激发学前儿童的想象力和创造力。

本次研究还发现，分享阅读 AR 绘本时每一页间隔的时长会影响学前儿童的注意力。由此，本书建议，在阅读 AR 绘本时，要控制好 AR 页与纸质绘本页的阅读时长，既要给学前儿童充足的时间观看 AR 效果，同时也要控制好时长，以便继续往下阅读，避免 AR 效果分散学前儿童的注意力，干扰其阅读。

#### 2. 提高AR绘本的出版质量

当前市场上销售的 AR 绘本质量参差不齐，有些出版商只把 AR 当作一种噱头，当读者打开 APP 时并不能看到 AR 效果，欺骗消费者的感情，使其对 AR 绘本失去兴趣，还有些出版商出版的绘本的内容不符合学前儿童的认知特点。针对当前存在的问题，本书提出以下建议。

（1）完善 AR 绘本的稳定性

当前 AR 绘本主要在两个方面不稳定：一是软件技术不稳定。每一本 AR 绘本都要安装相应的 APP 才可以观看 AR 效果，这会让电子产品中多出很多 APP，没有家长和老师的帮助，孩子是不可能独立完成下载、安装、观看的。现在很多电子产品都自带 AR 扫一扫功能，未来发展中可以创建一个统一的 AR 绘本资料库，读者只要打开手机的 AR 扫一扫功能就能看到 AR 效果，这样阅读起来会更加方便，操作也会更加容易。二是 AR 画面效果不稳定。当前出版的 AR 绘本画面效果常出现两种极端：一种是摄像头对准书页才能出现 AR 效果，偏离就要重新扫描，年龄较小的学前儿童在扫描过程中会出现中断，也会因为胳膊太短而需要站起来才能看到完整的 AR 效果；另一种是用摄像头扫描书页，离开书页也可以看到 AR 效果，但是这时一般会进入一个小程序，脱离了绘本内容，变成了一个小游戏。未来发展中可以采用第二种脱离书页的技术，但也要结合绘本的内容。

（2）内容的难度要符合学前儿童的认知特点

有些出版商出版的绘本的文字内容过多且不符合学前儿童的认知发展水平，学前儿童的认识活动以具体形象性为主，单纯依靠语言来给学前儿童讲述，学前儿童很难理解。绘本是图、文的“合奏”，两者结合起来共同叙述一件事。AR 绘本的特点是可以把抽象的事物变成真实可见的事物，但在编著绘本的时候可以把知识进行分解或是放在生活情境中把它们串联起来，这样更有利于学前儿童的理解。比如，介绍松树的时候，图的呈现顺序可以是一棵松树—松枝—松果—冬天的松树，这样可以把松树的每一个特征都具体化，让学前儿童能够仔细观察，自主地说出植物的特性，这样才能真正做到从玩中学，发挥 AR 效果的价值。

# 第二编

# 听障儿童绘本阅读规律的探索

# 第三章

# 听障儿童阅读的实证研究

## 第一节　国外听障儿童绘本阅读研究概述

听障儿童因为听力损失而出现阅读障碍，与健听儿童相比，他们在词汇习得和阅读理解上存在发展滞后现象。但也有研究发现，听障儿童存在视觉加工的优势，所以他们在阅读过程中会更多地使用表象，即将阅读内容用视觉化的形象在头脑中表征出来。

绘本是由图画和文字共同构成且以图为主的儿童读物，深受听障儿童的喜爱。因此，通过绘本提高听障儿童的语言能力是一种非常重要的途径。但是，在国内，关于听障儿童绘本阅读的相关研究比较缺乏。因此，本节梳理了国外听障儿童绘本阅读的相关研究，包括绘本阅读对听障儿童词汇学习的影响、绘本阅读对听障儿童阅读行为的影响和绘本阅读对听障儿童早期阅读能力的干预等几个方面，探讨绘本对促进听障儿童语言能力发展的价值，最后针对当前听障儿童绘本阅读的相关问题提出建议与展望，以期对国内听障儿童教育工作者和相关人员有所启发。

### 一、绘本阅读对听障儿童词汇学习的影响

互动式阅读（interactive reading）即成人和孩子一起阅读而不是成人单纯地给孩子读，是一种特殊的亲子互动阅读方式。在阅读过程中，成人可以通过与孩子谈话、提出开放式问题等策略使他们参与到阅读活动之中。Fung 等（2005）考察了互动式阅读对听障儿童词汇学习的影响，进行了一项为期 8 周的干预性阅读实验。研究对象为 28 名 5～9 岁的听障儿童，研究者将他们分为三个小组：互动式阅读组、正常阅读组和控制组。互动式阅读组的父母在绘本阅读过程中会采取一

定的阅读策略，包括填空（例如，小猴子住的地方在哪里）、开放式提示（例如，请告诉我小熊和他爸爸做了什么？）、回忆（例如，谁最后成为冠军？）等。正常阅读组的父母按照往常给孩子读故事书的方法，研究者没有告知他们如何促进孩子做出反应。控制组自行阅读与另外两组相同的绘本。通过 PPVT 对前测和后测结果进行比较，发现互动式阅读组的词汇后测得分和正常阅读组的词汇后测得分存在显著差异，互动式阅读组的词汇后测得分和控制组的词汇后测得分也存在显著差异，互动式阅读组的词汇后测得分均高于正常阅读组和控制组的词汇后测得分，表明互动式阅读有利于促进听障儿童的词汇学习。

Jessica 等（2017）通过研究发现，互动式阅读是促进听障儿童词汇发展的一种有效途径。研究者把互动式阅读作为一种干预手段，教师采取 PEER 和 CROWD 阅读策略向听障儿童讲述绘本，这些策略具体是提示（prompt）策略、及时评价（evaluation）策略、补充回答（expansion）策略、重复（repetition）策略、补充句子（completion）策略、回忆提示（recall）策略、开放式问题（open-ended）策略、问句提示（wh-）策略和联系生活（distancing）策略等，干预时间为 3 周，每周有 4 天时间阅读绘本，每天阅读绘本的时间为 15～20 分钟。结果发现，互动式阅读可以促进听障儿童对目标新词的学习。

儿童喜欢反复阅读同一本绘本，本文的重复阅读指成人多次给儿童讲述同一本绘本。Bobzien 等（2015）以 4 名儿童为被试，采用多基线设计（multiple baseline design）（A、B、C、D、E、F 六个阶段）对听障儿童对 5 本绘本中目标新词的学习进行干预，4 名儿童在基线期 A 阶段都不认识目标新词，在 B、C、D、E、F 阶段，老师对听障儿童进行绘本阅读干预。结果发现，重复阅读结合四种阅读策略（言语扩充、单词阐释、句子填空、对个人或集体提问）有利于听障儿童对目标新词的学习。Richels 等（2016）再次证明，当老师在给听障儿童重复读 3 遍同一本绘本并使用 5 种阅读策略（这些策略包括言语扩充、单词阐释、提问、句子填空以及范例讲解等）时，他们能够学习到每本绘本中 75%以上的目标新词，这表明，重复阅读结合绘本阅读策略有助于听障儿童对目标新词的学习。

以上研究结果表明，互动式阅读绘本和重复阅读绘本可以改善听障儿童词汇的发展，帮助他们积累词汇并为早期阅读的发展打下良好基础。

## 二、绘本阅读对听障儿童阅读行为的影响

分享阅读即在轻松、愉快的亲密气氛中，成人和儿童共同阅读一本绘本的类似

游戏活动。作为绘本阅读的一种方式，分享阅读对听障儿童阅读能力的发展起到积极的促进作用，成人对故事的讲述可以让儿童接触到许多新的词汇，有利于听障儿童对接受性词汇和表达性词汇的学习，接受性词汇是指个体在听、读等语言活动中能够理解的词汇，而表达性词汇是指个体在说、写等语言行为中能够使用的词汇。

在分享阅读中，听障儿童会表现出不同的阅读行为反应。例如，在绘本阅读中，年幼儿童会使用一些动作，如点头和手势等，来表达他们对所描述的画面的了解。Rosenblatt（1978）提出的交换互动理论（transactional theory）可以解释这种现象，即读者会从文本中获得新的知识经验，也会把自己原有的知识经验与文本进行整合，而阅读行为反应就是读者用自己的知识经验去理解文本信息后的外在行为表现，例如，当老师在读到绘本中的“当太阳升起”这一句时，儿童会用手指向教室外面的太阳。

哪些因素会影响听障儿童的绘本阅读行为反应呢?

首先，在教学情境中进行分享阅读可以提高听障儿童的阅读行为反应。Williams 和 Mclean（1997）考察了在教学情境中进行分享阅读和自主阅读对听障儿童绘本阅读行为反应的影响，这里的自主阅读即幼儿按照自己的意愿和兴趣独立地选择和阅读由幼儿园提供的绘本。阅读行为的反应包括参与行为（如靠近教师、触摸插图、微笑等）、手语和言语反应（如自发评论、自发提问和回答教师问题等）、分享行为（如给同伴展示插图等）。结果发现，听障儿童在教学环境中阅读绘本的反应比他们在自主阅读时的反应更丰富，教师在促进儿童阅读反应行为中扮演了重要的角色。

其次，阅读媒介的不同也会影响听障儿童的绘本阅读行为反应。随着科学技术的发展，电子绘本给父母与孩子提供了更多的共同阅读机会。Wauters 和 Dirks（2017）比较了听障儿童在互动阅读纸质绘本（纸质组）和电子绘本（电子组）时阅读行为的不同。儿童的行为有参与性阅读行为（如保持兴趣、翻页等）、交流性阅读行为（如回答问题、猜测故事接下来会发生什么等）、引导性阅读行为（如用手指向图片、复述单词或短语等）。结果发现，纸质绘本组和电子绘本组听障儿童在绘本阅读行为的总分上存在显著差异，两组在交流阅读行为上也存在显著差异，表现为电子绘本组的平均分均显著低于纸质绘本组，说明父母和儿童在进行互动式阅读时，纸质绘本能够引发儿童出现更多的阅读行为反应。虽然电子绘本以其携带方便和信息量大的特点而受到青睐，但纸质绘本依然存在自身优势，可以更多地促进听障儿童的阅读行为反应。

以上研究结果表明，阅读方式和阅读媒介的不同都会影响听障儿童的阅读行为反应，教学环境下的分享阅读和纸质绘本在促进他们阅读行为反应上存在优势。儿童对绘本阅读的行为反应揭示了他们对故事和书面语言的理解，对绘本的行为反应也会有效促进儿童语言和阅读能力的发展。

## 三、绘本阅读对听障儿童早期阅读能力的干预

有研究发现，家长经常和听障儿童一起进行绘本分享阅读，可以丰富儿童的词汇、语法知识和增强其语音意识，有利于他们早期阅读能力的发展。

Aram 等（2006）研究了亲子阅读对听障儿童早期阅读能力的预测作用，在研究中，母亲给听障儿童讲述无字绘本，研究者记录并分析了母子间的互动视频。多元回归分析表明，亲子阅读在 22%的程度上预测了听障儿童的语音意识，在 18%的程度上预测了他们的接受性词汇水平，在 28%的程度上预测了听障儿童的常识。这个结果说明，绘本阅读对听障儿童早期阅读是非常重要的。Desjardin 等（2014）研究了母亲在绘本阅读中的语言技巧与其听障子女口语能力之间的关系。研究通过摄像机记录了 32 对母子在绘本阅读过程中的互动情况，分析视频中母亲使用单词类型的数量以及母亲的辅助语言技巧（facilitative language techniques）。辅助语言技巧是指在亲子阅读绘本的过程中，成人使用言语鼓励儿童更好地参与阅读活动。辅助语言技巧分为低水平的辅助语言技巧和高水平的辅助语言技巧。在低水平的辅助语言技巧中，父母会用一些中性的评论（如“耶”“谢谢”）、封闭式问题（如“你喜欢这本书吗”）以及简单的指令（如“请看这张图片”），而高水平的辅助语言技巧包括开放式问题、单词扩充和句子重塑等，句子重塑是指父母将孩子的语言描述变成问题的形式，如儿童说：“宝宝哭。”父母回应说：“这个宝宝正在哭吗？”结果表明，母亲使用单词类型的数量和两种高水平的辅助语言技巧（句子重塑和开放式问题）与听障儿童的语言能力存在正相关。

以上研究结果表明，绘本阅读可以有效预测听障儿童的语音意识等语言能力的学习，这些能力都是听障儿童阅读能力发展的重要基础。

## 四、关于听障儿童绘本阅读的建议与展望

### （一）教育建议

#### 1. 筛选适合听障儿童阅读的绘本

目前，研究者针对健听儿童绘本阅读的分级和分类较多，但是，很少有为听

障儿童推荐适合他们阅读的绘本书单。在实践中，聋校教师也存在给听障儿童选择绘本的困难。听障儿童的阅读水平和健听儿童的阅读水平存在一定的差距，加之听障儿童的心理和生理特点与同龄儿童相比存在一定的特殊性，所以，针对健听儿童绘本阅读的分级和分类不一定适合听障儿童。因此，筛选适合听障儿童阅读的绘本是一项非常具有现实意义的工作。

2. 鼓励听障儿童阅读绘本

优秀的绘本语言简洁、画面生动形象，符合听障儿童的认知特点。对于听障儿童，绘本中的插图可以起到很好的视觉补偿功能，使他们的理解能力在读图过程中迅速提高。培养听障儿童文字书写能力的一种重要途径就是阅读绘本，因为阅读能力和书写能力是以词汇、语音、语义为基础的，即儿童的文字能力是以阅读为基础的。经常阅读绘本不仅有利于听障儿童口语能力的恢复，也为其学习书面语言做好了准备。

分享阅读和重复阅读有利于听障儿童对词汇和语法的学习，为他们的早期阅读发展打下基础。教师和家长在日常教育和生活中应该多和听障儿童一起阅读绘本，在阅读的过程中可以借助绘本抛出一些开放式问题，引发他们的思考，也可以和日常生活实际相联系，这样有助于听障儿童理解绘本内容。对于儿童感兴趣的绘本，家长可以反复多次和孩子共同阅读，在每次阅读时，儿童关注的重点都不相同，重复阅读有助于提升他们的文字意识和故事理解能力。在日常生活中，教师和家长要尽量为听障儿童创造一个有利于他们做出阅读反应的环境，纸质绘本比电子绘本在引起听障儿童阅读行为反应上存在一定的优势，教师和家长应该认识到纸质绘本的价值。

### （二）研究展望

本节通过对国外听障儿童绘本阅读的相关文献的梳理，发现阅读绘本可以给听障儿童带来很多好处。随着国内对特殊教育领域的重视，有关听障儿童绘本阅读的相关研究也在逐渐增加，但大多数研究只是片面地强调阅读对听障儿童的重要性，缺乏相关的实证结果证明不同绘本阅读方式之间的差异是什么、自主阅读和分享阅读中哪种方式更有利于听障儿童对文字的关注、听力损失程度和阅读能力之间的关系是什么、绘本阅读是怎样促进听障儿童早期阅读能力发展的，以及听障儿童的阅读理解能力和健听儿童之间的差距是什么，在未来的研究中，这些问题都值得我们探讨。

采用眼动技术探讨学前儿童绘本阅读的规律也是早期阅读研究的一个重要趋势，眼动技术的使用提高了学前儿童阅读研究的外部效度。国内外关于健听儿童绘本阅读的眼动研究成果较为丰富，但关于特殊儿童，尤其是听障儿童阅读的眼动研究比较少。由于健听儿童与听障儿童在阅读上有不同的特点，未来的研究者可以将眼动技术用于听障儿童绘本阅读的研究中，探讨听障儿童绘本阅读的特点和规律、他们对绘本中的图画注视的规律是什么，以及不同年龄阶段的听障儿童对文字的关注特点是什么等，这些都将为听障儿童绘本的干预提供科学依据。

## 第二节 4～6 岁听障儿童分享阅读绘本筛选标准的初步研究

早期阅读是学前儿童读写活动的重要组成部分，而绘本则是开启学前儿童早期阅读大门的钥匙。听障儿童的绘本分享阅读活动作为语言领域的活动，有其存在的必要性，一方面是源于相关教育文件对绘本分享阅读活动的规定，另一方面则源自听障儿童自身发展的需要。

与健听儿童丰富的绘本推荐书单相比，听障儿童绘本的推荐则处于一种非常尴尬的状态。目前，面向听障儿童的优秀绘本推荐非常少，截至 2017 年，可以查到的仅有三篇有关听障儿童亲子阅读书单的网络推广文章，文章作者从其自身经验出发，推荐的绘本数量偏少、不系统并且主观性较强。也就是说，目前尚没有可以直接使用的适合听障儿童的绘本推荐书单。但是，在聋校康复部的早期干预中，特殊教育教师发现听障儿童也有迫切的绘本阅读需求。碍于听障儿童绘本推荐书单的缺乏，这些教师只能选用适合健听儿童的优秀绘本开展日常阅读活动，以保证绘本分享阅读活动中所使用的绘本的内涵和质量。但是这些书单是以广大健听儿童为主要推荐对象的，其绘本的内容、形式等多符合健听儿童的认知水平、兴趣爱好等特征，而听障儿童由于听力受损，其生活方式、认知活动、图画理解、文字感受性等方面与健听儿童有所不同。因此，直接从健听儿童推荐书单中选择给听障儿童阅读的绘本不一定合适。

前人的研究大多关注健听儿童的绘本选择和推荐，针对听障儿童的绘本推荐较匮乏。仅有的部分书目推荐大都基于教学经验和亲子阅读经验的总结，且书目数量较少。聋校幼儿园阅读角的阅读材料购置处于起步阶段，绘本种类偏少，缺乏合适的书单指导。因此，本次研究拟采用观察法分析听障儿童的阅读行为，通过客观地记录和整理 4～6 岁听障儿童在分享阅读活动中的行为，尝试筛选出一些听障儿童阅读表现得分较高的绘本，以推荐给听障儿童家长和教育者。

## 一、研究方法

### （一）被试

以天津市某聋校学前部小班 10 名 4～6 岁听障儿童为研究对象，10 名听障儿童均为单一听力障碍，通过电子耳蜗、助听器等听力补偿后均可通过口语形式进行日常交流。听障儿童的学习能力由适用于语言交流障碍者智力测验的希-内学习能力测验（Hiskey-Nebraska Test of Learning Aptitude，H-NTLA）的 8 个分测验测量得出。听障儿童基本情况见表 3-1。

**表 3-1　听障儿童基本情况**

| 学前儿童 | 性别 | 年龄 | 听力补偿 | 学习商 | 听障儿童常模 | 健听儿童常模 |
|---|---|---|---|---|---|---|
| 1 | 男 | 5 岁 | 人工耳蜗 | 91 | 87.40±17.57 | 99.31±16.46 |
| 2 | 男 | 4 岁 10 个月 | 人工耳蜗 | 95 | 86.32±16.51 | 97.87±17.38 |
| 3 | 男 | 4 岁 | 助听器 | 116 | 86.32±16.51 | 97.87±17.38 |
| 4 | 男 | 4 岁 8 个月 | 人工耳蜗 | 84 | 86.32±16.51 | 97.87±17.38 |
| 5 | 男 | 4 岁 6 个月 | 人工耳蜗 | 89 | 86.32±16.51 | 97.87±17.38 |
| 6 | 男 | 5 岁 9 个月 | 人工耳蜗 | 105 | 87.40±17.57 | 99.31±16.46 |
| 7 | 女 | 4 岁 2 个月 | 人工耳蜗 | 92 | 86.32±16.51 | 97.87±17.38 |
| 8 | 女 | 4 岁 6 个月 | 助听器 | 95 | 86.32±16.51 | 97.87±17.38 |
| 9 | 女 | 6 岁 7 个月 | 人工耳蜗 | 110 | 84.79±20.37 | 105.74±22.47 |
| 10 | 女 | 4 岁 8 个月 | 人工耳蜗 | 90 | 86.32±16.51 | 97.87±17.38 |

注：①年龄按照 2018 年 4 月计算。②听力补偿：其作用为弥补听力缺陷，发展残余听力。其中，助听器属于弥补性装置，适用于听力损失小于 80dB（decibel hearing level，分贝听力水平）的感觉神经性耳聋患者；人工耳蜗又称电子耳蜗，是永久植入性装置，可帮助听力损失大于 90dB 的患者恢复听力，但适用规定相对复杂。③学习商为 2017—2018 年希-内学习能力测验测试结果。④听障儿童常模和健听儿童常模：参照《希-内学习能力测验中国 3—7 岁儿童常模修订》中同年龄听障儿童和健听儿童的常模（杨晓娟等，2011）

### （二）实验设计

本次研究采用观察法，通过录像记录学前儿童在集体分享阅读中的行为反应，按照学前儿童阅读行为编码方案，由两位学前教育专业研究生记录听障儿童行为编码，取两位评分者记录结果的平均值作为听障儿童阅读表现得分。根据听障儿童的阅读表现得分，分析听障儿童的阅读参与水平。

### （三）实验材料

从《让孩子着迷的 101 本书》（时代文艺出版社，2003 年版）、“中国儿童分级阅读参考书目”（接力出版社，2009 年版）、“中国学前儿童基础阅读书目”（新阅读研究所研制，2012 年版）、《图画书：阅读与经典》（二十一世纪出版社，2006 年版）等优秀书单中初步选取适合 3～5 岁学前儿童阅读的书单，其中系列绘本中一般选择一本作为代表。再结合聋校专业教师的评定，由三位语言领域执教经验达到两年以上的聋校专业教师分别对绘本的长度、内容适宜性等做出判断，综合考虑各位聋校教师的意见后选取初步研究书单。结合聋校的实际教学安排，由特殊教育教师从研究书单中不重复随机选取出集体分享阅读活动所使用的绘本，截至最后一个教学周，累计阅读了 29 本绘本，绘本名称如表 3-2 所示。

**表 3-2 筛选使用的绘本**

| 书名 | 书名 | 书名 |
|---|---|---|
| 《彩虹鱼和大鲸鱼》 | 《好饿的毛毛虫》 | 《首先有一个苹果》 |
| 《爷爷一定有办法》 | 《我妈妈》 | 《我的连衣裙》 |
| 《两棵树》 | 《给爸爸的吻》 | 《我的身体，这是什么》 |
| 《落叶跳舞》 | 《鳄鱼怕怕 牙医怕怕》 | 《逃家小兔》 |
| 《生气的亚瑟》 | 《你看起来好像很好吃》 | 《月亮，生日快乐》 |
| 《是谁嗯嗯在我的头上》 | 《抱抱》 | 《猜猜我有多爱你》 |
| 《下雨了》 | 《这是什么形状》 | 《七只瞎老鼠》 |
| 《古利和古拉的神秘客人》 | 《大卫惹麻烦》 | 《彩虹色的花》 |
| 《爸爸我爱你》 | 《棕色的熊、棕色的熊，你在看什么？》 | 《一园青菜成了精》 |
| 《我讨厌妈妈》 | 《鼠小弟的小背心》 | |

### （四）实验程序

#### 1. 研究人员及分工

为了最大限度地避免教师因素对听障儿童阅读活动的影响，主导阅读活动的均为同一名专业特殊教育教师。由两位学前教育专业研究生对听障儿童集体分享阅读活动做记录与编码，其中一位研究生负责听障儿童正面的录像记录，其记录结果作为听障儿童行为编码的主要依据；另一位研究生负责听障儿童背面的录像记录，其记录结果作为听障儿童行为编码的辅助依据，用于对正面记录的补充。

2. 观察时间安排

以不影响聋校康复部为听障儿童设置的科学系统的早期干预训练为原则，绘本集体分享阅读活动定为每周四上午进行。为了保持听障儿童参与分享阅读活动的积极性，减少绘本内容之间的相互影响，每次分享阅读活动仅讲述一本绘本。所以，29 本绘本的观察时间从 2018 年 3 月 22 日持续到 2018 年 12 月 20 日，为期 29 周，共计 29 次。

3. 观察计分规则

每一次阅读活动后，根据听障儿童的实际阅读表现，由两名学前教育专业研究生根据以上三大类阅读动作共同对阅读活动视频做编码记录。本次研究采用录像观察法，可以反复多次观察同一段录像。所以，两位研究生按照听障儿童的座位顺序，从左至右依次观察每位听障儿童在阅读活动中的动作反应。取两位研究生记录的平均值作为每位听障儿童在分享阅读活动中的动作得分。以下为各项编码的计分方式与计分标准。

认知表现主要记录听障儿童在分享阅读活动中就绘本内容与教师和同伴发生的言语互动交流，按照自发评论、提问问题、回答问题、复述和与同伴分享交流这五类言语动作做频次记录。以回答问题为例，听障儿童每回答一次教师提问计 1 分，按照回答的次数累加计分。

情绪表现则是对听障儿童在阅读中的情绪表现做记录，学前儿童的情绪表现反映了学前儿童的阅读感受，其中愉快情绪包括听故事的愉悦反应和因绘本内容有趣而笑等面部反应，出现一次计 1 分，按照学前儿童的情绪反应次数累加计分。其他情绪则是听障儿童在分享阅读中依照绘本内容发生的情绪反应变化，包括撇嘴、皱眉等，出现一次计 1 分，按照学前儿童的情绪反应次数累加计分。

动作表现用来记录听障儿童在阅读活动中的动作，肢体动作也是人心理过程的外在表现之一，如因对绘本故事情节发展的认同而不自觉地点头。本书把听障儿童在阅读活动中的动作反应大致分为肢体靠近教师、鼓掌、点头/摇头、指向绘本、模仿故事中的角色、再现绘本的内容六类，出现一次计 1 分，按照学前儿童的动作反应次数累加计分。

4. 观察记录整理

用 Excel 进行记录，一个工作表对应一本绘本阅读活动的记录，并以绘本名字命名，在工作表中依次记录每位听障儿童在阅读活动中各项指标的得分，便于日后的分析整理。使用 SPSS22.0 对数据进行统计处理。

### （五）实验仪器

SONY 摄像机一台，型号为 DCR-SR68E，200 万像素，有配套支架，以视频形式记录集体分享阅读中学前儿童的行为表现。自编《听障儿童阅读表现编码》表一份，便于分类记录听障儿童在分享阅读活动中的行为表现，见表 3-3。

**表 3-3 听障儿童阅读表现编码**

| 阅读动作反应 | 详细分类 | 具体表现 |
|---|---|---|
| 认知表现 | 回答问题 | 回答教师的提问 |
| | 提问问题 | 对绘本内容表示疑惑 |
| | 自发评论 | 主动对绘本的内容做评述 |
| | 复述 | 重复教师的话 |
| | 与同伴分享交流 | 和同伴分享感受 |
| 情绪表现 | 愉快情绪 | 微笑、捂嘴笑等 |
| | 其他情绪 | 皱眉、撇嘴、眼睛瞪圆、嘴巴张大等 |
| 动作表现 | 靠近教师 | 上身前倾，或将座位靠近教师 |
| | 指向绘本 | 用手指向绘本 |
| | 点头/摇头 | 在听故事过程中出现的点头或摇头动作 |
| | 鼓掌 | 在听故事过程中自发鼓掌 |
| | 再现绘本的内容 | 通过手势或动作重复绘本的内容 |
| | 模仿故事中的角色 | 假装自己是绘本中的角色，并模仿该角色的动作 |

本次研究拟参照刘佳（2017）在听障儿童集体教学中的行为反应分类方法，将听障儿童在集体分享阅读活动中的阅读表现分为三个维度，从认知表现、情绪表现、动作表现三个方面记录和分析听障儿童在集体分享阅读中的阅读表现。

## 二、结果与分析

### （一）评分者信度

评分者信度是指两位或多位评分者按照相同的计分规则对同一份试卷评分结果的一致性水平，考察评分者之间对主观性题目评定结果的客观性。

听障儿童阅读活动动作的评定与客观对错判断题不同，其中包含评分者的主观判断因素，而评分者之间的主观判断差异会导致观察结果误差。为了保证两位评分者评分结果的一致性，本次研究中采用皮尔逊相关系数计算两位评分者对绘本《我的身体，这是什么》这一分享阅读活动的评分，相关系数为 0.99，评分者一致性很高，表明评分者信度较好。

### （二）听障儿童阅读表现的整体分析

将两位评分者对 29 本绘本的评分结果录入 Excel 表格中进行数据整理，以绘本为单位分别记录到工作表上，以整理绘本阅读活动中学前儿童各项动作表现的情况，数据处理选用听障儿童在各项指标上得分的平均值，而动作表现、情绪表现、认知表现得分是由各项具体指标的平均值求和得出的，详细的阅读表现得分如表 3-4 所示。

**表 3-4　听障儿童平均阅读表现得分**

| 绘本 | 学前儿童阅读表现 | | | |
|---|---|---|---|---|
| | 认知表现 | 情绪表现 | 动作表现 | 整体阅读表现 |
| 《彩虹鱼和大鲸鱼》 | 5.25 | 2.38 | 4.88 | 12.50 |
| 《爷爷一定有办法》 | 3.00 | 1.00 | 4.17 | 8.17 |
| 《两棵树》 | 8.25 | 2.63 | 6.00 | 16.88 |
| 《落叶跳舞》 | 3.00 | 2.00 | 1.75 | 6.75 |
| 《生气的亚瑟》 | 3.00 | 0.00 | 3.29 | 6.29 |
| 《是谁嗯嗯在我的头上》 | 7.29 | 14.71 | 7.57 | 29.57 |
| 《下雨了》 | 9.50 | 5.63 | 4.25 | 19.38 |
| 《古利和古拉的神秘客人》 | 10.13 | 3.13 | 5.88 | 19.13 |
| 《爸爸我爱你》 | 0.50 | 0.67 | 2.33 | 3.50 |
| 《我讨厌妈妈》 | 4.00 | 2.00 | 1.50 | 7.50 |
| 《好饿的毛毛虫》 | 17.00 | 6.75 | 12.50 | 36.25 |

续表

| 绘本 | 学前儿童阅读表现 | | | |
|---|---|---|---|---|
| | 认知表现 | 情绪表现 | 动作表现 | 整体阅读表现 |
| 《我妈妈》 | 7.67 | 3.00 | 6.56 | 17.22 |
| 《给爸爸的吻》 | 2.78 | 1.78 | 2.78 | 7.33 |
| 《鳄鱼怕怕 牙医怕怕》 | 5.78 | 3.22 | 6.44 | 15.44 |
| 《你看起来好像很好吃》 | 2.50 | 0.30 | 3.80 | 6.60 |
| 《抱抱》 | 8.11 | 3.44 | 4.44 | 16.00 |
| 《这是什么形状》 | 13.67 | 4.22 | 7.67 | 25.56 |
| 《大卫惹麻烦》 | 2.50 | 1.17 | 2.17 | 5.83 |
| 《棕色的熊、棕色的熊，你在看什么？》 | 17.44 | 8.89 | 11.11 | 37.44 |
| 《鼠小弟的小背心》 | 2.56 | 0.78 | 1.11 | 4.44 |
| 《首先有一个苹果》 | 8.56 | 1.22 | 1.78 | 11.56 |
| 《我的连衣裙》 | 7.88 | 2.13 | 3.00 | 13.00 |
| 《我的身体，这是什么》 | 5.63 | 5.13 | 8.50 | 19.25 |
| 《逃家小兔》 | 7.33 | 4.00 | 4.44 | 15.78 |
| 《月亮，生日快乐》 | 1.30 | 0.10 | 1.50 | 2.90 |
| 《猜猜我有多爱你》 | 10.13 | 3.13 | 5.88 | 19.13 |
| 《七只瞎老鼠》 | 4.00 | 1.50 | 4.67 | 10.17 |
| 《彩虹色的花》 | 8.33 | 6.67 | 10.17 | 25.17 |
| 《一园青菜成了精》 | 0.83 | 0.00 | 1.33 | 2.17 |

根据表 3-4 可以明确地看到听障儿童在 29 本绘本阅读活动中的阅读表现情况，听障儿童在不同类型绘本阅读活动中的阅读表现有较大差异，整体阅读表现得分为 2.17～37.44 分。

为了进一步探讨听障儿童在分享阅读活动中的阅读表现，本文拟采用中位数分割法（闫国利等，2018；Rayner et al.，2010；Häikiö et al.，2009）对听障儿童的阅读表现做统计分析。中位数是在一组有序数据中处于中间位置的数值，可以避免极端值的影响，通过选取中间的数，将数据按照大小分成两组以描述数据的集中趋势。所以，本次研究依据表 3-4 听障儿童在分享阅读活动中阅读表现的得分，分别将听障儿童的整体阅读表现、认知表现、情绪表现和动作表现的得分由高到低进行排序，再分别统计出每一组数据的中位数数值。将听障儿童整体阅读表现得分从高到低进行排序后，可以得出该组数据的中位数为 13。在分享阅读活动中，听障儿童在 15 本绘本中的整体阅读表现得分达到了中位数及以上水平。

依据听障儿童在绘本分享阅读中整体阅读表现、认知表现、情绪表现和动作表现的得分与各组数据中位数的关系，把绘本分成得分高组和得分低组，使用独立样本 *t* 检验探究听障儿童在这两组绘本阅读活动中的阅读表现得分有无显著差异。其中，阅读表现得分在中位数及以上的归入得分高组，阅读表现得分在中位数以下的归入得分低组。为了便于统计，将得分高组记为 A 组，将得分低组记为 B 组。

由表 3-5 可知，在整体阅读表现中，听障儿童得分较高的绘本有 15 本，在这 15 本绘本中，听障儿童的整体阅读表现得分超过了 13 分（整体阅读表现的中位数），整体阅读表现的平均得分为 21.68 分；而听障儿童得分较低的绘本有 14 本，在这 14 本绘本中，听障儿童的整体阅读表现得分低于 13 分，整体阅读表现的平均得分为 6.84 分。经独立样本 *t* 检验，听障儿童在这两组绘本阅读中的整体阅读表现得分存在显著差异，A 组绘本阅读中听障儿童的整体阅读表现得分高于 B 组绘本阅读中听障儿童的整体阅读表现得分（$t$=7.01，$p$<0.001）。

**表 3-5　听障儿童的阅读表现**

| 类别 | 组别 | *n* | *M* | *SD* | *t* |
|---|---|---|---|---|---|
| 整体阅读表现 | A 组 | 15 | 21.68 | 7.55 | 7.01*** |
| | B 组 | 14 | 6.84 | 3.08 | |
| 认知表现 | A 组 | 15 | 9.80 | 3.50 | 6.98*** |
| | B 组 | 14 | 2.92 | 1.48 | |
| 情绪表现 | A 组 | 15 | 5.13 | 3.23 | 4.75*** |
| | B 组 | 14 | 1.05 | 0.77 | |
| 动作表现 | A 组 | 15 | 7.11 | 2.49 | 6.57*** |
| | B 组 | 14 | 2.48 | 1.07 | |

在认知表现中，听障儿童得分较高的绘本有 15 本，在这 15 本绘本中，听障儿童的认知表现得分超过了 5.78 分（认知表现的中位数），认知表现的平均得分为 9.80 分；而听障儿童得分较低的绘本有 14 本，在这 14 本绘本中，听障儿童的认知表现得分低于 5.78 分，认知表现的平均得分为 2.92 分。经独立样本 *t* 检验，听障儿童在这两组绘本阅读中的认知表现得分存在显著差异，A 组绘本阅读中听

障儿童的认知表现得分高于 B 组绘本阅读中听障儿童的认知表现得分（$t$=6.98，$p$<0.001）。

在情绪表现中，听障儿童得分较高的绘本有 15 本，在这 15 本绘本中，听障儿童的情绪表现得分超过了 2.38 分（情绪表现的中位数），情绪表现的平均得分为 5.13 分；而听障儿童得分较低的绘本有 14 本，在这 14 本绘本中，听障儿童的情绪表现得分低于 2.38 分，情绪表现的平均得分为 1.05 分。经独立样本 $t$ 检验，听障儿童在这两组绘本阅读中的情绪表现得分存在显著差异，A 组绘本阅读中听障儿童的情绪表现得分高于 B 组绘本阅读中听障儿童的情绪表现得分（$t$=4.75，$p$<0.001）。

在动作表现中，听障儿童得分较高的绘本有 15 本，在这 15 本绘本中，听障儿童的动作表现得分超过了 4.44 分（动作表现的中位数），动作表现的平均得分为 7.11 分；而听障儿童得分较低的绘本有 14 本，在这 14 本绘本中，听障儿童的动作表现得分低于 4.44 分，动作表现的平均得分为 2.48 分。经独立样本 $t$ 检验，听障儿童在这两组绘本阅读中的动作表现得分存在显著差异，A 组绘本阅读中听障儿童的动作表现得分高于 B 组绘本阅读中听障儿童的动作表现得分（$t$=6.57，$p$<0.001）。

由此可见，听障儿童在不同绘本集体分享阅读活动中的阅读表现在单一维度表现和总体表现上均有差异，有必要为听障儿童筛选出一套适合他们阅读的绘本。

### （三）绘本初步筛选结果

从表 3-5 中听障儿童阅读表现得分的对比情况来看，中位数分割法依据听障儿童阅读表现得分的高低，从 29 本绘本中有效地区分出了听障儿童在各个维度以及整体上阅读表现得分较高的绘本和阅读表现得分较低的绘本。所以，本次研究中绘本的初步筛选以表 3-5 中每一类阅读表现中 A、B 组的绘本分组情况为依据。

选取 A 组中在各个维度及整体阅读表现上均包含的绘本，作为听障儿童阅读表现得分较高的绘本。其中，共有 12 本绘本符合听障儿童阅读表现得分较高的条件要求，因此在下文的分析中将这 12 本绘本记作 A 组。听障儿童在 A 组绘本分享阅读活动中的阅读表现得分均在各类阅读表现得分的中位数之上，说明在 A 组绘本分享阅读活动中，听障儿童的参与积极性较高，乐于表达自己的想法，并且有较多的情绪反应，有利于分享阅读活动目标的达成，是值得 4～6 岁听障儿童在分享阅读活动中使用的绘本。

选取 B 组中在各维度及整体表现上均包含的绘本，作为听障儿童阅读表现得分较低的绘本。其中，共有 11 本绘本符合听障儿童阅读表现得分较低的条件要求，因此在下文的分析中将这 11 本绘本记作 B 组。听障儿童在 B 组绘本分享阅读活动中的阅读表现得分均低于各类阅读表现得分的中位数，说明在 B 组绘本分享阅读活动中，听障儿童的参与积极性较低，阅读互动较少，阅读中产生的情绪反应也偏少，阅读氛围较沉闷，难以达成分享阅读活动目标，不适合在 4～6 岁听障儿童集体分享阅读活动中使用。绘本初步筛选与分组情况如表 3-6 所示。

**表 3-6 绘本初步筛选与分组情况**

| 听障儿童阅读表现得分较高的绘本（A 组） | | | 听障儿童阅读表现得分较低的绘本（B 组） | | |
|---|---|---|---|---|---|
| 《棕色的熊、棕色的熊，你在看什么？》 | 《彩虹色的花》 | 《抱抱》 | 《鼠小弟的小背心》 | 《生气的亚瑟》 | 《落叶跳舞》 |
| 《好饿的毛毛虫》 | 《古利和古拉的神秘客人》 | 《猜猜我有多爱你》 | 《一园青菜成了精》 | 《大卫惹麻烦》 | 《给爸爸的吻》 |
| 《是谁嗯嗯在我的头上》 | 《逃家小兔》 | 《我妈妈》 | 《爸爸我爱你》 | 《我讨厌妈妈》 | 《爷爷一定有办法》 |
| 《这是什么形状》 | 《鳄鱼怕怕 牙医怕怕》 | 《两棵树》 | 《月亮，生日快乐》 | 《你看起来好像很好吃》 | |

### （四）听障儿童在两组绘本分享阅读中的阅读表现比较

本部分将结合绘本初步筛选的结果，对比分析听障儿童在 A、B 两组绘本集体分享阅读活动中三个维度的得分情况。

#### 1. 听障儿童在阅读活动中的认知表现

认知表现是听障儿童在绘本分享阅读活动中对所使用绘本的认知过程的外在表现。听障儿童将分享阅读活动中教师的讲述与提问、图画的内容、同伴的反应等信息输送到大脑中，经过大脑对信息的综合处理，对绘本的内容产生认知与理解，进而有了复述、回答问题等认知表现。所以，在分享阅读活动中，听障儿童的认知表现情况在很大程度上表明了他们对所讲述绘本的喜爱程度和理解程度。在自己感兴趣的绘本阅读活动中，听障儿童更愿意跟随教师的思路，复述教师的语言，有明显较多的认知反应，而且，对阅读活动中绘本内容的理解越深入，听障儿童能够给予的认知反应就越多。

将听障儿童在这两组绘本分享阅读活动中在认知表现各个小项目上的得分做独立样本 $t$ 检验，探究各个小项目的得分有无显著差异，结果如表 3-7 所示。

表 3-7　听障儿童在两组绘本阅读活动中的认知表现

| 类别 | 组别 | $n$ | $M$ | $SD$ | $t$ |
|---|---|---|---|---|---|
| 回答问题 | A 组 | 12 | 5.02 | 2.92 | 4.33** |
| | B 组 | 11 | 1.25 | 0.74 | |
| 提问问题 | A 组 | 12 | 0.01 | 0.04 | 1.00 |
| | B 组 | 11 | 0 | 0 | |
| 自发评论 | A 组 | 12 | 1.86 | 1.14 | 3.97** |
| | B 组 | 11 | 0.47 | 0.38 | |
| 复述 | A 组 | 12 | 2.46 | 2.85 | 2.16* |
| | B 组 | 11 | 0.58 | 0.38 | |
| 与同伴分享交流 | A 组 | 12 | 0.21 | 0.22 | 2.02 |
| | B 组 | 11 | 0.06 | 0.11 | |

由表 3-7 可知，在回答问题方面，A 组绘本阅读活动中，听障儿童回答问题的平均得分为 5.02 分；而 B 组绘本阅读活动中，听障儿童回答问题的平均得分为 1.25 分。经独立样本 $t$ 检验，听障儿童在这两组绘本阅读中的回答问题得分存在显著差异，在 A 组绘本阅读中的回答问题得分高于在 B 组绘本阅读中的回答问题得分（$t$=4.33，$p$<0.01）。这表明，听障儿童在 A 组绘本阅读活动中能够较好地跟随教师的思路，并且根据自己的认知经验回答教师提出的问题。

在提问问题方面，听障儿童的总体得分较低。29 本绘本中，听障儿童仅在 A 组《好饿的毛毛虫》这一绘本的分享阅读中出现了 1 次提问问题行为，是在故事结尾蝴蝶替代毛毛虫从茧里出来的部分，一名男性听障儿童提出疑问："这是毛毛虫？"然而，在 B 组绘本分享阅读活动中，听障儿童提问问题的平均得分为 0 分。经独立样本 $t$ 检验，听障儿童在这两组绘本阅读中的提问问题得分差异不显著（$t$=1.00，$p$=0.34）。因此，在分享阅读活动中，听障儿童多是听教师讲故事，跟着教师的思路去阅读故事，了解故事内容，很少主动思考与绘本相关的问题。

在自发评论方面，A 组绘本阅读活动中，听障儿童自发评论的平均得分为 1.86 分；而 B 组绘本阅读活动中，听障儿童自发评论的平均得分为 0.47 分。经独立样本 $t$ 检验，听障儿童在这两组绘本阅读中的自发评论得分存在显著差异，在 A 组绘本阅读中的自发评论得分高于在 B 组绘本阅读中的自发评论得分（$t$=3.97，$p$<0.01）。可见，在 A 组绘本分享阅读活动中，听障儿童更多地参与到了阅读活动

中来，而且头脑中的想法更多一些，形成了较好的绘本分享阅读氛围，有利于绘本分享阅读活动中教育目标的实现。

在复述方面，A 组绘本阅读活动中，听障儿童复述的平均得分为 2.46 分；而 B 组绘本阅读活动中，听障儿童复述的平均得分为 0.58 分。经独立样本 $t$ 检验，听障儿童在这两组绘本阅读中的复述得分存在显著差异，在 A 组绘本阅读中的复述得分高于在 B 组绘本阅读中的复述得分（$t$=2.16，$p$<0.05）。这表明，A 组绘本中的文字语言较 B 组绘本中的文字语言更适合听障儿童的接收和复述，可以给学前儿童提供丰富的语言示范材料，扩展听障儿童的词库，帮助听障儿童体验不同的语言表达形式，感受语言美。

在与同伴分享交流方面，听障儿童的总体得分较低。其中，听障儿童在 A 组绘本阅读活动中与同伴分享交流的平均得分为 0.21 分，在 B 组绘本分享阅读活动中与同伴交流分享的平均得分为 0.06 分。经独立样本 $t$ 检验，听障儿童在这两组绘本阅读中的与同伴分享交流得分存在边缘显著差异，在 A 组绘本阅读中的与同伴分享交流得分略高于在 B 组绘本阅读中与同伴分享交流得分（$t$=2.02，$p$=0.06）。从得分情况来看，听障儿童在集体分享阅读活动中的互动较少。但相对来说，听障儿童对 A 组绘本内容的理解和掌握程度更好，并且乐于在绘本阅读中和同伴分享自己的感受与发现。

综上所述，在 A、B 两组绘本分享阅读活动中，听障儿童的认知表现差异主要体现在回答问题、自发评论和复述这三个方面。A 组绘本更能够调动听障儿童的参与积极性，增加阅读活动中听障儿童与教师、阅读材料和同伴间的互动。

2. 听障儿童在阅读活动中的情绪表现

情绪表现是听障儿童在分享阅读活动中，对所讲述的绘本内容因个体主观认知、体验等产生的面部表情。在聆听中，听障儿童有时会将自己想象成故事的主人公，跟随故事情节的变化自然地产生丰富多变的感受，面部表情也会因对故事体验的不同而不同，既会出现兴奋、惊喜等积极情绪，也会出现不舍、失望等消极情绪。听障儿童有时会站在故事整体的角度上，因对主人公的经历感到有趣而偷笑，或者因对故事角色感到惋惜而皱眉。听障儿童在绘本分享阅读活动中的情绪表现直观地反映了他们对所阅读的绘本的内心感受，在分享阅读活动中不时地嘴角上扬，表明他们对绘本或者分享活动的兴趣和喜爱。如果能够跟随故事情节发展而产生表情变化，则说明听障儿童不仅参与了分享阅读活动，而且思路跟上了教师的讲述速度，理解了教师所讲图书的内容。

将听障儿童在这两组绘本分享阅读活动中在情绪表现各个小项目上的得分做独立样本 $t$ 检验，探究各个小项目的得分有无显著差异，结果如表 3-8 所示。

**表 3-8 听障儿童在两组绘本阅读活动中的情绪表现**

| 类别 | 组别 | $n$ | $M$ | $SD$ | $t$ |
|---|---|---|---|---|---|
| 愉快情绪 | A 组 | 12 | 4.74 | 3.54 | 3.74** |
| | B 组 | 11 | 0.82 | 0.74 | |
| 其他情绪 | A 组 | 12 | 0.56 | 0.56 | 2.96* |
| | B 组 | 11 | 0.07 | 0.12 | |

由表 3-8 可知，在愉快情绪方面，A 组绘本阅读活动中，听障儿童愉快情绪的平均得分为 4.74 分；而 B 组绘本阅读活动中，听障儿童愉快情绪的平均得分为 0.82 分。经独立样本 $t$ 检验，听障儿童在这两组绘本阅读中的愉快情绪得分存在显著差异，在 A 组绘本阅读中的愉快情绪得分高于在 B 组绘本阅读中的愉快情绪得分（$t$=3.74，$p$<0.01）。这表明，在绘本的内容、形式等方面，A 组绘本较 B 组绘本的趣味性更强，能给听障儿童带来更多的愉悦情绪。

在其他情绪方面，听障儿童的得分普遍较低，A 组绘本阅读活动中，听障儿童其他情绪的平均得分为 0.56 分；而 B 组绘本阅读活动中，听障儿童其他情绪的平均得分为 0.07 分。经独立样本 $t$ 检验，听障儿童在这两组绘本阅读中的其他情绪得分存在显著差异，A 组绘本阅读中听障儿童其他情绪得分高于 B 组绘本阅读中听障儿童其他情绪得分（$t$=2.96，$p$<0.05）。这表明，听障儿童在 A 组阅读活动中感受到了更丰富的情绪体验。

不同的情绪表现与绘本的主题内容有明显的相关性，绘本的主题大都是温暖、有趣、幸福的，令人感到愤怒、痛苦的情节较少。结合两组绘本的阅读表现可知，两组绘本分享阅读活动为听障儿童带来的多是健康、积极向上的愉悦情绪体验，其中 A 组绘本阅读活动更能引发听障儿童产生较多的情绪反应。

3. 听障儿童在阅读活动中的动作表现

动作表现是听障儿童在分享阅读活动中使用手势、肢体动作等对讲述内容做出动作反馈的外在表现。绘本分享阅读中，听障儿童的外部动作表现会受到其内部心理因素的影响。绘本分享阅读的过程也是听障儿童听教师讲故事的过程，在聚精会神地倾听的状态下，听障儿童会将注意力集中到耳朵上，以更好地听清楚教师讲述的内容，这个时候，他们的身体就会不自觉地前倾。类似地，由于语言发展缓慢，在倾听时，听障儿童会通过摇头、点头、手势等方法表达自己的内心想法。所以，听障儿童在分享阅读活动中丰富的动作表现是他们乐于并积极参与绘本阅读活动的体现。

将听障儿童在这两组绘本分享阅读活动中在动作表现各个小项目上的得分做独立样本 $t$ 检验，探究各个小项目的得分有无显著差异，结果如表 3-9 所示。

**表 3-9　听障儿童在两组绘本阅读活动中的动作表现**

| 类别 | 组别 | *n* | *M* | *SD* | *t* |
|---|---|---|---|---|---|
| 靠近教师 | A 组 | 12 | 3.00 | 2.08 | 1.84 |
| | B 组 | 11 | 1.72 | 1.00 | |
| 指向绘本 | A 组 | 12 | 0.57 | 0.70 | 2.13* |
| | B 组 | 11 | 0.10 | 0.23 | |
| 点头/摇头 | A 组 | 12 | 0.16 | 0.27 | 0.96 |
| | B 组 | 11 | 0.06 | 0.20 | |
| 鼓掌 | A 组 | 12 | 0.10 | 0.18 | 1.10 |
| | B 组 | 11 | 0.04 | 0.86 | |
| 再现绘本的内容 | A 组 | 12 | 1.71 | 1.49 | 3.25** |
| | B 组 | 11 | 0.27 | 0.27 | |
| 模仿故事中的角色 | A 组 | 12 | 1.75 | 2.11 | 2.59* |
| | B 组 | 11 | 0.15 | 0.28 | |

由表 3-9 可知，在靠近教师方面，A 组绘本阅读活动中，听障儿童靠近教师的平均得分为 3.00 分；而 B 组绘本阅读活动中，听障儿童靠近教师的平均得分为 1.72 分。经独立样本 $t$ 检验，听障儿童在这两组绘本阅读中的靠近教师得分差异存在边缘显著，在 A 组绘本阅读中的靠近教师得分略高于在 B 组绘本阅读中的靠近教师得分（$t$=1.84，$p$=0.08）。

在指向绘本方面，A 组绘本阅读活动中，听障儿童的指向绘本平均得分为 0.57 分；而 B 组绘本阅读活动中，听障儿童的指向绘本平均得分为 0.10 分。经独立样本 $t$ 检验，听障儿童在这两组绘本阅读中的指向绘本得分差异显著，在 A 组绘本阅读中的指向绘本得分高于在 B 组绘本阅读中的指向绘本得分（$t$=2.13，$p$<0.05）。当觉得故事情节有趣、图画内容新奇好看的时候，听障儿童的注意力会向绘本和

教师集中。听障儿童在A组绘本阅读活动中有较多的靠近教师、指向绘本等肢体动作，体现出他们对绘本内容的感兴趣程度较大，乐于参与绘本分享阅读活动。

在点头/摇头方面，听障儿童的总体得分较低。A组绘本阅读活动中，听障儿童的点头/摇头平均得分为0.16分；而B组绘本阅读活动中，听障儿童的点头/摇头平均得分为0.06分。经独立样本 $t$ 检验，听障儿童在这两组绘本阅读中的点头/摇头得分差异不显著（$t$=0.96，$p$=0.35）。

在鼓掌方面，听障儿童的总体得分也较低。A组绘本阅读活动中，听障儿童鼓掌的平均得分为0.10分；B组绘本阅读活动中，听障儿童鼓掌的平均得分为0.04分。经独立样本 $t$ 检验，听障儿童在这两组绘本阅读中的鼓掌得分差异不显著（$t$=1.10，$p$=0.29）。鼓掌、点头或者摇头作为倾听时理解过程的外部表现，出现的频率较小，听障儿童只有在理解故事内容时，才会对故事情节做出自发反应。虽然两组差异不显著，但从平均值的差异来看，A组绘本的阅读活动能引发听障儿童出现更多的鼓掌与点头、摇头等表现。例如，在A组《彩虹色的花》的绘本阅读活动中，听障儿童在对彩虹花的再一次诞生表示惊讶和赞许时就做了鼓掌的动作。

在再现绘本的内容方面，A组绘本阅读活动中，听障儿童再现绘本的内容的平均得分为1.71分；而B组绘本阅读活动中，听障儿童再现绘本的内容的平均得分为0.27分。经独立样本 $t$ 检验，听障儿童在这两组绘本阅读中的再现绘本的内容得分存在显著差异，在A组绘本阅读中的再现绘本的内容得分高于在B组绘本阅读中的再现绘本的内容得分（$t$=3.25，$p$<0.01）。

在模仿故事中的角色方面，A组绘本阅读活动中，听障儿童的模仿故事中的角色的平均得分为1.75分；而B组绘本阅读活动中，听障儿童的模仿故事中的角色的平均得分为0.15分。经独立样本 $t$ 检验，听障儿童在这两组绘本阅读中的模仿故事中的角色得分存在显著差异，在A组绘本阅读中的模仿故事中的角色得分高于在B组绘本阅读中的模仿故事中的角色得分（$t$=2.59，$p$<0.05）。在分享阅读活动中，听障儿童对绘本内容的动作展现或者角色模仿表示听障儿童已经听懂或看懂了绘本内容，并且愿意用肢体表达的形式转述出来。因此，结合听障儿童在分享阅读活动中的动作表现，A组绘本在这方面有明显的优势。

综上所述，在A、B两组绘本分享阅读活动中，听障儿童的动作表现差异主要体现在指向绘本、再现绘本的内容和模仿故事中的角色这三个方面。其中，听障儿童在A组绘本阅读活动中的动作表现更多，阅读活动氛围也更活跃。

## （五）两组绘本的文本特点对比

听障儿童对绘本阅读活动的兴趣是激发他们参与阅读活动的重要推动力，而听障儿童在分享阅读活动中的表现则一定程度上表明了其对阅读活动中使用的绘本的喜爱程度。为了进一步了解听障儿童的绘本选择偏好，本次研究拟参照绘本的分组情况，对比分析 A 组 12 本绘本与 B 组 11 本绘本的文本特点，从绘本的文字、画面和情节三个部分对绘本的特点做整理，拟从中发现这两组绘本各自的文本特点。

### 1. 两组绘本的文字特点对比

对绘本可以计量的字数和页数做对比，即分别计算每本书的页面数量、总字数，以及有类似结构和内容的句子占总句数的比例，即句子重复率。其中，在页面数量上，为了与教师的故事讲述相一致，跨页文本记为一页。然后将 A、B 两组绘本的页面数量、总字数和句子重复率分组输入 SPSS 中做独立样本 $t$ 检验，所得结果如表 3-10 所示。

**表 3-10　A、B 两组绘本的文本特点对比**

| 类别 | 组别 | $n$ | $M$ | $SD$ | $t$ |
|---|---|---|---|---|---|
| 页面数量 | A 组 | 12 | 16.00 | 3.10 | −2.35* |
| | B 组 | 11 | 19.64 | 4.27 | |
| 总字数 | A 组 | 12 | 442.75 | 242.40 | −0.19 |
| | B 组 | 11 | 465.55 | 330.25 | |
| 句子重复率 | A 组 | 12 | 51.26 | 32.24 | 2.23* |
| | B 组 | 11 | 23.89 | 25.89 | |

注：页面数量的单位是页，总字数的单位是字，句子重复率的单位是%

由表 3-10 可以看出，在绘本页面数量上，A 组绘本中，页面数量的平均值为 16.00 页；B 组绘本中，页面数量的平均值为 19.64 页。经独立样本 $t$ 检验，A、B 两组绘本的页面数量差异显著，A 组绘本的页面数量少于 B 组绘本的页面数量（$t$=−2.35，$p$<0.05）。

在绘本总字数上，A 组绘本中，总字数的平均值为 442.75 字；B 组绘本中，总字数的平均值为 465.55 字。经独立样本 $t$ 检验，A、B 两组绘本的总字数差异不显著（$t$=−0.19，$p$=0.85）。但是，从总字数的平均值来看，A 组绘本的总字数略少于 B 组绘本的总字数。

在绘本句子重复率上，A 组绘本中，句子重复率的平均值为 51.26%；B 组绘本中，句子重复率的平均值为 23.89%。经独立样本 $t$ 检验，A、B 两组绘本的句子重复率差异显著，A 组绘本的句子重复率高于 B 组绘本的句子重复率（$t=2.23$，$p<0.05$）。

由此可见，B 组绘本比 A 组绘本的页面数量和文字数量多，A 组绘本比 B 组绘本的句子重复率高。也就是说，从总体上来看，听障儿童更偏好内容简短，而且语言重复性较高的绘本。

2. 两组绘本的图画特点对比

这两组绘本的画面连续性都很好，画面的故事性也较为完整，所以在画面特点的对比上，本次研究拟从页面角色数量、角色类型和故事情节三个方面进行对比。其中，绘本的页面角色数量会影响画面的整体构图和故事的复杂性，所以我们选取页面中的主要角色做计数统计；角色类型则主要从两种类型上做区分，分别为真人角色类型和拟人化角色类型，在统计中，真人角色类型记为 1，拟人化角色类型记为 2；故事情节则参考彭懿（2008）对绘本画面节奏的划分，依据画面的重复规律，我们将绘本分为有重复性情节和没有重复性情节两类，即重复递进式情节和平铺直叙式情节，在统计中，重复递进式情节记为 1，平铺直叙式情节记为 2。

将 A、B 两组绘本的页面角色数量、角色类型和故事情节的值输入 SPSS 中做独立样本 $t$ 检验，结果如表 3-11 所示。

**表 3-11　A、B 两组绘本的图画特点对比**

| 类别 | 组别 | $n$ | $M$ | $SD$ | $t$ |
|---|---|---|---|---|---|
| 页面角色数量 | A 组 | 12 | 2.48 | 1.30 | −0.86 |
| | B 组 | 11 | 3.01 | 1.64 | |
| 角色类型 | A 组 | 12 | 1.92 | 0.29 | 1.62 |
| | B 组 | 11 | 1.64 | 0.51 | |
| 故事情节 | A 组 | 12 | 1.17 | 0.39 | −1.96 |
| | B 组 | 11 | 1.55 | 0.52 | |

注：页面角色数量的单位是个

由表 3-11 可以看出，在绘本页面角色数量上，A 组绘本中，页面角色数量的平均值为 2.48 个；B 组绘本中，页面角色数量的平均值为 3.01 个。经独立样本 $t$ 检验，A、B 两组绘本的页面角色数量差异不显著（$t=-0.86$，$p=0.40$）。但从统计数据上看，A 组绘本页面角色数量的平均值少于 B 组绘本页面角色数量的平均值，表示 A 组绘本单一页面上的角色较少，即画面内容相对简单。

在绘本角色类型上，经独立样本 $t$ 检验，A、B 两组绘本的角色类型差异不显著（$t$=1.62，$p$=0.13）。但从统计数据来看，A 组绘本的角色类型大都为拟人化角色类型，其中真人角色类型绘本《我妈妈》里面也包含主角拟人化角色类型的部分。B 组绘本的角色类型相对较为复杂，其中，有 4 本绘本是真人角色类型，有 7 本绘本是拟人化角色类型。

在绘本故事情节上，经独立样本 $t$ 检验，A、B 两组绘本的故事情节存在边缘显著差异（$t$=−1.96，$p$=0.07），也就是说，A 组绘本多为重复递进式故事情节，B 组绘本中有较多的平铺直叙式故事情节。

由此可见，A 组绘本比 B 组绘本的页面角色数量少，拟人化类型的角色偏多，且多为重复递进式故事情节。也就是说，从总体上来看，听障儿童更倾向选择画面内容简洁、故事角色拟人化、故事情节可预测的绘本。

## 三、结论及教育建议

### （一）结论

综合上面的讨论部分对两组绘本文本特点的分析，本次研究初步拟定了听障儿童分享阅读绘本的筛选标准：①页面数量在 16 页左右；②语句重复率能达到 50%以上；③故事语言简洁直白，避免过多言语修辞；④角色类型为拟人化的动植物或富有想象色彩的人物；⑤页面角色数量以 2 个为宜，且大小适中；⑥画面背景简单，且角色主体突出；⑦重复递进式故事情节。

结合听障儿童分享阅读绘本的初步筛选标准与听障儿童在绘本分享阅读活动中的阅读表现得分，从表 3-4 中选取 12 本绘本作为 4～6 岁听障儿童绘本初步推荐书单，具体书目详见表 3-12。

**表 3-12　4～6 岁听障儿童绘本初步推荐书单**

| 书名 | 书名 | 书名 |
|---|---|---|
| 《棕色的熊、棕色的熊，你在看什么？》 | 《彩虹色的花》 | 《抱抱》 |
| 《好饿的毛毛虫》 | 《古利和古拉的神秘客人》 | 《猜猜我有多爱你》 |
| 《是谁嗯嗯在我的头上》 | 《逃家小兔》 | 《我妈妈》 |
| 《这是什么形状》 | 《鳄鱼怕怕 牙医怕怕》 | 《两棵树》 |

### （二）教育建议

#### 1. 听障儿童绘本的进一步筛选

仿照健听儿童的分级绘本书单，为听障儿童筛选出一套合适的分级阅读书单是广大听障儿童、听障儿童家长和一线特殊教育工作者的心声。4～6 岁听障儿童绘本的初步筛选只是听障儿童绘本分级书单生成工作的一小部分，还需要广大特殊教育工作者和听障儿童研究者的不断实践与探索。为此，结合本次研究的局限性，本书做了进一步的构想。

#### 2. 提供多样化的绘本类型，扩大绘本的筛选范围

由于研究时间和研究对象有限，本次研究仅为 4～6 岁听障儿童综合筛选了 12 本绘本。今后的研究中可以进一步扩大绘本的筛选范围，为 4～6 岁听障儿童筛选适合他们阅读的绘本。

从绘本有无文字方面来说，本次研究中使用的均为有字绘本。有字绘本中文字的提示会在一定程度上限制特殊教育教师在教学中的创造性思维。无字绘本则需要教师根据自己的经验，再结合听障儿童的阅读反应去想象和描绘，绘本的讲解也会出现多样的变化。未来的研究中可以探讨与分析听障儿童在无字绘本分享阅读活动中的阅读反应。

从绘本的国别来说，本次研究依据的是中外结合的优秀绘本推荐书单，其中外国绘本居多，仅有 1 本国产绘本。研究书单中有一本是美国的《七只瞎老鼠》，这本绘本的内容是仿照中国的盲人摸象故事改编的。从观察记录上来看，听障儿童在这本绘本上的阅读表现反应适中。未来进一步的绘本筛选可以转向本土文化，发现适合听障儿童阅读的国产绘本。

#### 3. 多方面了解听障儿童的绘本阅读情况，增加绘本筛选的指标

兴趣是最好的教师，学前儿童较好的阅读反应表示出了其对该类型绘本的喜好程度。浓厚的阅读兴趣会提升学前儿童参与阅读活动的积极性，有利于教师开展教育教学活动，更好地达成教育目的。为此，本次研究从听障儿童在集体分享阅读中的阅读表现出发，初步探讨了听障儿童感兴趣的绘本特点。作为重要的早期阅读教材，绘本的教育性是不言而喻的。本书中的推荐书单仅为根据听障儿童阅读表现推荐的书单，属于听障儿童绘本书单筛选的初步阶段，仍需要结合绘本的教育效果、听障儿童的学习特点等指标做进一步的筛选。

在绘本的教育效果方面，可以结合听障儿童对分享阅读活动使用的绘本的理

解程度做分析，为听障儿童选取难度适中的绘本。轻松愉快的分享阅读氛围有利于听障儿童对新知识经验的理解与吸收。

在听障儿童学习特点方面，进一步的绘本筛选工作可以从听障儿童在分享阅读活动中的眼动特点出发，科学地了解听障儿童的绘本阅读过程，为听障儿童绘本的选择和创作提供科学的数据支持。

4. 分享阅读中听障儿童绘本的使用

（1）重视听障儿童的经验准备，设置多元化的教学目标

特殊教育教师应结合本班听障儿童已有的知识经验和教育需求，为听障儿童的分享阅读活动设置多元化的教学目标。

绘本分享阅读作为听障儿童教育的组成部分，也应遵循教育活动中以儿童为主体的教育原则。以听障儿童作为分享阅读活动的主体，就要求教师重视绘本内容与听障儿童知识经验的关系，包括关注绘本内容与听障儿童已有经验的关系、重视绘本中听障儿童新经验的引入、帮助听障儿童调整和更新经验结构等。在绘本分享阅读活动中，教师应随时关注听障儿童的绘本使用效果，依据听障儿童的阅读反应，及时调整绘本的讲述内容和教学目标与策略。

作为早期语言学习的组成部分，分享阅读活动的教育价值不仅在于其有利于听障儿童词汇的学习、语言表达的训练等，还有利于听障儿童早期阅读兴趣的培养、良好阅读习惯的养成、健全人格的塑造等。特殊教育工作者应该不断更新自己的教育理念，从情绪情感体验、知识经验获得、语言能力发展等多个角度出发，设置多元化的阅读教学目标，注重听障儿童在分享阅读活动中的全面发展。同时，对于阅读活动中听障儿童发展的评价，也需要结合他们的实际表现，从多个角度给出中肯的指导意见。

（2）优化特殊教育教师在集体分享阅读活动中的主导地位

特殊教育教师是听障儿童集体分享阅读活动的组织者和领导者，主导听障儿童绘本分享阅读活动的开展。特殊教育教师在绘本分享阅读活动方面的经验与能力，将直接影响听障儿童绘本分享阅读活动的质量。以下将参考 Bowman 等（2000）的“PEER & CROWD”互动式分享阅读指导法，为优化特殊教育教师在集体分享阅读活动中的主导地位提出两点建议。

第一，进一步优化教师在分享阅读活动中的提问技巧，注重阅读的导向性和故事的理解性。在这一点上，教师可以从绘本画面内容、故事情节等方面向听障儿童提问，引导听障儿童有目的地观察图画、积极思考。以绘本内部线索为主的

问题设置，有利于增进听障儿童对故事发展脉络的理解，促进其逻辑思维的发展。

第二，进一步优化教师在分享阅读活动中的反馈动作，及时给予听障儿童积极的反馈。在分享阅读活动中，教师可以重复听障儿童正确的回答，对听障儿童的评论做出回应等。教师对听障儿童及时且积极的反馈是对听障儿童阅读表现的肯定，可以帮助听障儿童在阅读活动中树立自信心，养成积极思考的良好阅读习惯，增强听障儿童对阅读活动的喜爱程度，调动听障儿童参与分享阅读活动的积极性，增加绘本分享阅读活动中的师幼互动次数。

（3）在绘本分享阅读活动中适当增加手势语的使用

手语是听障人士使用的语言，他们通过手势、动作来交流信息和传达意见，是一种特殊的语言形式，也是口语表述的重要补充形式。听障儿童通过佩戴助听器、植入人工耳蜗等形式获得了听力，可以听懂、看懂绘本，但是语言表达能力尚不足，仍需要通过手势动作辅助表达。

在听障儿童阅读活动反应记录中，本次研究通过观察发现，听障儿童在语言表述中会频繁地出现手势动作。所以，听障儿童也需要学习一些简单的手语知识。虽然聋校康复部的重点在于对学前儿童口语和书面语方面的学习和锻炼，但如果教师在绘本讲解的关键部分加上手语的示范，可以潜移默化地促进听障儿童使用规范性的手语表述。以《这是什么形状》为例，听障儿童对故事中的形状表述会结合手势动作，此时教师可以在讲解形状的时候辅以标准的手势语，这样既有助于听障儿童理解故事内容，也向他们展示了标准化的手语表达形式。

（4）在绘本分享阅读中根据实际需要改编绘本

在绘本分享阅读活动中难免会出现绘本难易程度与听障儿童学习能力和认知经验不匹配的情况，这就要求特殊教育教师在教学活动中对绘本内容做调整或者创编。

对于内容较为简单，或者多次重复阅读过的绘本而言，听障儿童对绘本内容的理解较好，教师可以适当增加绘本的阅读难度，比如，对绘本的文字部分加以改变，把原来较为简单的重复语句加上限定词等，以做进一步修饰。以《好饿的毛毛虫》为例，教师可以将“可是，肚子还是好饿”，改编为“但是，肚子还在咕噜噜地叫，还是好饿”，鼓励听障儿童在倾听中发现绘本的不同，进而锻炼听障儿童的语言倾听和表达能力。

对于内容较为复杂，或者晦涩难懂的绘本，听障儿童对绘本的理解和掌握较为困难，教师可以适当调整阅读内容，降低阅读难度。比如，对绘本的部分内容做删改，在阅读讲述中适当简化绘本情节。以《鳄鱼怕怕 牙医怕怕》为例，教师可以仅从鳄鱼害怕拔牙这一角度进行讲述，尽量减少听障儿童在阅读活动中注意力转移的次数，使其注意力集中在阅读活动上，加深对绘本所讲述部分的理解。

（5）灵活延伸绘本阅读活动的环节

教师可以结合绘本的具体内容和听障儿童的阅读表现，灵活延伸绘本阅读活动的环节，如增加师幼对绘本内容的讨论环节、开展师幼改编或续写故事的环节，或者增设听障儿童绘本表演环节等，帮助学前儿童在理解绘本内容的基础上，进一步体验学前儿童文学的趣味性，促进听障儿童创造性思维的发展。

绘本分享阅读活动中的互动可以不只是绘本讲述中的互动，还可以是绘本分享阅读结束后师幼就绘本的内容或结尾展开的互动讨论，比如，在《我妈妈》一书的分享阅读活动后，教师可以与听障儿童结合自己的生活经验讨论有关自己妈妈的故事，从切身体验中进一步激发听障儿童对自己的妈妈产生自豪感和为其感到骄傲。

除了联系生活经验讨论绘本的内容外，教师还可以与听障儿童一起仿照绘本的表达形式续写绘本。以《猜猜我有多爱你》为例，教师可以引导听障儿童想一想睡醒的小兔子还能怎么表示自己对兔妈妈的爱，然后将听障儿童的想法进行汇集整理，帮助听障儿童利用故事中的表述形式把自己的想法讲出来，师幼共同完成绘本的续编。

对于听障儿童动作表现较为突出的绘本，教师还可以指导听障儿童将绘本的内容表演出来。听障儿童在分享阅读活动中的动作表现是听障儿童个体对绘本的动作模仿，如果教师加以组织，鼓励听障儿童以集体表演的形式呈现出来，那么就可以在集体绘本表演活动中促进听障儿童间的互动，进而有利于听障儿童社会性的发展。

5. 听障儿童绘本的创作

（1）增加面向听障儿童的绘本的出版

现阶段的绘本出版呈现出百花齐放的态势，各式各类的绘本得到创作与出版。既有根据健听儿童年龄特点出版的各类绘本，也有以健听儿童学习能力提高、人格品质培养为目标创编的绘本，还有为视障学前儿童创作的触觉绘本，以及为大众科普各类残障知识、介绍与残障人士交往方式的绘本，以听障儿童为主要角色的绘本相对较多，如《温暖的手语》《我的妹妹听不见》等，这些绘本将听障儿童的特质与他们的情感世界介绍给广大健听儿童，帮助人们认识听障儿童，了解与听障儿童相处的办法。

但是，目前尚缺少以听障儿童为主要受众对象的绘本，绘本出版社及相关人士也应该给予听障儿童这一受众群体更多的关注，重视听障儿童的认知与阅读诉求，从听觉障碍角度为广大听障儿童提供看世界的机会。例如，美国 Cece Bell 编著的绘本 *El Deafo*，以主人公自述的形式，讲述了小姑娘 Cece 从无法接受自己的意外失聪到接受治疗，进而转变观念接受自己的心路历程。这本绘本从听障儿童的角度出发，帮助他们理解自己和健听儿童的不同，正确认识自己，有利于听障儿童健全人格的形成。

（2）增强听障儿童绘本创作的科学性

听障儿童作为绘本的受众群体，有其独特的认知特点和阅读需求，不能简单地将其等同于同年龄阶段的健听儿童。所以，应针对听障儿童独特的阅读特点和学习方式，创作满足听障儿童需要、吸引听障儿童参与、适宜听障儿童使用、对听障儿童有教育价值的绘本。

因此，在听障儿童的绘本创作方面，可以邀请听障儿童研究专家、一线特殊教育教师、绘本作者共同参与。首先是一线特殊教育教师提出使用健听儿童绘本教学活动中遇到的问题和该年龄段听障儿童的教育教学目标，然后结合听障儿童研究专家对教育过程中遇到问题的分析论证与修改建议，再由绘本作者对绘本的文字部分和画面部分做调整，以求为听障儿童提供兼具科学性、教育性和趣味性的绘本。以《你看起来好像很好吃》为例，结尾处听障儿童的绘本阅读表现较差，即便教师进行了引导性讲解，听障儿童仍不能理解霸王龙对小甲龙的依依不舍之情。所以，可以适当改编和删减这本绘本的内容，突出友情和愉快情节的部分，以适合听障儿童的分享阅读。

## 第三节　4～6 岁听障儿童互动式阅读与传统式阅读的比较研究

互动式阅读以开放性、启发式问题为主要特点，注重成人和儿童的高效互动，突出儿童对阅读的体验和表达，通过运用多种多媒体素材、开展多种延伸活动来提高儿童的阅读兴趣，促进其语言发展。目前，国内外互动式阅读研究大多集中在健听儿童，这种阅读方式是否也有益于听障儿童呢？是否也能激发他们的阅读兴趣、丰富其阅读行为呢？在传统式阅读中，教师主导阅读过程，儿童很少和成人进行交流，教师也较少关注儿童的阅读行为反应。因此，在互动式阅读和传统式阅读中，听障儿童的阅读行为是否会有差异呢？这些都是本次研究所要探讨的问题。

本次研究以听障儿童为实验对象，对其在两种阅读方式下的阅读行为进行比较，探讨有利于听障儿童发展的阅读方式，为互动式阅读能否促进听障儿童早期阅读能力发展提供基础。

## 一、研究方法

### （一）被试

选取天津某学校 18 名儿童（除听力障碍外无其他残障，智力正常）为干预对象，依据年龄、性别、听力损失程度、学习能力进行匹配，将被试平均分成两组，每组 9 人，分别接受不同的干预。两组被试基本情况见表 3-13。

**表 3-13　两组被试基本情况**

| 组别 | $n$ | 性别 | 平均月龄/月 | 学习能力 | 听力损失程度 |
|---|---|---|---|---|---|
| 互动式阅读组 | 9 | 5/4 | 66.00 | 115.57 | 均为极重度听力损失，平均听力损失≥91dB |
| 传统式阅读组 | 9 | 5/4 | 65.12 | 115.00 | |

注：性别一列，斜杠前为男生人数，斜杠后为女生人数

### （二）实验材料

两本绘本为《好饿的毛毛虫》《棕色的熊、棕色的熊，你在看什么？》。被试的学习能力数据是由希-内学习能力测验测量得出的。

### （三）实验程序

为保证两组被试的基本信息无显著差异，笔者对两组被试的年龄和学习能力的平均数进行统计学分析。

正式实验前，对被试进行同质性实验。笔者与两组被试分别进行一次绘本阅读，互动式阅读组和传统式阅读组均采用传统式阅读方法对《棕色的熊、棕色的熊，你在看什么？》进行 30 分钟的小组阅读。

正式实验中，同一名研究者对两组被试分别进行互动式绘本阅读、传统式绘本阅读：互动式阅读组采用互动式阅读方法对《好饿的毛毛虫》进行 30 分钟的小组阅读；传统式阅读组采用传统式阅读方法对同一本绘本进行 30 分钟的小组阅读。

（四）实验仪器

Observer XT10 行为分析软件，摄像机一台，对被试的阅读行为进行视频记录与分析。

本次研究中的听障儿童绘本阅读行为分类包括认知表现、情绪表现和动作表现（表 3-14）。其中，认知表现的行为编码分为四类，若被试出现一次则计 1 分；情绪表现的行为编码分为两类，若被试出现一次则计 1 分；动作表现的行为编码分为七类，若被试出现一次则计 1 分。以上各类均可累加计分。用摄像机记录被试的阅读行为，用 Observer XT10 软件进行编码，对各类行为的编码是同时进行的，每套编码内部的不同分类是互斥的。

**表 3-14 绘本阅读行为**

| 分类 | 具体表现 |
| --- | --- |
| 认知表现 | 自发评论、自发提问题、回答问题、与同伴分享交流 |
| 情绪表现 | 愉快情绪、其他情绪 |
| 动作表现 | 肢体向教师或多媒体靠近、手指绘本或多媒体、触摸绘本或多媒体、用手势表达图画内容、表现角色的行为、模仿人物的表情、夸张的表演行为 |

## 二、结果与分析

（一）两组被试的基本信息

两组被试在平均年龄和学习能力上均没有显著差异（$ps>0.05$），见表 3-15。

**表 3-15 两组被试年龄及学习能力的差异性检验**

| 组别 | 平均年龄/月 | 学习能力 |
| --- | --- | --- |
| 互动式阅读组 | 66.00（3.97） | 115.57（9.37） |
| 传统式阅读组 | 65.12（2.88） | 115.00（10.08） |
| $t$ | 0.10 | 0.34 |

注：括号外为平均数，括号内为标准差，下同

（二）互动式阅读与传统式阅读的比较

1. 不同阅读方式下被试的认知行为

不同阅读组在“回答问题”的行为次数上存在显著差异（$p<0.01$），表明互动

式阅读组的“回答问题”次数多于传统式阅读组，见表 3-16。

**表 3-16　不同阅读方式下认知行为次数的比较**

| 组别 | 自发评论 | 自发提问题 | 回答问题 | 与同伴分享交流 |
|---|---|---|---|---|
| 互动式阅读组 | 1.89（1.36） | — | 3.33（2.18） | 0.56（0.73） |
| 传统式阅读组 | 0.78（0.83） | — | 0.89（1.05） | — |
| *t* | 2.09 | — | 3.03** | — |

2. 不同阅读方式下被试的情绪表现

两组被试在不同阅读方式下产生的“愉快情绪”次数上有显著差异（$p<0.01$），互动式阅读下的被试更容易产生愉快情绪，见表 3-17。

**表 3-17　不同阅读方式下情绪表现次数的比较**

| 组别 | 愉快情绪 | 其他情绪 |
|---|---|---|
| 互动式阅读组 | 3.89（1.05） | 0.22（0.44） |
| 传统式阅读组 | 1.33（0.87） | 0.33（0.50） |
| *t* | 0.58** | −0.50 |

3. 不同阅读方式下被试的动作表现

不同阅读组在“肢体向教师或多媒体靠近”“手指绘本或多媒体”的动作表现次数上均存在显著差异（$ps<0.01$），在“表现角色的行为”的动作表现次数上也存在显著差异（$ps<0.05$），见表 3-18。

**表 3-18　不同阅读方式下动作表现次数的比较**

| 组别 | 肢体向教师或多媒体靠近 | 手指绘本或多媒体 | 触摸绘本或多媒体 | 用手势表达图画内容 | 表现角色的行为 | 模仿人物的表情 | 夸张的表演行为 |
|---|---|---|---|---|---|---|---|
| 互动式阅读组 | 4.89（1.76） | 2.44（1.13） | 0.78（0.83） | 0.33（0.71） | 1.33（1.00） | 0.44（0.53） | 1.22（1.39） |
| 传统式阅读组 | 0.22（0.44） | 0.44（0.73） | — | 0.11（0.33） | 0.33（0.50） | — | 0.22（0.44） |
| *t* | 7.70** | 4.47** | — | 0.85 | 2.68* | — | 2.05 |

## 三、讨论

本次研究结果表明，互动式阅读组的听障儿童与传统式阅读组的听障儿童在

“回答问题”的行为上存在显著差异，这可能与阅读方式的不同有关。Whitehurst和Valdezmenchaca（1988）最先提出了互动式阅读方式，它是指通过提问、反馈、结构化的回应等方式和儿童分享阅读，因此，互动式阅读组的被试会产生较多的“回答问题”行为。

在情绪表现上，互动式阅读组听障儿童的“愉快情绪”显著多于传统式阅读组的听障儿童，互动式阅读更易让听障儿童产生愉快情绪，使其更渴望阅读、喜欢阅读。在传统式阅读中，听障儿童坐在小椅子上安静地听主试讲故事，较为拘谨、刻板，情绪变化较少，教学互动性较差，因此较少产生愉快情绪；而互动式阅读注重生理环境和心理环境的营造，在生理上，听障儿童脱掉鞋子围坐在一起，使其解放束缚和紧张的身体；在心理上，互动式阅读过程中会播放欢快的音乐和动画，主试和孩子们围坐在一起欢笑互动，使幼儿心情放松，所以听障儿童会产生更多的愉快情绪，包括微笑和哈哈笑等。

互动式阅读更有利于激发听障儿童的表演行为，使其想要靠近或触摸绘本并模仿人物表情，更渴望靠近教师或多媒体。但在“用手势表达图画内容”和“夸张的表演行为”上，两种阅读方式之间没有显著差异。在互动式阅读中，主试与听障儿童围坐在毯子上阅读，所以听障儿童在看到或听到有趣的情节时会靠近主试甚至挤在绘本前用手指绘本或触摸绘本，这显示出听障儿童对故事产生了兴趣，有了兴趣才能有利于其早期阅读能力的发展。相反，在传统式阅读中，听障儿童坐在椅子上，与主试和多媒体保持一定的距离，他们较少主动靠近主试或多媒体，只是像往常上课一样端坐着看着老师，在表演和模仿的次数上也明显少于互动式阅读下出现的次数。

听障儿童由于听力缺失造成语言发展迟缓，缺乏对文字的敏感性，文字符号不能真正引起他们的注意；在阅读中追求视觉感，图画成为其辅助理解文字的有效手段。因此，为听障儿童选择合适的阅读方式时要依据他们的阅读特点。陈娟（2011）从推动幼儿早期阅读活动的因素出发，建议使用互动式阅读方法来有效发展幼儿的早期阅读能力。同时，许海燕（2013）也发现了互动式阅读的有效性，提出互动式阅读能提高听障儿童的语言能力，激发其阅读兴趣，发展其早期阅读技巧，促进其逻辑思维能力的发展，进而潜在地影响听障儿童的社会交往和控制情绪的能力。另外，吴燕（2014）通过实验法也发现，互动式阅读能增强儿童的阅读兴趣，提高其语言能力和叙事能力，且互动式阅读对4～6岁儿童的适用性较好。

Cheri等（1997）分析了听障儿童在互动式阅读中的行为表现，并塑造了基本阅读行为和理解策略的模型。研究者指出，儿童表现出各种各样的行为，均映射出他们对故事的理解，这与听力正常儿童的反应相似，此外，互动式阅读有助于听障儿童早期阅读能力和识字的发展。有学者研究了亲子互动式阅读绘本。Fung等（2005）培训家长采用互动对话的方法阅读故事书，包括采取用图片和单词卡片的方式提示孩子进行讨论和复述故事。结果表明，在8周的干预后，5～9岁的听障儿童在接受性词汇测试中的得分比没有接受干预的听障儿童明显要高。

### 四、结论及教育建议

本次研究结果表明，互动式阅读能促进听障幼儿早期阅读能力的发展。在早期阅读中，教育者应大力推广互动式阅读并学习互动技能策略，发挥听障儿童的主体性，让他们根据自己的意愿，以复述、表演、绘画等多种形式表达自己的阅读感受。成人作为倾听者、分享者，要多采用互动分享等辅助方式，积极关注和引导幼儿的感知、感情。因此，本书建议教育者认真学习互动式阅读技能技巧，真正从听障儿童的阅读发展需求出发，为他们提供更多的阅读机会，与他们一起享受互动阅读并提高其自主性。

## 第四节　重复阅读对听障儿童和健听儿童故事理解和叙事能力影响的比较研究

叙事也称“讲故事”，儿童叙事以口语叙事为主，即口头叙述一系列真实的或想象的事件，儿童的叙事能力成为当前儿童教育领域的一个热点问题。Bishop和Edmundson（1987）认为，叙事技巧是语言障碍儿童未来学业成就的最佳预测因素之一，这是因为叙事能力要求儿童具备更高水平的语言能力和认知能力。有研究结果表明，听障儿童的口语叙事存在一定的缺陷，缺乏对故事关键信息的表述，信息表达不完整（Boons et al.，2013）。此外，也有研究结果表明，听障儿童在叙事的宏观结构上和健听儿童表现相似，但是在叙事的微观结构上，听障儿童表现较差，在词汇丰富性、词汇密度和句子长度的表现上不如健听儿童（王娟等，2019），在创造复杂句子时，听障儿童使用代词、连词和动词的频率都低于健听儿童（Akmese，Acarlar，2016）。由于存在听力障碍，听障儿童在口语表达上存在一定的障碍，用词不当、成分残缺、句式杂糅、无关表达是他们在叙事时容易出现的错误类型（王娟，刘鑫，2017）。国内外采用不同的方式评估叙事能力。Jones 等（2016）从宏观角度和微观角度评估了听障儿童的口语叙事能力，宏观角度即叙事的结构，其要素包含目标、行为、高潮、结局、评价及叙事顺序；微观角度指从句子层面进行分析，如语法、连接词、名词、动词等。Nikolopoulos 等（2003）使用叙事评估程序评估 35 名植入人工耳蜗儿童的叙事能力，评分标准主要是他们的叙事中是否包含以下这些故事语法元素：场景、引发事件、行动、结果及内心反应。目前国内外关于听障儿童叙事能力方面的研究多集中在比较听障儿童和健听儿童叙事能力的差异（Robertson et al.，2006；Soares et al.，2010），或者把叙事当作评估他们语言发展现状的手段（Paul，Smith，1993），较少有关于如何提高这一特殊人群叙事能力的研究。

阅读理解能力对一个人的学业成就有着重要的作用，故事理解可以预测听障儿童未来的语文成绩。由于听力的丧失，听障儿童的阅读理解能力与同龄儿童相比较为落后，他们的阅读理解能力与阅读能力较弱的健听儿童相似（Kyle，Cain，2015）。段弘艳（2017）的研究发现，即使听障儿童和健听儿童的词汇理解能力相同，听障儿童的故事理解能力仍然落后，因此对词语的理解和表达能力不足以满足听障儿童的语言发展，故事理解还需要他们具备句子的理解和综合运用能力。Ugwuanyi 和 Adaka（2015）以 33 名听障儿童为研究对象，并对他们进行听觉训练的干预，通过干预前后的阅读理解测试，结果表明，听觉训练可以有效地改善听障儿童的阅读理解能力。

重复分享阅读是帮助听障儿童提高阅读能力的有价值的方法之一，重复阅读同一本绘本的方法最早就是为满足特殊儿童的需要而产生的（Samuels，1979），有研究发现，重复阅读可以帮助听障儿童进行目标新词学习（Bobzien et al.，2015），为其早期阅读能力的发展奠定基础。目前国内的重复阅读研究多集中于健听儿童，但针对听障儿童的重复阅读研究大多集中在词汇学习和阅读流畅性上，对他们叙事能力的相关研究比较少。无字绘本是一种特殊的绘本类型，书中没有或只有很少的文字，主要依靠图画讲述故事，让故事脱离了文字辅助，是非常受儿童欢迎的一种绘本类型，也是获取儿童叙事语料时经常使用的绘本材料（Pakulski，Kaderavek，2001）。因此，本次研究旨在探讨重复阅读无字绘本是否能够改善听障儿童的叙事能力和故事理解。

近年来，关于绘本阅读的研究逐渐丰富，但我国学前教育领域对于如何通过绘本阅读提高听障儿童的叙事能力这个问题研究得非常少。因此，本次研究力图通过探索重复阅读绘本对听障儿童叙事能力的影响，为听障儿童叙事能力的培养提供理论支持，为教师和家长提供促进听障儿童叙事能力的具体措施和方法。

## 一、研究方法

### （一）被试

选取天津市某聋校幼儿园 12 名听障儿童作为被试，这些儿童除了有听力残障外无其他残障，实验过程中，有 2 名儿童未完成测试，因此最终实际被试人数为 10 名，其中男生 9 名，女生 1 名。被试的平均年龄为 60.86 个月，平均学习能力为 96 分（由希-内学习能力测验测量得出），听力损失程度为重度。该班的三名教师均为健听人士，日常教学活动以口语为主。

### （二）实验材料和程序

以迈尔创作的无字绘本《青蛙，你在哪里？》为实验材料。实验分为三个阶段：①阅读阶段，绘本以图片的形式呈现在电脑上，同时播放绘本的故事录音，要求被试仔细看和仔细听绘本，每次阅读之间的时间间隔为 1 天，被试共阅读绘本 5 次；②故事复述阶段，阅读完绘本后，要求被试看着绘本讲述故事，并对被试的讲述进行录音；③故事内容测试阶段，复述完故事后，主试向被试提问与故事内容相关的 10 个问题，并要求被试回答。

### （三）实验工具

#### 1. 听障儿童叙事能力评分工具

借鉴国外学者（Nikolopoulos et al.，2003；Heilmann et al.，2010）对听障儿童叙事能力的研究，本次研究从宏观结构和微观结构出发分析听障儿童的语料，宏观结构指从故事组织角度分析叙事语料，微观结构指从句子层面分析叙述者的词汇水平。

宏观结构包括五个要素：①背景（setting）：介绍故事中的人物、时间和地点；②引发事件（initiating event）：主角发生的一些事情；③行动（action）：主角对引发事件的回应；④结果（consequence）：这些行动的结果；⑤结局（ending）：故事的结束语标志。一个结构要素给 0～2 分，满分为 34 分。

微观结构包括总词汇量、相异词汇量、总句数三个要素，总词汇量指叙事语料中能清晰表达意义的单词或词组的总数，相异词汇量是叙事语料中使用不同词汇的总数，一个句子需具备完整的主谓结构，以此划分总句数。

2. 听障儿童故事内容理解测试

借鉴王静和韩映虹（2016）对《青蛙，你在哪里？》绘本故事内容相关的问题测试，内容理解问题包括明确信息和隐含信息各 5 个问题，明确信息包括故事的角色、背景、引发事件、问题及问题解决结果等；隐含信息则是有关角色的感受、对话、故事中的因果关系、情节预测和故事主题等需要进行思考和推理的问题，然后根据准确程度分别计 0 分、1 分或 2 分，满分为 20 分。

3. 评分者信度

由两位学前教育学专业研究生按照评分标准进行评分，采用斯皮尔曼相关系数计算评分一致性，相关系数为 0.99，若出现不同意见，两者共同讨论后给出最终评分。

## 二、结果与分析

### （一）叙事宏观结构

听障儿童在第一次阅读后和第五次阅读后在叙事宏观结构上的统计结果如表 3-19 所示。以阅读次数为自变量，以宏观结构得分为因变量，进行配对样本 $t$ 检验，结果发现，第一次阅读后和第五次阅读后宏观结构得分之间的差异显著（$p<0.001$），表明随着阅读次数的增加，听障儿童对宏观结构的掌握更深入。

**表 3-19　不同阅读次数下听障儿童叙事宏观结构及各要素成绩**

| 宏观结构 | 阅读次数 | $n$ | $M$ | $SD$ | $t$ | $p$ |
|---|---|---|---|---|---|---|
| 叙事能力 | 第一次阅读 | 10 | 9.60 | 6.62 | −7.42 | <0.001 |
| | 第五次阅读 | 10 | 15.50 | 7.86 | | |
| 背景 | 第一次阅读 | 10 | 0.50 | 0.71 | −3.00 | 0.02 |
| | 第五次阅读 | 10 | 1.00 | 0.82 | | |
| 引发事件 | 第一次阅读 | 10 | 0.80 | 0.63 | −1.96 | 0.08 |
| | 第五次阅读 | 10 | 1.10 | 0.74 | | |
| 行动 | 第一次阅读 | 10 | 3.70 | 3.12 | −4.83 | <0.001 |
| | 第五次阅读 | 10 | 6.40 | 3.63 | | |

续表

| 宏观结构 | 阅读次数 | $n$ | $M$ | $SD$ | $t$ | $p$ |
|---|---|---|---|---|---|---|
| 结果 | 第一次阅读 | 10 | 3.70 | 2.50 | −8.82 | <0.001 |
| | 第五次阅读 | 10 | 5.90 | 2.85 | | |
| 结局 | 第一次阅读 | 10 | 0.90 | 0.57 | −1.50 | 0.17 |
| | 第五次阅读 | 10 | 1.10 | 0.57 | | |

由表 3-19 可知，随着阅读次数的增加，听障儿童在叙事宏观结构上的表现越来越好，因此对宏观结构中的五个要素进行分析，以阅读次数为自变量，以宏观结构各要素为因变量进行 $t$ 检验，结果发现，在不同阅读次数下，听障儿童在背景、行动、结果三个要素上的差异均显著（$p$s<0.05），表明随着阅读次数的增加，听障儿童在背景、行动及结果三个要素上的得分也有所提高。

## （二）叙事微观结构

微观结构分别从总词汇量、相异词汇量和总句数三个要素分析听障儿童在不同阅读次数下的叙事表现。听障儿童在第一次阅读后和第五次阅读后在叙事微观结构上的得分如表 3-20 所示。

**表 3-20　不同阅读次数下听障儿童叙事微观结构上的得分**

| 微观结构 | 阅读次数 | $n$ | $M$ | $SD$ | $t$ | $p$ |
|---|---|---|---|---|---|---|
| 总词汇量 | 第一次阅读 | 10 | 86.30 | 64.73 | −2.19 | 0.06 |
| | 第五次阅读 | 10 | 118.60 | 65.18 | | |
| 相异词汇量 | 第一次阅读 | 10 | 35.40 | 24.74 | −2.93 | 0.02 |
| | 第五次阅读 | 10 | 52.70 | 21.21 | | |
| 总句数 | 第一次阅读 | 10 | 8.20 | 6.94 | −2.32 | 0.05 |
| | 第五次阅读 | 10 | 13.00 | 8.88 | | |

以阅读次数为自变量，以总词汇量为因变量进行 $t$ 检验，结果发现，听障儿童在第一次阅读后和第五次阅读后叙事时使用的总词汇量存在边缘显著差异（$p$=0.06），第五次阅读后叙事时使用的总词汇量要多于第一次阅读后叙事时使用的总词汇量。

以阅读次数为自变量，以相异词汇量为因变量进行 $t$ 检验，结果发现，听障儿童在第一次阅读后和第五次阅读后叙事时使用的相异词汇量存在显著差异（$p=0.02$），由平均值可知，随着阅读次数的增加，听障儿童在叙事时使用的相异词汇量逐渐丰富。

以阅读次数为自变量，以总句数为因变量进行 $t$ 检验，结果发现，听障儿童在第一次阅读后和第五次阅读后叙事时使用的总句数存在显著差异（$p=0.05$），由平均值可知，随着阅读次数的增加，听障儿童在叙事时所使用的总句数在逐渐增加。

### （三）不同阅读次数下听障儿童对故事内容的理解情况

通过向听障儿童提问有关故事内容的问题，根据他们的回答，可以了解他们对整个故事的理解程度，可以发现，随着阅读次数的增加，听障儿童对故事内容的理解更深入，结果如表 3-21 所示。

**表 3-21　听障儿童故事内容理解及各要素成绩**

| 故事内容理解要素 | 阅读次数 | $n$ | $M$ | $SD$ | $t$ | $p$ |
|---|---|---|---|---|---|---|
| 故事内容测试 | 第一次阅读 | 10 | 5.9 | 4.41 | −7.50 | <0.001 |
| | 第五次阅读 | 10 | 10.9 | 3.87 | | |
| 显性信息 | 第一次阅读 | 10 | 4.2 | 2.39 | −4.80 | <0.001 |
| | 第五次阅读 | 10 | 6.8 | 1.20 | | |
| 隐性信息 | 第一次阅读 | 10 | 1.7 | 2.11 | −5.31 | <0.001 |
| | 第五次阅读 | 10 | 4.1 | 2.73 | | |

以阅读次数为自变量，以故事内容测试为因变量，结果发现，听障儿童在第五次阅读后的故事内容测试得分平均值要高于第一次阅读后的故事内容测试得分平均值，两者之间的差异显著（$p<0.001$）。

随着重复次数的增加，听障儿童对故事内容中显性信息和隐性信息的理解都在逐步深入。在显性信息方面，听障儿童在第五次阅读后的显性问题测试得分的平均值要高于第一次阅读后的显性问题测试得分的平均值，两者之间存在显著差异（$p<0.001$）；在隐性信息方面，听障儿童在第一次阅读和第五次阅读之间的差异也显著（$p<0.001$）。

## 三、讨论

重复分享阅读是帮助听障儿童获得阅读能力的关键部分，本次研究考察了4～6岁听障儿童在重复阅读下叙事能力的变化。研究发现，随着阅读次数的增加，他们对绘本宏观结构和微观结构的理解水平都有所提升，在叙述绘本时能产生出更多的词汇量和总句数。

### （一）重复阅读对听障儿童叙事能力的影响

叙事能力是儿童学习和成长中必须具备的一种能力，对儿童的语言表达能力、去背景能力以及自我表述能力都有一定的要求。本次研究中的叙事主要指提供相应的材料，让儿童借助材料来复述故事。

在宏观结构上，随着阅读次数的增加，听障儿童对故事的整体结构有了更深入的理解，在叙事时的宏观结构更为完整，表明重复阅读可以提高听障儿童叙事时的完整性，使其从零散的讲述水平进步到组织性较为良好的讲述水平。从具体的故事结构成分来看，听障儿童在对故事的背景、人物的行动及结果上的进步较为明显，例如，某些听障儿童在第一次阅读后对故事发生的背景只能从人物开始讲述故事，但是经过多次重复阅读后，他们已经可以把人物、时间及地点交代清楚，重复阅读提供给他们反复练习的机会，让他们把更多的认知资源投入新的信息中。但听障儿童在不同阅读次数下在宏观结构中的引发事件和结局上没有显著差异，说明故事里的重要事件和结局对他们而言是比较容易掌握的。

从微观角度看，阅读次数的增加诱发听障儿童产生了更多的词汇量和总句数，提高了叙事产生量。受到语言环境的限制，听障儿童在词汇习得上存在困难，运用词汇的能力也比较差，这一结果表明重复阅读可以促进他们对语言的学习。例如，Robertson等（2006）发现，重复阅读可以帮助听障儿童学习故事里的词汇，只要给他们充足的练习机会，他们是有能力去学习新词汇的。在本次研究中，听障儿童是在听完故事后再复述故事，所以更考验他们的记忆能力，在反复阅读中，听障儿童有更多的机会学习并记住故事的词汇和表达方式。

### （二）重复阅读对听障儿童故事内容理解的影响

研究发现，随着阅读次数的增加，听障儿童对故事内容的理解也逐步深入，证明了重复阅读可以提高他们的阅读理解能力（Samuels，1979）。就显性信息和隐性信息而言，他们对显性信息的理解更好，这可能与儿童的思维方式相关。这些儿童的年龄大都是 4～6 岁，他们正处于具体形象思维阶段，对隐含的抽象信息的理解存在一定的难度，这一结果得到了 Kyle 和 Cain（2015）的研究的支持，他们发现，听障儿童对显性问题回答的准确性要高于对隐性问题回答的准确性，隐性问题需要基于句子中的信息进行推理，但整体而言，无论是对显性信息的理解还是对隐性信息的理解，第五次阅读后的得分与第一次阅读后的得分都存在显著差异，重复呈现同一本绘本更有利于儿童对细节的把握和对信息的加工。有研究者认为，听障儿童阅读理解能力差的原因在于他们把较多的认知资源用于词汇处理而不是获得有意义阅读的更高水平的综合技能上（Perfetti，1985），但重复阅读可以帮助他们将注意力从低层次的词汇解码转移到高层次的理解中（Samuels，1979）。

## 四、结论及教育建议

本次研究的结论对于听障儿童的教育教学有重要启示。叙事技巧被认为是儿童语言发展的基石，是儿童未来学校成功的预测因素之一。研究绘本重复阅读对听障儿童叙事能力的影响，可以为聋校教师开展绘本教学活动提供参考，为家长给孩子进行绘本阅读提供依据，促进听障儿童早期语言的发展。

由于听力受到一定的损失，相对于健听儿童，听障儿童的理解能力较差，而重复阅读同一本绘本则可以很好地改善他们的理解状况（Samuels，1979）。在教学活动中，教师可以增加对同一本材料的讲述次数，在家庭教育中，父母可以选择孩子感兴趣的绘本，积极参与到孩子的绘本阅读活动中（Robertson et al.，2006），对于孩子感兴趣的绘本，可以多次重复地讲给孩子听，并在阅读过程中设计一些与绘本相关的问题，借以考察他们的阅读理解状况。在日常的语言教学活动中，教师可以通过组织一些专门针对听障儿童叙事能力的活动，鼓励儿童讲述听到的故事，并从宏观结构和微观结构两个指标考察叙事水平，不仅要分析故事的结构，建立包含故事背景、主要事件等要素在内的指标体系，引导儿童进行更完整的叙述，还要从微观指标上考察听障儿童的叙事语言，如叙事时使用的总词汇数、相异词汇数以及代词、动词和形容词等。教师和家长要利用重复阅读这一阅读方式促进他们叙事能力的发展。

通过本次研究，听障儿童的教师和家长应该重视绘本阅读对于听障儿童语言发展的重要作用，结合孩子本身的兴趣和特点，选择适宜的阅读材料，通过反复阅读提高他们的叙事能力和故事理解能力。

# 第三编

# 绘本主题活动对学前儿童人格培养的影响

# 第四章

# 绘本主题活动对学前儿童社会性行为培养的影响

## 第一节　绘本主题活动对中班学前儿童的不熟悉同伴分享行为培养的影响

亲社会行为是个体自觉自愿表现出来的一些有益于他人的行为，包括同情、关心、帮助、合作、谦让等。其中，衡量其发展的一个关键因素便是分享。分享行为的产生和发展对3～6岁学前儿童的情感和社会性发展有举足轻重的作用，有利于帮助学前儿童“去自我中心”，形成良好的人际社会关系。

从身心发展特点可知，儿童身心的众多方面开始在学前儿童时期迅速发展，包括情绪情感、认知和语言动作等，因而具有可塑性。随着年龄的增长，个体的分享意识不断增强，分享行为不断增多，但在学前儿童时期的发展水平较低，稳定性不强。杨爱莲（2004）指出，小班学前儿童面临分享任务时很少做出先给别人的行为；中班是学前儿童分享行为出现和发展的重要转折期；大班学前儿童已经开始能够考虑到其他小朋友的需要。王伟红（2014）的研究显示，仍有大量大班学前儿童会争抢自己喜爱的玩具，会宣泄不良情绪，完全不允许与他人共享。皮亚杰的认知发展阶段理论指出，2～7岁的儿童正处于前运算阶段，其思维特征是以自我为中心。因此，学前儿童期是发展亲社会行为的最佳时期，是进行外界干预及分享教育的关键阶段，尤其到了中班年龄，即4岁左右正是分享行为发生转变的时候，更不能错过分享方面的教育。这对个体步入成年后的人际关系和社会适应都有很大帮助。

物品种类和来源、资源数量与人数的关系、年龄等因素都会不同程度地对个体的分享行为产生一定影响（邓进红，方朦，2016；Posid et al.，2015；耿希峰，2005）。这些影响因素会在整个童年时期相互作用，促进或阻碍学前儿童的利他行为。儿童非常喜爱阅读绘本，正是因为绘本符合儿童的身心发展特点，其内容能够恰当地与儿童成长阶段特征接轨，能够满足儿童的学习要求。近年来，绘本教学越来越受到教育工作者的重视，日益成为学前儿童教育的重要一部分，特别是蕴含特定情感和主题的图文并茂的绘本，通常能满足儿童的阅读需要，激发其兴趣，并且其中的知识和德行常常能潜移默化地影响儿童。本次研究通过开展分享主题绘本教学，促进儿童理解故事情节并将在绘本教学中学习到的分享行为运用到实际生活中，使儿童乐于更多地将自己的物品分享给不熟悉的对象，达到培养亲社会行为的目的。

## 一、研究方法

### （一）被试

4～5 岁中班学前儿童已经开始更多地进行主动交往，正处于分享等亲社会行为发展的关键期。因此，本次研究选取天津市某公立幼儿园中班学前儿童（4～5 岁）为研究对象，以班为单位，排除出勤率不高的学前儿童，以条件基本等值的两个中班分别作为实验组和控制组，确保两组学前儿童的总人数及男女人数比例均等，以方便后期的数据分析。从中班旁边的大班班级里选择年龄最小的男女生各一名作为分享对象，确保与被试年龄相仿。两个班的距离很近，学前儿童出入时会偶有碰面，但因刚开学，学前儿童只认识自己班的同伴，所以中大班学前儿童之间处于不熟悉的状态。

研究者在实验前需要先征得园所同意，待其同意后方可收取被试的资料，前测时收集到的被试基本信息见表 4-1。

**表 4-1　被试基本信息**

| 学前儿童 | *n* | 男孩/人 | 女孩/人 | 平均年龄/岁（平均月龄/月） |
|---|---|---|---|---|
| 实验组 | 30 | 15 | 15 | 4.78（57.4） |
| 控制组 | 30 | 15 | 15 | 4.52（54.2） |
| 分享对象 | 2 | 1 | 1 | 5.09（61.0） |

### （二）实验材料

本次研究选用以分享为主题，即主人公分享给不熟悉对象一些物品的绘本，尽量选择可分享资源数量多的绘本。为吸引学前儿童的兴趣，绘本故事的语言、内容和结构都应符合儿童特定的年龄特点，以达到预期效果。教师在精心搜集与主题契合的绘本后，对素材进行解析及提问设计。另外，在多本绘本之间可以看到延伸的主题变化，从刚开始只是体验与不熟悉同伴共享，到不拒绝分享，再到最后主动地、尽可能多地分享。这样设计的目的是要求学前儿童像故事主人公一样，学会从不拒绝分享到主动分享，能够更多地对不熟悉对象做出分享行为。

由 15 名专业教师对初定绘本是否适合中班学前儿童阅读进行 5 点评定（1 分为完全不适合，5 分为完全适合），评定结果见表 4-2。经统计，8 本绘本的总平均分为 4.53，结果显示，选择的 8 本绘本内容均适合 4～5 岁学前儿童阅读。

**表 4-2　绘本评定得分**

| 绘本 | 作者 | 译者 | 出版社 | 平均得分 |
|---|---|---|---|---|
| 《月亮是谁的》 | 〔英〕M. 克里斯蒂娜·巴特勒 | 暖房子 | 晨光出版社 | 5.00 |
| 《鲁拉鲁先生的院子》 | 〔日〕伊东宽 | 蒲蒲兰 | 二十一世纪出版社 | 3.93 |
| 《我是彩虹鱼》 | 〔瑞〕马克斯·菲斯特 | 彭懿 | 接力出版社 | 4.67 |
| 《兔子的胡萝卜：学会谦让和分享》 | 〔中〕王一梅 | 无 | 海燕出版社 | 4.47 |
| 《贪吃的小河马》 | 〔英〕斯图尔特·特罗特 | 李璐 | 天津教育出版社 | 4.60 |
| 《古利和古拉》 | 〔日〕中川李枝子，大村百合子 | 季颖 | 南海出版公司 | 4.73 |
| 《冯-里贝克先生：一个关于分享的故事》 | 〔德〕特奥多尔·冯塔纳 | 王星 | 天津人民出版社 | 4.53 |
| 《阿诗有块大花布》 | 〔中〕符文征 | 无 | 浙江少年儿童出版社 | 4.27 |

### （三）实验程序

在研读相关文献资料之后，本次研究设计了学前儿童分享教育绘本活动的教案，将学前儿童分为实验组和控制组，在实验组投放分享类绘本并展开集体阅读和讨论，同时还有艺术活动和角色扮演等形式的延伸活动；而控制组则每日进行正常活动，不进行任何相关阅读与延伸活动。以下具体说明分享主题活动设计的实施内容和方法。

1. 前测

实验以情境测验完成前后测，在学前儿童熟悉的休息室内进行，主试为学前教育专业研究生。前后测中，学前儿童先进行游戏，游戏没有固定模式，获胜后即可得到奖品贴纸。游戏要让所有参与学前儿童都必然获胜，规则也可根据游戏难度和个体差异随时调节，比如，可以进行拼雪花片游戏：拼出三个造型来即为获胜，拼得太慢则不算；或者进行答题闯关游戏：由教师念题，学前儿童看图回答，必须答题闯过三关后才能获胜。儿童对通过自身努力赢来的奖品会更为不舍。

已有研究结果表明，当资源与在场人数相等时，学前儿童倾向将资源平均分配给在场人数。本测验让学前儿童无法均分，情境设计为将 3 张贴纸分配给 2 名学前儿童（即自己或不熟悉同伴），从而看出学前儿童是把更多的贴纸留给自己，还是分给他人。

具体的情境为：教师先把学前儿童 1 领到房间内，告知学前儿童只有游戏获胜才可获得 3 张贴纸。游戏结束后，让学前儿童从 100 个不同的贴纸中挑选自己最喜欢的 3 张，教师拿走其余的贴纸，之后带领分享对象，即学前儿童 2 进来，问学前儿童 1 能否把 3 张贴纸给他看看，接着问学前儿童 2："你都喜欢吗？你都想要吗？"学前儿童 2 点头，教师对学前儿童 1 说："但是他没有这 3 张贴纸。"等待数秒，若学前儿童 1 选择分享即为主动分享，出现了分享行为即停止。如果没有分享，教师问学前儿童 1："你愿意分享贴纸给他吗？你可以自己留着不给他，也可以给他 1 张、2 张，或者都给他。"等待数秒，若学前儿童 1 选择分享即为被动分享。若还未出现分享则终止，并问他为什么，不管学前儿童有何种表现，教师都予以肯定。测验后，教师根据学前儿童的表现进行记录、评分。

2. 分享主题绘本活动干预

实验组的绘本主题教学活动为：每周完成 1 本绘本阅读，一次 20 分钟左右的绘本阅读，一次 20 分钟左右的延伸活动。共计 8 周。对每本绘本的两课时教学计划如下。

（1）绘本阅读及互动讨论

按照教学计划，教师先通过基础的导入环节，引导学前儿童进入分享主题绘本的集体阅读阶段。教师从封皮页开始逐页讲解多媒体呈现的绘本，让学前儿童跟随教师的讲述边看边猜想故事情节发展。

在绘本阅读后，教师与学前儿童进行集体讨论互动，让学前儿童在为情节发展而动容的同时，给予学前儿童充分表达的机会，以辅助主题理解和后面延伸活动的顺利进行。

问题既涉及紧扣故事内容的提问，比如，故事主人公遇到了谁？故事中发生了什么事情？故事主人公是怎样做的？故事的结局是怎样的？同时也涉及能使学前儿童唤起已有经验并指导学前儿童实际行为的问题，比如，看完这个故事，你有什么感受吗？如果是你，你要怎么做呢？你是否有和故事主人公相似的经历？你愿意都分享给别人吗，哪怕这个人还不是你的好朋友甚至是你不认识的人？为什么？

（2）延伸活动及环境创设

教师结合学前儿童阅读情况，适时开展同一绘本的延伸活动，让教学生活化。在完整地回顾了绘本故事后，教师可设计制作头饰、背景图和服饰等道具，通过艺术活动、故事分享与角色扮演等方式进行延伸。当故事情节有趣、多个角色对话重复时，便可采用角色扮演的方式，如《贪吃的小河马》，这样不仅使学前儿童在课上的参与度高，也为学前儿童课后的角色扮演游戏提供了素材。当故事情节较为复杂时，可让学前儿童制作故事主人公分享的同样物品，让学前儿童能在深刻理解故事主题的基础上身临其境地体验语言交流、艺术创作和情境游戏等过程，将分享给不熟悉对象的意识迁移到实际行动中。

另外，教师将图书区阅读、环境创设和随机教育等与绘本建立联系，渗透分享教育。教师对儿童的亲社会行为给予积极反馈，能使他们在随后的情境中保持亲社会倾向。在教室和活动区粘贴学前儿童分享他人的照片和绘画作品等，留下学前儿童参与分享类活动的记忆，通过墙饰环境创设提醒学前儿童把良好的分享行为习惯延续下去。

### （四）实验工具

根据研究目的和意义的设定，本次研究使用“情境测验记录表 1”记录学前儿童会出现的行为表现，分别是主动的实质性分享、被动的实质性分享、口头分享、沉默拒绝、直接拒绝，相应得到 4、3、2、1、0 分，该记录表选自任虹霏（2014）的论文《3～6 岁城市学前儿童分享的特点及培养》里的“情境测验记录表”。

同时采用“情境测验记录表 2”记录学前儿童分享的个数，会出现的情况为分享 3 张、2 张、1 张、0 张，相应得分为 3、2、1、0 分。教师根据前后测情境中学前儿童的表现分别记下对应分数，学前儿童得分越高，代表其分享行为发展水平越高。

## 二、结果与分析

本次研究在实验后将所得数据进行编码整理入表，利用数据统计工具SPSS19.0对前后测的结果进行差异性检验等数据统计和分析，其结果呈现如下。

### （一）量化研究数据的分析

#### 1. 实验组与控制组学前儿童前测比较

本次研究在培养方案介入前，先对比实验组和控制组在两个情境测验记录表中的差异是否显著，然后对两个班学前儿童的行为表现和分享个数的得分差异进行分析。

通过独立样本 $t$ 检验，两组学前儿童在"情境测验记录表 1"中的差异未达到显著性水平（实验组：$M$=1.93，$SD$=1.44；控制组：$M$=2.10，$SD$=1.45；$t$=−0.45，$p$>0.05）。两组学前儿童在"情境测验记录表 2"中的差异未达到显著性水平（实验组：$M$=0.60，$SD$=0.62；控制组：$M$=0.77，$SD$=0.86；$t$=−0.86，$p$>0.05）。

由上可知，控制组学前儿童在两个记录表中的平均得分均略高于实验组学前儿童，然而两组学前儿童在分享行为表现和分享个数的前测得分中均没有显著性差异，表明实验组与控制组学前儿童的分享水平具有同质性。

#### 2. 实验组与控制组的前后测差值比较

本次研究的重点旨在分析实验组在经过绘本教学活动后的分享行为表现及分享个数得分与控制组是否存在差异。现将两组学前儿童在两个记录表中的后测得分减去前测得分，统计出学前儿童在 8 周时间后的变化情况，进而对实验组和控制组学前儿童得分的前后测差值分别进行独立样本 $t$ 检验。在"情境测验记录表 1"中，实验组变化值为 0.43（$SD$=1.33），控制组变化值为−0.40（$SD$=1.40），两组学前儿童的差异显著（$t$=2.36，$p$<0.05），说明在分享行为表现方面，实验组的进步与控制组之间有了显著差异。在"情境测验记录表 2"中，实验组变化值为 0.43（$SD$=0.77），控制组变化值为−0.27（$SD$=0.87），两组学前儿童的差异显著（$t$=3.30，$p$<0.01），说明在分享个数方面，实验组学前儿童愿意分享更多的贴纸，实验组的进步与控制组之间有显著差异。

整体来看，两组学前儿童之间有显著差异。实验组学前儿童在经过绘本教学活动后的后测得分较前测得分有明显涨幅，这表明从前测到后测的这段时间，实验组学前儿童的分享水平整体提高，其在行为表现和分享个数上均有进步。然而，未进行绘本教学活动的控制组学前儿童在经过 8 周的时间后，分享水平有了退步。综上可见，分享主题绘本活动对中班学前儿童分享行为的培养效果显著。

3. 个案观察研究

通过教师在前后测情境中询问学前儿童分享或不分享的理由，在延伸活动中和日常生活中进行观察和记录，可以看出实验组学前儿童分享水平的发展变化。

实验前经了解，学前儿童的家境都良好。以下选取的学前儿童 A 是一名 5 岁的男生，性格阳光开朗，大气，话多，爱讲道理，能自娱自乐。选取的学前儿童 B 是一名快 5 岁的女生，善于人际交往，爱玩，执拗，情绪变化无常，常常愁眉苦脸。选取的学前儿童 C 是一名 5 岁的女生，听话，有主见，有想法，喜欢管别人的事，说话声音大。

（1）延伸活动中的个案观察

在前测情境中，学前儿童 A 被动地分享了 1 张贴纸，还会问："那还会还回来吗？" 可见他在需要分享时心里对贴纸的惦记和不情愿。至于未分享的 2 张贴纸，他的原因是喜欢，而且分享对象不是同班的，不过，之后他把得到的贴纸送给了同班的好朋友。

在绘本阅读初期，学前儿童的行为表现各异。课上几乎所有学前儿童都积极配合，能回答出故事主旨，会齐声回答："分享！""愿意！"也有学前儿童说"不是我们班的"，在开导说服后，他们也会不情愿地说"好吧"。学前儿童 A 也是相当认真地在听故事，常常举手要回答问题，或是直接脱口而出。全班一齐回答问题时教师还能听到他的声音，他总是能正确理解故事，且至少是能做到口头分享的。学前儿童 B 的表现则不及学前儿童 A，她常常不认真听讲，也不好好坐着，被提问时也只会笑着说不知道。

第二周的绘本延伸活动是希望学前儿童能与不熟悉的小朋友一起玩他选择的户外游戏。骑小黄车是很多孩子心心念念的活动，但小黄车只有 4 辆。学前儿童 C 骑了一圈，见到另一班学前儿童来问她要车时，她开心的笑容瞬间消失，脚踩着车蹬不下来。当那位学前儿童离开后，教师与她谈话，她才点头同意下次会分享。

第四周的活动实质上是一次玩具漂流。学前儿童 A 带来了很有趣的大玩具——超人玩滑板，在遥控器的控制下，超人可前行、可翻转，一下子吸引了所有人的目光，所有孩子都想来试试。他很大方地展示并让大家玩，表现出了一次主动分享行为。学前儿童 B 那天没有带来任何玩具，不过教师让别人把玩具分享给她玩，她那天很开心。过了几天，她才带来了一个小汽车，虽然活动已经过去了，但她还是非要把小汽车和其他玩具放在一起，算是做到了一次被动分享。

第六周的延伸活动是分享大家爱吃的奶棒。学前儿童 A 把 3 张领取券都给了老师，并送给旁边班小朋友。老师想让他留一份奶棒，因为这样他就真的没有奶棒吃了，也违背了分享的本质“与他人共享”。分享中不能丢的是分享者内心能产生真正愉悦的情感体验，因此，教师便问他：“都给了？那这样你还能快乐吗？”他点头。

由上可见，学前儿童在延伸活动中遇到与故事相似的情境时，会想起故事中的主人公因将自己心爱的物品全都分享给大家而收获了友谊，继而他们也会模仿其学到的分享行为，并不断进行实践体验。

（2）日常生活中的个案观察

绘本干预前的学前儿童 B 常会自带小贴纸或小宝石到班里。有时她会一脸沮丧，跟老师说“她拿走了我的贴纸”“我的宝石丢了”。后来，她的贴纸是贴在自己身上带来的，别人送给她的贴纸她要立马放进书包里，她只会将自己带来的贴纸送给她想给的好朋友。

在绘本干预后期，有一次全班一起看健康饮食主题的话剧，其中有一段情节是两只熊在抢蜂蜜。向来热情的女孩 C 喊道：“要分享！把大的给对方。”有时在班里也会听到她的声音：“老师说要分享，要像鲁拉鲁先生一样。”

在《兔子的胡萝卜》绘本教学后的区域自由活动中，两名学前儿童又讲了讲绘本上的故事，虽然不是分享的情节，但可以看出教师的绘本阅读给学前儿童带来了影响。之后，两名儿童又在画纸上画出了兔子、雪花、几个胡萝卜和他们自己。

逐渐地，班级中有学前儿童会将自己的“珠宝”送给小朋友和老师；有学前儿童会和旁边的小朋友一起玩他的乐高；有学前儿童会把自己的橡皮泥分给同组学前儿童玩，也会给其他小朋友驱蚊贴，并大方地贴在其他小朋友身上。由此可见，绘本阅读和延伸活动的共同作用使得学前儿童能在日常生活中自觉自愿地多次分享，学前儿童对于对方与自己关系的考量明显减少。

（3）前后测情境中的个案观察

个体的分享行为表现折射出他的分享意识和观念。教师询问实验组学前儿童未分享的原因，前后测中都有学前儿童回答“送给爸爸妈妈”“贴纸好看”。不同的是，前测中有 10 人提及“我喜欢这个”，占 33.33%；后测中提及这一理由的人数减少至 5 人，占 16.67%。前测中有学前儿童表示“我不喜欢他”，有 3 人提到

“他不是我班的”，占 10.00%；后测中没有提及这一理由的学前儿童。前测中未说出原因的有 6 人，占 20.00%；后测中未说出原因的有 13 人，占 43.33%。

前测时，教师询问学前儿童未分享的理由，与分享数量相关的理由有实验组学前儿童提到“留 1 张贴纸没法玩”“我怕少 1 张贴纸”等，控制组学前儿童提到“只有这 3 张贴纸，这是我选的”。后测时，仍有 2 名控制组学前儿童说出“我家还有好多贴纸，存着就越来越多”，占 6.67%；以及提到“没有贴纸了”。实验组学前儿童的未分享理由中没有再涉及物品个数。

在后测中，学前儿童 A 主动地分享了 2 张贴纸，较前测总分提高了 2 分。他给自己留了 1 张大的贴纸，说那 2 张贴纸加一块儿就是 1 张大的贴纸了，可见他的分享水平还是有提升空间的。然而，学前儿童 B 在后测中也有了很大进步。前测中，学前儿童 B 被动地分享了 2 张贴纸。后测中，她主动地分享了 1 张贴纸，在教师的引导下又被动分享了 1 张贴纸，她说：“要分享。”在前测中怕少 1 张贴纸的学前儿童 C 不再直接拒绝分享，其后测总分较前测提高了 4 分。

由上可见，学前儿童经过 8 周的教育影响后，其行为在发生变化，由行为折射出的心理也在发生变化，支撑其分享给不熟悉同伴的理由有所增多。

## 三、讨论

经过量化研究和个案观察研究的分析，下文将讨论绘本教学促进中班学前儿童分享给不熟悉同伴的作用机制。

### （一）绘本促进中班学前儿童对不熟悉同伴分享行为表现的改善

从后测中的实验组与控制组情况可见，两组学前儿童尚不能在分享主动性层面上形成显著差异，总是被动分享的学前儿童居多。实验组行为表现的提升幅度与控制组学前儿童之间还是有显著差异的，不少实验组学前儿童由拒绝分享变为可以分享。

分享行为得分有所提高的原因有以下两点。

其一，不少学前儿童有兄弟姐妹，他们会顾及别人感受，有一些亲社会行为的生活经验。在教师的引导下，学前儿童自我中心化逐渐减弱，社会性逐步发展，加之有些学前儿童对是否熟悉对方未有过多思虑，使得直接拒绝分享的行为有所减少。

其二，绘本教学中重点强调角色的行为表现，学前儿童进行观察学习，在模仿中不断强化分享的意愿和行为表现。班杜拉的社会学习理论中强调了观察学习（又称替代性学习），指个体能通过观察他人行为而获得某种认知表象，再以之指导自己之后的行为。通过教师的讲述及学前儿童的观察，学前儿童获知故事中进行主动分享的角色都收获了友谊和幸福，从而对分享有了更深的认知。

### （二）绘本促进中班学前儿童对不熟悉同伴分享数量的增加

分析后测中分享个数的得分发现，实验组与控制组之间有显著差异，实验组在分享个数上的进步与控制组之间存在显著差异。

多数情况下，让学前儿童主动地进行分享还是较难的，学前儿童还是希望物品能属于他们自己。Xiong 等（2016）指出，儿童可能会出于利己动机而表现出亲社会行为，他们会根据同伴是否有回报的潜力以及回报的价值来调整自己的分享行为。在教师的提醒与引导下，很多学前儿童为展现出自己爱分享、为得到表扬而愿意多分享，或考虑到对方的回报而表示友好，为收获友谊，顾虑到对方也喜欢，而愿意再多给对方 1 张贴纸。

### （三）无绘本干预的中班学前儿童对不熟悉同伴的分享水平下降

本次研究的控制组数据显示，控制组学前儿童的行为表现不及实验组且分享个数的得分有所下降。可见，在 8 周的时间过后，未参与分享主题绘本活动的中班学前儿童的分享水平倾向退步。大多数已有研究得出儿童的分享行为与年龄的增长成正比的结论，而本次研究结果正如吴念阳和许政援（1992）研究的学前儿童玩具分享的结果，其分享水平随年龄的增长而呈下降趋势。

其一，由于本次实验是针对中班学前儿童的，正如李幼穗和赵莹（2008）所说，他们还未形成稳定的分享观念。3～6 岁学前儿童正处于自我中心阶段，他们的亲社会水平往往是自私的和遵循快乐主义原则。因此，学前儿童的成熟水平和气质特点可能会带来一定的制约效果。其二，独生子女身上有着明显的时代年龄特点，如自私、自尊心强、好胜心强等，其家庭环境塑造了学前儿童存在一定的攀比心理。其三，没有接受分享主题绘本教学的学前儿童在分享上缺乏相关系统教育，继而学前儿童获得参与分享活动和感受分享的机会很少。其四，教师无法利用绘本的故事情节和角色来教育学前儿童更多地对不熟悉同伴做出分享行为，学前儿童缺少学习的榜样。

# 第二节　绘本主题活动对 4～5 岁学前儿童分享意识和分享行为培养的影响

分享意识和分享行为的发展是学前儿童社会性发展的一个重要方面。Damon（1977）的研究发现，在分享方面做得较好的学前儿童，往往在解决社会性问题、帮助他人等方面也做得较好。3～6 岁是学前儿童的黄金发育期，同时也是培养学前儿童的社会性、增加其亲社会行为的敏感期，是其个性形成的关键时期。在这期间进行与学前儿童的分享意识和分享行为主题相关的绘本阅读以及一系列主题延伸活动，可以促进学前儿童个性和社会性的发展，为其今后形成良好的人格奠定基础。

## 一、研究方法

### （一）被试

选取天津市某幼儿园两个中班，每班 16 名男孩、14 名女孩，随机选定一个班为实验组，另一个班为控制组。实验组平均年龄为 4 岁 5 个月，控制组平均年龄为 4 岁 4 个月。

### （二）实验材料

经学前教育专家评分选定《全都是我的》《分享——并不总是很容易》《石头汤》《鼠小弟的小背心》《樱桃树下的约克》《一个红苹果》《这是我的》《我是彩虹鱼》《威廉先生的圣诞树》《小老鼠分果果》等绘本作为教学活动用书。

### （三）实验程序

本次研究以其中 4 本绘本作为绘本教学的材料，开展 4 次绘本主题教学活动。每两周完成一次绘本主题教学活动，其中第一周进行绘本阅读，第二周开展阅读延伸活动。

研究者对实验组学前儿童进行 8 周的绘本教学干预，再对比实验组和控制组学前儿童的分享意识水平和分享行为发展水平，并分别进行前后测分析比较。本次研究采用单因素实验设计，自变量为是否接受主题绘本教学，因变量是学前儿童的分享意识水平和分享行为水平。

1. 前测

主试通过情境故事、情境实验方法分别对实验组和控制组的学前儿童进行分享意识和分享行为水平的测试，并记录测试数据。

测查被试分享意识的实验材料为三个情境故事，参考任虹霏（2014）研究中所使用的情境故事 3。在前测中，主试将三个情境故事分别讲给实验组和控制组的学前儿童听。

采用自编的情境实验测试学前儿童的分享行为，三人一组进行实验测试。先将一男一女两名学前儿童带进一间独立、安静的休息室，让他们各选择一件自己喜欢的玩具（实验中用到的玩具均为拼插类玩具），5 分钟后再将另外一名学前儿童带进休息室，观察三名学前儿童之间是否会出现分享行为。

若 3 分钟内三名被试间均未出现主动分享行为，主试则进行语言提示："现在你们两位小朋友手里都有小玩具可以玩，可还有一名小朋友没有玩具玩，你们应该怎么做呢？愿意把你们的玩具分一点儿给他（她）玩吗？"提示一次后，若被试仍未出现分享行为，不再进行提示，结束该组的测试。

2. 绘本教学的实施

将选出的 4 本绘本作为绘本教学的材料，将其余绘本作为延伸阅读素材，对实验组学前儿童展开 4 次主题绘本教学活动，活动共持续 8 周，每周活动时长为 30 分钟左右。除了会对实验组学前儿童开展日常教育教学活动外，研究者还会对他们进行以分享为主题的绘本教学活动干预，控制组学前儿童只开展日常教学活动，研究者不对其实施任何干预。以下为每一个主题教学活动开展的基本过程。

第一周：绘本阅读。研究者按照教学计划进行分享主题绘本教学的第一部分——绘本阅读。在激发学前儿童的阅读兴趣后，用多媒体呈现出图文并茂的绘本故事，通过教师讲解、集体共读的方式了解故事的主要人物和发展脉络，继而进行情境讨论，进一步了解绘本故事中的人物和情节，并产生基本的是非判断。

第二周：主题延伸活动、亲子共读。研究者结合上一周的绘本阅读情况，适时开展同一绘本及相关绘本的延伸活动。实验组学前儿童对绘本故事已经有了一定程度的了解，在此基础上，本周开展复述故事、角色扮演、故事改编、主题分享日等一系列延伸活动，通过多领域、多形式的结合让学前儿童深层次地理解分享，从而培养学前儿童的分享意识和分享行为。

3. 后测

后测程序与前测程序相同。

## 二、结果与分析

### （一）实验组与控制组前测同质性检验

由表 4-3 可见，实验组分享意识的前测平均分为 3.77，控制组分享意识的前测平均分为 3.74，两者之间无显著差异（$p$=0.86）。实验组分享行为的前测平均分为 0.97，控制组分享行为的前测平均分为 1.07，两者之间无显著差异（$p$=0.65）。结果表明，实验组和控制组干预前的分享意识和分享行为具有同质性，可以进行后续实验干预。

**表 4-3　实验组和控制组前测同质性检验**

| 组别 | *n* | *M* | *SD* | *t* |
|---|---|---|---|---|
| 实验组分享意识 | 30 | 3.77 | 0.29 | 0.29 |
| 控制组分享意识 | 30 | 3.74 | 0.30 | |
| 实验组分享行为 | 30 | 0.97 | 0.49 | −0.64 |
| 控制组分享行为 | 30 | 1.07 | 0.69 | |

### （二）实验组与控制组后测之比较

由表 4-4 可见，实验组分享意识的后测平均分为 3.92，控制组分享意识的后测平均分为 3.72，两者之间具有显著差异（$p$<0.01）。实验组分享行为的后测平均分为 1.27，控制组分享行为的后测平均分为 0.90，两者之间具有显著差异（$p$<0.01）。实验组学前儿童的分享意识水平、分享行为水平均高于控制组学前儿童，说明绘本教学能够促进学前儿童分享意识、分享行为水平的提高。

**表 4-4　绘本教学对实验组与控制组学前儿童分享意识和分享行为发展的影响**

| 组别 | *n* | *M* | *SD* | *t* |
|---|---|---|---|---|
| 实验组分享意识 | 30 | 3.92 | 0.14 | 3.65** |
| 控制组分享意识 | 30 | 3.72 | 0.26 | |
| 实验组分享行为 | 30 | 1.27 | 0.45 | 3.05** |
| 控制组分享行为 | 30 | 0.90 | 0.48 | |

### （三）实验组前后测分析

#### 1. 干预对学前儿童分享意识的影响

实验组分享意识的前测平均分为 3.77（$SD$=0.29），实验组分享意识的后测平均分为 3.92（$SD$=0.14），两者之间具有显著差异（$t$=−0.35，$p$<0.01）。结果表明，经过 8 周的绘本教学干预后，实验组学前儿童的分享意识有了显著提升，充分证明绘本教学对学前儿童分享意识的培养是有效的。

#### 2. 干预对学前儿童分享行为的影响

实验组分享行为的前测平均分为 0.97（$SD$=0.49），实验组分享行为的后测平均分为 1.27（$SD$=0.45），两者之间具有显著差异（$t$=−2.76，$p$<0.05）。结果表明，经过 8 周的绘本教学干预后，实验组学前儿童的分享行为有了显著增加，充分证明绘本教学对学前儿童分享行为的培养是有效的。

### （四）控制组前后测分析

#### 1. 干预对学前儿童分享意识的影响

控制组分享意识的前测平均分为 3.74（$SD$=0.30），控制组分享意识的后测平均分为 3.72（$SD$=0.26），两者之间无显著差异（$t$=1.00，$p$=0.33）。结果表明，没有进行绘本教学的控制组学前儿童的分享意识没有显著提升。

#### 2. 干预对学前儿童分享行为的影响

控制组分享行为的前测平均分为 1.07（$SD$=0.69），控制组分享行为的后测平均分为 0.90（$SD$=0.48），两者之间无显著差异（$p$=0.54）。结果表明，没有进行绘本教学的控制组学前儿童的分享行为水平没有明显增加。

## 三、结论及教育建议

### （一）结论

实验结果显示，实验组学前儿童经过 8 周的绘本教学后，分享意识和分享行为水平均有显著提高，说明绘本教学对培养中班学前儿童的分享意识和分享行为起到了促进作用。

### （二）教育建议

1. 通过绘本教学培养学前儿童的分享意识和分享行为

绘本以图文并茂的形式呈现给学前儿童，作者在创编绘本时会充分考虑该年龄段学前儿童的心理发展特点、年龄、偏好等因素，以学前儿童乐于接受的形式将故事呈现出来。学前儿童只有通过自主阅读或成人伴读慢慢挖掘出绘本故事背后的教育价值，才会对其有深刻的体会。绘本中良好的人物形象、行为举动都会成为学前儿童学习和模仿的榜样，对他们起到潜移默化的作用。本次研究选取分享主题绘本，研究结果显示，绘本教学活动对学前儿童的分享意识和分享行为起到了促进作用。好的绘本作为具有深刻教育价值的载体，应该被广泛应用于实际的教育教学当中。

2. 创设主题绘本教学的园本课程并促进其持续发展

园所应根据自身情况创设主题绘本教学相关的园本课程，可以将不同绘本进行归类，选取与学前儿童生活联系紧密且他们感兴趣的主题进行绘本教学，同时主题选择应契合教学对象的年龄特征，此外，不能仅仅限制于绘本阅读的形式，更应该注重系列延伸活动的开展，如情境讨论、复述故事、故事改编、角色扮演等，以丰富绘本教学的形式。

今后的实际教育教学中应该引起重视的是，教育不能仅停留于培养学前儿童的分享意识上，仅使其具有基本的道德认同感和是非判断力是不够的，更要注重培养学前儿童的分享行为，在学前儿童的日常生活中多采用移情训练法、榜样训练法等，让他们在真实的情境中体验分享的乐趣，愿意去分享，并丰富其相关的生活经验，懂得如何去适当地分享。

## 第三节 4～6岁学前儿童合作行为的发展研究

当今社会的发展要求人们通过团队合作完成越来越多的工作，新的时代，人们步入了经济全球化、各领域融合的新阶段，沟通与合作能力在社会发展中的作用日益凸显出来。学前儿童合作行为的培养尤为重要。现代生活中，尤其在城市，独生子女居多，学前儿童缺少与人交往合作的机会，很多学前儿童以自我为中心，不善于与同伴合作，缺乏合作意识和合作能力，未来很难在社会立足和发展。近年来，随着教育学与心理学研究的开展，越来越多的教育学家和心理学家开始关注学前教育领域，尤其注重学前儿童良好行为品质的培养，有关学前儿童社会性行为发展的研究逐步成为教育领域关注的热点。

学前儿童在游戏活动中学会解决问题与处理矛盾，在此过程中产生合作的萌芽。交往与合作是学前儿童身心健康发展的需要，乐于交往与合作的学前儿童往往更容易赢得小伙伴们的喜爱，更容易适应新的环境，获得满足感、归属感和成就感。近年来的一些研究指出，儿童成人期社会适应性的一项最重要预测指标不是学校的等级，也不是课堂行为，而是儿童与他人接触的恰当性与适宜性，即儿童能否与他人友好交往、相互合作（林芳，2004）。

学前儿童的社会性发展离不开正常的同伴交往，从自然人变为社会人，同伴的交往是学前儿童学习的重要方式。不同年龄的学前儿童在一起构成了一个小社会，合作往往会使学前儿童获得愉快的情感体验，而这种合作行为的不断强化与巩固为这种社会性行为的内化和迁移奠定了基础。学前儿童合作的对象首先是自己的小伙伴，因此，从学前儿童之间的合作方式的研究入手，更容易了解学前儿童之间合作行为的特点和发展趋势。3 岁以后，儿童的主要生活环境由家庭转向了幼儿园。儿童进入幼儿园后，对父母和其他家庭成员的情感依赖逐渐减少，而与同伴之间的交往逐渐增多，这种交往促进了学前儿童社会性的发展，加速了学前儿童社会化的进程，同伴关系对儿童社会性发展的作用日益增加。研究发现，4 岁左右是儿童合作行为发展的一个重要转折点，这一阶段儿童的合作行为发展较快，具备初级的合作能力，在游戏中能够建立相对稳定的合作关系（毕珊娜，2010）。4 岁学前儿童的合作行为虽然处于合作的初级阶段，但是明显已经处于合作行为的萌芽阶段，因此应抓住 4～6 岁这个合作行为发展的关键期，在此阶段进行适当的引导和教育，促进学前儿童社会性的发展和良好行为习惯的养成。

蒙台梭利幼儿园倡导不同年龄学前儿童的混合教育，注重对学前儿童良好行为习惯的培养。在蒙台梭利幼儿园内，年龄大的学前儿童可以学会如何照顾比自己小的弟弟妹妹，年龄小的学前儿童可以从哥哥姐姐身上进行模仿、学习，获得经验和社会性技能。这让笔者萌生了将混龄游戏形式加入学前儿童合作行为发展的研究当中，探究混龄游戏形式对学前儿童合作行为的影响。

## 一、研究方法

### （一）被试

本次研究采用分层随机抽样法选取被试，被试为天津市河西区某幼儿园的中班和大班学前儿童。共选取 180 名学前儿童作为被试参加本次研究，其中男性学前儿童有 90 名，女性学前儿童有 90 名。学前儿童的平均年龄为 5 岁，中班学前儿童的年龄为 4～5 岁，大班学前儿童的年龄为 5～6 岁。采用对比组实验设计，将被试分为非混龄组和混龄组，非混龄组又包含两个小组：中班组和大班组。非混龄组中，对于中班组，从中班随机抽取 20 名男生和 20 名女生，分别进行男-男、女-女配对，组成 20 个参赛实验小组，然后选取 10 名男生和 10 名女生进行男-女配对，组成另外 10 个小组；对于大班组，采取与中班组相同的方式进行配对；对于混龄组，从中班和大班分别选取 30 名学前儿童，按照男-男、男-女、女-女的配对方式进行异龄配对。

### （二）实验材料

本次研究设计了“小卡车竞赛”游戏，每组学前儿童需要合作完成游戏竞赛，表现优秀的学前儿童将获得奖品。给每位学前儿童发放一辆大小、形状相同的小卡车玩具，小卡车玩具分两种颜色：绿色和红色。准备 4 张 2m×1m 的厚纸板，纸板上画有“卡车竞赛路线图”，路线分为直道和弯道，直道在中间，两人可共用。每两位学前儿童为一组，每组两个人共用一张路线图，四组同时开始竞赛。路线图如图 4-1 所示。

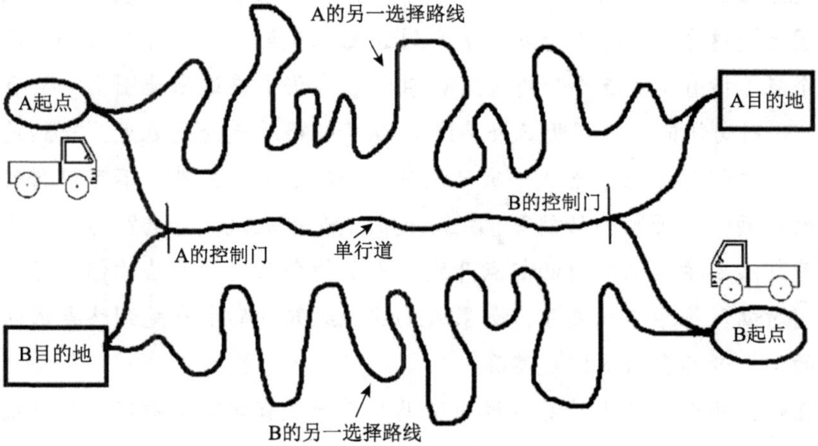


图 4-1　小卡车竞赛路线

### （三）实验程序

1. 游戏规则

本次研究仿照“运输竞赛”的经典实验，这个实验是 Deutsch 和 Krauss 于 1960

年进行的旨在说明竞争与合作之间关系的经典实验。研究者要求两位被试想象他们正在经营一家运输公司，并要求两个人各自驾驶一辆货车尽快前往目的地，两辆货车前往目的地的几条道路中有一条捷径，而两人的捷径是同一条路，并且这条路是单行道，且两车需迎面而行，如果两人都选择了这条捷径，那么唯一的方法就是一人走过之后另一个人再走。被试选择不同的道路能够体现出不同的合作和竞争行为及策略。

“小卡车竞赛”游戏实验遵循同样的原理，游戏规则为：A、B 两个小朋友为一组，一个小朋友开红车，另一个小朋友开绿车。红车从起点到终点可以走两条路，绿车从起点到终点也可以走两条路，但只有中间的直路是共用的，并且它只允许一辆车通过。主试向被试说明，两人共用时间最短的小组获胜，获胜小组可以获得奖品。

2. 指导语

小朋友你们好，你们都叫什么名字呀？（分别询问并记录）今天我们和另外几个小朋友一起进行一个很好玩的游戏比赛，好吗？

你们两个人是一个小组，我们要和另外两个小组进行一场小卡车比赛。你们俩现在是小卡车的驾驶员（给小朋友发放小卡车）。这是一张比赛地图，你们俩要在这张地图上驾驶你们的小卡车。你们两个分别站到地图的两端，你（小朋友 A）要从地图上的这个点（指着出发点）开到这里（终点），你（小朋友 B）要从地图上的这个点（指着出发点）开到这里（终点）。我们看看这张地图上一共有三条路可以走（分别向学前儿童指明三条路线），从哪一条路走会更近呢？当然是中间这条路啦，不过记住，每条路线一次只能有一辆车通过。另外，不可以驾驶小卡车跑到路的外面哦，否则的话就算犯规。我们先开一次试试好吗？（分别指导两位学前儿童驾驶小卡车从各自的起点开到终点）待会儿老师要给你们计时，你们两个人要同时驾驶小卡车出发了，如果我们这一组驾驶的卡车跑到终点用的时间比他们少的话，老师会给你们发奖品。

现在你们明白老师讲的游戏规则了吗？（如果有学前儿童不明白游戏规则，那么继续讲解清楚，直到他们明白为止）

你们准备好了吗？当老师宣布开始的时候，你们就要驾驶小卡车出发啦！

预备，开始！

实验由研究者和天津市河西区某幼儿园见习生辅助完成，每次实验分为男-男、男-女、女-女三组，三组同时进行，实验人员在向被试逐一讲清楚游戏规则以后宣布比赛开始，计时的同时进行观察记录。比赛结束后，主试对小朋友们的表现进行表扬，并给获胜的学前儿童发放奖品。

#### （四）实验工具

本次研究中，以合作水平等级作为评分标准，对每对被试的合作情况进行记录，分别统计出不同年龄组以及不同配对方式下合作水平的实际出现次数，并进行$\chi^2$检验。本次研究用 SPSS16.0 软件对实验数据进行统计处理。

## 二、结果与分析

### （一）不同年龄阶段学前儿童合作水平差异

在男-女配对的合作游戏中，“0 级合作水平”为 A、B 两名被试都走直道，且中间相遇后互不相让，“1 级合作水平”为两人都走旁边弯道，这两种合作水平为较低水平的合作行为，并不能体现学前儿童路线选择的智慧及男、女学前儿童各自表现出来的合作策略选择的倾向性。“2 级合作水平”为男、女（A、B）两名学前儿童中一方选择走中间直道，另一方选择走旁边弯道，由于在游戏开始之后，进行合作游戏的两名学前儿童可以判断出对方选择的路线，进而调整自己的路线，有的学前儿童在看到对方走直道以后会自觉地选择走旁边弯道。在“3 级合作水平”中，学前儿童均选择走中间直道，但是其中必然有一名学前儿童要选择先等待另外一名学前儿童走过中间直道之后再“驾驶”小卡车通过，这无疑将体现出男、女学前儿童各自策略选择的倾向性。我们认为，在“2 级合作水平”中，看到对方走直道，在考虑对方道路选择的基础上，宁愿放弃直道选择弯道的学前儿童更具合作性；在“3 级合作水平”中，看到对方走直道，而选择在“控制门”处先等待一会儿的学前儿童更具合作性。

#### 1. 不同年龄阶段学前儿童合作水平总体差异

从表 4-5 中可以看出，总体$\chi^2$=27.01，$p$<0.01。这表明，在不同年龄组中，学前儿童合作水平的发展存在显著差异，中班组以“1 级合作水平”出现次数最多，约占总数的 53%，“3 级合作水平”出现次数最少；大班组以“2 级合作水平”出现次数最多，约占总数的 43%；混龄组中，“2 级合作水平”和“3 级合作水平”出现较多。按照合作水平等级来看，可以明显地看出，“0 级合作水平”的出现次数随年龄的增长而逐渐减少，混龄组最少；“1 级合作水平”的出现次数随着年龄

的增长而逐渐减少，混龄组最少；“2 级合作水平”的出现次数在大班组和混龄组基本持平，中班组最少；“3 级合作水平”的出现次数随着年龄的增长而逐渐增加，混龄组最多，中班组最少。

**表 4-5　不同年龄阶段学前儿童合作水平总体差异**

| 年龄组 | 合作水平/次 | | | |
|---|---|---|---|---|
| | 0 | 1 | 2 | 3 |
| 中班组 | 7 | 16 | 6 | 1 |
| 大班组 | 4 | 7 | 13 | 6 |
| 混龄组 | 1 | 3 | 15 | 11 |
| $\chi^2$ | 27.01** | | | |

2. 不同配对方式下各年龄阶段学前儿童合作水平差异

（1）男-男配对方式下不同年龄阶段学前儿童合作水平差异

从表 4-6 中不难发现，总体$\chi^2$=16.88，$p$<0.05，存在显著差异。中班组“1 级合作水平”出现频率最高，占总数的 50%，大班组“2 级合作水平”出现频率最高，占总数的 50%，中班组和大班组未出现“3 级合作水平”，混龄组仅出现“2 级合作水平”和“3 级合作水平”，没有出现“0 级合作水平”和“1 级合作水平”。

**表 4-6　男-男配对方式下不同年龄阶段学前儿童合作水平差异**

| 年龄组 | 合作水平/次 | | | |
|---|---|---|---|---|
| | 0 | 1 | 2 | 3 |
| 中班组 | 3 | 5 | 2 | 0 |
| 大班组 | 1 | 4 | 5 | 0 |
| 混龄组 | 0 | 0 | 7 | 3 |
| $\chi^2$ | 16.88* | | | |

（2）男-女配对方式下不同年龄阶段学前儿童合作水平差异

表 4-7 呈现了男-女配对方式下不同年龄阶段学前儿童合作水平的分布情况，总体$\chi^2$=16.03，$p$<0.05，存在显著差异。中班组“1 级合作水平”出现次数占总数的 50%，大班组和混龄组学前儿童集中于“2 级合作水平”和“3 级合作水平”。这表明，随着年龄的增长，大班组学前儿童的合作水平较中班组已经有很大提高，混龄组学前儿童的表现与大班组持平。

表 4-7　男–女配对方式下不同年龄阶段学前儿童合作水平差异

| 年龄组 | 合作水平/次 | | | |
|---|---|---|---|---|
| | 0 | 1 | 2 | 3 |
| 中班组 | 1 | 5 | 3 | 1 |
| 大班组 | 0 | 0 | 4 | 6 |
| 混龄组 | 0 | 0 | 4 | 6 |
| $\chi^2$ | 16.03* | | | |

（3）女–女配对方式下不同年龄阶段学前儿童合作水平差异

由表 4-8 可知，女–女配对方式下，不同年龄阶段的学前儿童在合作水平上没有显著差异，中班组以“0 级合作水平”和“1 级合作水平”出现次数较多，未出现“3 级合作水平”，大班组和混龄组则以“1 级合作水平”和“2 级合作水平”出现次数较多。

表 4-8　女–女配对方式下不同年龄阶段学前儿童合作水平差异

| 年龄组 | 合作水平/次 | | | |
|---|---|---|---|---|
| | 0 | 1 | 2 | 3 |
| 中班组 | 3 | 6 | 1 | 0 |
| 大班组 | 3 | 3 | 4 | 0 |
| 混龄组 | 1 | 3 | 4 | 2 |
| $\chi^2$ | 8.64 | | | |

## （二）不同性别配对方式下学前儿童合作水平差异

### 1. 不同性别配对方式下学前儿童合作水平总体差异

表 4-9 显示，不同性别配对方式对于学前儿童合作行为有显著影响，$\chi^2$=20.78，$p$<0.01。男–男配对方式下，学前儿童合作水平以“2 级合作水平”为主，约占总数的 47%；男–女配对方式下，学前儿童合作水平较高，“2 级合作水平”和“3 级合作水平”占大部分，分别占总数的 37%和 43%；女–女配对方式下“1 级合作水平”出现的次数最多，“3 级合作水平”出现的次数最少。按照合作等级水平划分，“0 级合作水平”中，男–女配对方式下出现的次数较少；“1 级合作水平”中，女–女配对方式下出现的次数最多；“2 级合作水平”中，男–男配对方式下出现的

次数最多，女-女配对方式下出现的次数最少；“3 级合作水平”中，男-女配对方式下学前儿童出现该层次合作水平的次数约占三种配对方式下出现该层次合作水平总次数的 72%，而男-男配对方式和女-女配对方式下学前儿童较少表现出“3 级合作水平”。

**表 4-9　不同性别配对方式下学前儿童合作水平总体差异**

| 配对方式 | 合作水平/次 | | | |
|---|---|---|---|---|
| | 0 | 1 | 2 | 3 |
| 男-男 | 4 | 9 | 14 | 3 |
| 男-女 | 1 | 5 | 11 | 13 |
| 女-女 | 7 | 12 | 9 | 2 |
| $\chi^2$ | 20.78** | | | |

2. 同年龄阶段不同性别配对方式下学前儿童合作行为水平差异

（1）不同性别配对方式下中班组学前儿童合作行为水平差异

由表4-10可见，不同配对方式对中班组学前儿童合作行为水平的影响不显著，$\chi^2$=4.23，$p$>0.05。但是从数据统计上看，“0 级合作水平”中，男-女配对方式下出现次数较少，男-男配对方式和女-女配对方式下出现次数持平；“1 级合作水平”中，三种配对方式之间的出现次数差别不大；“2 级合作水平”中，女-女配对方式下出现次数最少，而男-女配对方式下出现次数最多，男-男配对方式下出现次数适中；只有以男-女配对方式进行游戏的学前儿童出现了“3 级合作水平”。

**表 4-10　不同性别配对方式下中班组学前儿童合作水平差异**

| 配对方式 | 合作水平/次 | | | |
|---|---|---|---|---|
| | 0 | 1 | 2 | 3 |
| 男-男 | 3 | 5 | 2 | 0 |
| 男-女 | 1 | 5 | 3 | 1 |
| 女-女 | 3 | 6 | 1 | 0 |
| $\chi^2$ | 4.23 | | | |

（2）不同性别配对方式下大班组学前儿童合作行为水平差异

表 4-11 显示了不同性别配对方式下大班组学前儿童合作水平分布的基本情况，$\chi^2$=19.37，$p$<0.01，说明学前儿童合作水平在该年龄段受性别配对方式的影响

非常显著。男-男配对方式下，学前儿童的合作水平集中表现为“1 级合作水平”和“2 级合作水平”；男-女配对方式下，学前儿童未出现“0 级合作水平”和“1 级合作水平”，集中分布在“2 级合作水平”与“3 级合作水平”；女-女配对方式下，学前儿童的合作水平基本上平均分布在三种合作水平之中。按照合作水平等级来划分，“0 级合作水平”中，女-女配对方式下出现次数最多，男-女配对方式下出现次数最少，这说明在女-女配对方式下，学前儿童的竞争性较强，而在男-女配对方式下，学前儿童的竞争性较弱；“1 级合作水平”中，男-女配对方式下出现次数最少，为 0，而在男-男配对方式和女-女配对方式下，学前儿童表现出较强的竞争性；“2 级合作水平”中，学前儿童在三种配对方式的出现次数均不在少数，且数据持平，不具备明显差异；“3 级合作水平”中，三种配对方式下的出现次数分化明显，在男-男配对方式和女-女配对方式下，学前儿童未出现该合作水平，而在男-女配对方式下，学前儿童表现出较多次数的该合作水平。

**表 4-11　不同性别配对方式下大班组学前儿童合作水平差异**

| 配对方式 | 合作水平/次 | | | |
| --- | --- | --- | --- | --- |
| | 0 | 1 | 2 | 3 |
| 男-男 | 1 | 4 | 5 | 0 |
| 男-女 | 0 | 0 | 4 | 6 |
| 女-女 | 3 | 3 | 4 | 0 |
| $\chi^2$ | 19.37** | | | |

（3）不同性别配对方式下混龄组学前儿童合作行为水平差异

表 4-12 统计了不同性别配对方式下混龄组学前儿童合作水平的分布情况。经过卡方检验发现，$\chi^2$=11.56，$p$>0.05。其中，在男-男配对方式和男-女配对方式下，学前儿童均表现出较高水平的合作行为，合作水平等级集中分布在“2 级合作水平”和“3 级合作水平”；女-女配对方式下，学前儿童合作行为水平适中，以“1 级合作水平”和“2 级合作水平”居多。按照合作水平等级划分，在“0 级合作水平”和“1 级合作水平”中，只有女-女配对方式下出现了这两种水平的合作行为；“2 级合作水平”中，男-男配对方式下出现次数最多，约占三种配对方式下出现该合作水平总数的 47%，其中在男-女配对方式和女-女配对方式下，学前儿童出现该合作水平的次数持平，均占总数的 27%，这表明，男-男配对方式下，较

多的学前儿童选择一人走直道、另外一人走弯道的合作策略；“3 级合作水平”中，男-女配对方式下的学前儿童较多地表现出该水平的合作行为，约占总数的 55%，男-男配对方式和女-女配对方式下，学前儿童表现出该水平合作行为的次数占总数的百分比分别为 27%和 18%。

**表 4-12　不同性别配对方式下混龄组学前儿童合作水平差异**

| 配对方式 | 合作水平/次 | | | |
|---|---|---|---|---|
| | 0 | 1 | 2 | 3 |
| 男-男 | 0 | 0 | 7 | 3 |
| 男-女 | 0 | 0 | 4 | 6 |
| 女-女 | 1 | 3 | 4 | 2 |
| $\chi^2$ | 11.56 | | | |

## （三）合作游戏情境下的策略选择与学前儿童竞争性分析

### 1. 同伴性别与合作策略的选择

在“小卡车竞赛”游戏进行的过程当中，笔者发现了一个非常有趣的现象：高水平合作行为的学前儿童在路线的选择上受同伴性别的影响，这能够体现出一定的合作策略选择的智慧及不同性别学前儿童的竞争性与合作性倾向。笔者对男-女配对方式下中班和大班学前儿童的合作策略选择情况进行了简单的统计。

从表 4-13 中可以看出，在中班和大班学前儿童中，一共有 7 组男-女配对（共 7 名男性学前儿童和 7 名女性学前儿童）的被试表现出“2 级合作水平”，其中有 5 组被试中的男性学前儿童选择了走旁边弯道，把中间直道让给女性学前儿童，另外 2 组被试则是女性学前儿童选择把中间直道让给男性学前儿童。男性学前儿童选择旁边弯道的比例约为 71%，而女性只占 29%。这说明在男-女配对的合作游戏中，男性学前儿童往往更容易合作，寻求合理的合作策略。

**表 4-13　“2 级合作水平”中男、女学前儿童合作策略选择**　（单位：人）

| 策略 | 中班 | | 大班 | |
|---|---|---|---|---|
| | 男 | 女 | 男 | 女 |
| 走直道 | 1 | 2 | 1 | 3 |
| 走弯道 | 2 | 1 | 3 | 1 |

表 4-14 统计了“3 级合作水平”中，男、女性学前儿童分别选择的合作策略。在中班和大班中，男-女配对方式下同样有 7 组被试表现出了“3 级合作水平”，其中中班有 1 组，大班有 6 组。共有 6 名男性学前儿童选择等待，1 名男性学前儿童选择走中间直道并让女性学前儿童等待。男性学前儿童选择等待的人数占该水平学前儿童总数的 86%，而女性学前儿童选择等待的只占 14%，这说明在男-女配对的合作游戏中，女性学前儿童的竞争性比男性学前儿童要强。

表 4-14　“3 级合作水平”中男、女学前儿童合作策略选择　（单位：人）

| 策略 | 中班 | | 大班 | |
|---|---|---|---|---|
| | 男 | 女 | 男 | 女 |
| 走直道 | 0 | 1 | 1 | 5 |
| 先等待 | 1 | 0 | 5 | 1 |

2. 同伴年龄与合作策略的选择

从表 4-15 中不难发现，混龄组中学前儿童合作策略的选择会受到同伴年龄的影响。其中共有 4 组学前儿童表现出“2 级合作水平”，其中 3 组大班学前儿童选择走旁边弯道，把直道让给比自己年龄小的中班学前儿童；有 6 组学前儿童表现出“3 级合作水平”，其中有 4 名大班学前儿童选择先等待，让中班学前儿童走过中间直道之后再选择通过。这说明，在混龄合作游戏中，年龄稍大的学前儿童更易于在合作游戏活动中主动调整自己的策略，以此获取整个游戏比赛的胜利，这是一种较高级的合作策略。

表 4-15　混龄组中男、女学前儿童合作策略选择　（单位：人）

| 班级 | 2 级合作水平 | | 3 级合作水平 | |
|---|---|---|---|---|
| | 走直道 | 走弯道 | 走直道 | 先等待 |
| 中班 | 3 | 1 | 4 | 2 |
| 大班 | 1 | 3 | 2 | 4 |

## 三、讨论

### （一）学前儿童合作行为发展的特点与培养

学前儿童在幼儿园中构成了小集体、小社会，他们共同游戏、学习和生活，在这些活动中，学前儿童需要相互配合、分工协作，通过彼此协商解决问题，协调同伴关系，从而确保活动的顺利进行，实现共同目标。本次研究发现，学前儿童的合作行为发展与年龄、性别有着密切的关系，年长的学前儿童会表现出更强的合作意识和更多的合作行为，而男性学前儿童比女性学前儿童更易于在团体中进行合作，并且男-女配对方式下的学前儿童在游戏中采取的合作策略要优于男-男配对方式和女-女配对方式下的学前儿童。我们可以发现，女-女配对方式下，学前儿童不易合作，表现出较强的竞争性而非合作性。我们在平时的学前儿童教育教学过程中应当以此为依据，尊重学前儿童的合作水平发展特点和最近发展区，为学前儿童创造良好的合作游戏的机会，适时地推动学前儿童合作行为的发展，培养学前儿童良好的行为习惯。

### （二）游戏与学前儿童合作行为的培养

在学前儿童由自然人成长为社会人的过程中，游戏起到了非常重要的作用。游戏是学前儿童学习知识、获得技能的最重要方式，是学前儿童的基本活动，因此，它必然是发展学前儿童合作行为及其他社会性行为的重要途径。在本次实验中，学前儿童特别喜欢“小卡车竞赛”游戏，以至于后来笔者再次到幼儿园的时候，仍然有小朋友拉着笔者要玩小卡车。他们对游戏的热情让笔者更加坚信，有趣的游戏活动是培养学前儿童合作行为的重要而有效的方式。

在许多游戏中，学前儿童需要与同伴协调一致，并要接纳同伴的意见，相互协商，从而采取最佳策略共同获得成功。在游戏中，学前儿童的合作行为由本能的相互竞争到简单的协作，再到高级的合作行为出现，是一个循序渐进的过程。在对学前儿童的教育过程中，在游戏中加入培养学前儿童合作行为的因素，将极大地促进学前儿童合作行为的发展，有助于学前儿童良好行为习惯的养成。

### （三）混龄游戏在学前儿童合作行为培养中的可行性

混龄游戏方式对学前儿童的合作行为有着重要的影响。倡导混龄教育的蒙台梭利指出，不同年龄的儿童间可以相互交往，年龄小的儿童可以看年龄大的儿童做事情并请他们进行说明解释，他们之间存在着一种人们在成人与学前儿童之间很少发现的交流与和谐。其实，在国外其他很多心理学家的理论建构当中可以寻找到混龄教育方式对于学前儿童社会性行为发展重要性的理论依据。20 世纪的瑞士心理学家、发生认识论的创始人——皮亚杰的认知冲突理论就强调，同伴对儿童的认知发展有着重要的作用，儿童需要有与同伴和环境互动的机会以促进他们的学习。在有不同年龄儿童交往的环境中，他们更容易学会相互理解与合作。苏联心理学家维果斯基提出最近发展区理论，认为人的发展有两种水平：一种是现有水平，指个体独立活动时所能达到的解决问题的水平；另一种是可能的发展水平。两者之间的差异就是最近发展区。根据最近发展区理论，一个孩子与人合作时能做的和不与人合作时能做的之间的差异会导致良好行为习惯的形成，比如，儿童个体之间的差异性导致的合作活动促进了儿童的社会性发展，培养了儿童与人合作的良好行为习惯。

国外有许多关于动物学的研究也支持混龄教育的观点，指出生物以群体的方式生活在一起，不同个体之间能够相互交流信息，由此形成的联系有益于群体中个体的成长。在自然界中，没有哪种生物是分年龄段独自生存和发展的。动物行为学家康诺认为，学前儿童在其生物结构上或许有一种先决性的安排，必须借着与不同年龄同伴的互动，才能达成身心各层面的健全发展。人类学家梅尔文·科恩特指出，学前儿童天生就有一种与非同龄人交往的倾向，这种先天倾向由于社会过分强调年龄差异而受到抑制。尽管这种区分年龄的做法在现代社会非常盛行，并且被看作“自然”的，但在人类学家看来，对孩子们的人际交往做这样的区分是不正常的（唐淑，虞永平，2005）。人类学家还发现，在世界上大多数国家的文化里，孩子们通常都是在混龄群体中玩耍、交往的。例如，在非洲肯尼亚的尼桑古，孩子们的早期伙伴都是由兄弟姐妹以及邻近不同年龄的孩子组成的；在坦桑尼亚的奥可望村庄，孩子们在幼儿园的伙伴是由刚断奶直到6岁的儿童组成的（齐克·罗宾，2000）。

混龄游戏为不同年龄的学前儿童提供了一起合作解决问题的机会，他们之间的交流对于学前儿童合作行为以及其他社会性行为的发展是十分有益的，因此在幼儿园教学活动中，教师应当适当地采用“间歇性”的混龄方式，为学前儿童营造宽松、自由的游戏环境，促进学前儿童合作行为的发展。

## 四、结论及教育建议

### （一）抓住4～6岁关键期促进学前儿童合作行为的发展

本节针对4～6岁学前儿童合作行为的培养进行了研究，发现该年龄阶段的学前儿童合作行为的可塑性很强，不同的教育方式将对学前儿童合作行为的发展有很大的影响。中大班学前儿童的合作行为水平受性别和年龄的影响十分明显，不同的年龄配对方式和性别配对方式对学前儿童合作行为的影响显著也印证了这一点。

### （二）创设宽松的合作游戏环境，设计学前儿童感兴趣的合作类游戏

学前儿童的合作是一种建立在良好同伴关系基础上的社会性行为，在宽松的游戏环境下，学前儿童感兴趣的合作类游戏能够促进良好同伴关系的建立和合作行为习惯的养成。宽松的合作游戏环境是使游戏得以顺利进行的前提条件。本次实验选取了一个独立的房间作为“游戏室”，同时在讲解的过程中保持学前儿童对游戏的兴趣和获取比赛胜利的欲望。在“小卡车竞赛”游戏中，学前儿童首先需要倾听主试对游戏规则的讲解，然后通过对线路的了解和对对方行为的判断，从而确定自己的行进路线，选取较佳的合作策略。学前儿童的发展离不开游戏的陪伴，幼儿园常见的合作拼图、绘画等游戏活动是学前儿童喜闻乐见的游戏形式，学前儿童需要采纳同伴的意见，并和同伴合作完成任务。

### （三）根据学前儿童的性别差异促进学前儿童合作行为的发展

在游戏过程中，应尽量以男女混合的形式进行，通过不同性别学前儿童之间的交互作用促进学前儿童合作行为水平的发展。根据本次研究结果，男-女配对方式下，学前儿童表现出更高层次的合作行为水平，因此在学前儿童的社会性教育过程中，应注重性别配对带来的影响，鼓励男女学前儿童相互协商、相互帮助，共同解决问题。

### （四）根据学前儿童的年龄特点促进学前儿童合作行为的发展

不同年龄阶段的学前儿童在认知水平、思维发展水平上存在显著差异，因此不同年龄阶段的学前儿童共同游戏就增加了学前儿童之间解决认知冲突的机会，并且放大了学前儿童之间的相互模仿学习在学前儿童合作行为发展中的作用。在幼儿园进行实验的过程中，有一件事情让笔者印象深刻，我们在进行混龄配对实验的时候，在听过笔者讲解完游戏规则以后，一位大班的学前儿童说：“我可以走旁边的路（弯道），让弟弟（中班小朋友）走中间的近路（直道）。”这句话让笔者坚定了将这个实验进行下去的信心，也让笔者更加肯定了自己的设想，即学前儿童在混龄游戏中更易于相互合作。

因此，创设有规则的、富于教育性和趣味性的混龄游戏活动能够促进学前儿童的合作行为发展，有利于学前儿童合作行为习惯的养成。例如，在学前儿童爱玩的游戏《老鹰捉小鸡》中，稍大一些的学前儿童充当保护小鸡的“老母鸡”，年纪小的学前儿童则扮演“小鸡”，“小鸡”们一个挨一个地捉住衣襟并藏在“老母鸡”的身后，然后，“老鹰”开始捉“小鸡”，“小鸡”们的逃跑方向和速度的确定需要每个人的配合。在游戏中，学前儿童增进了彼此的感情，培养了合作意识和规则意识，有利于学前儿童合作行为习惯的养成。除了有规则的混龄游戏活动以外，教师也可以投放玩具，让学前儿童在教师的控制范围内自由地进行游戏活动。比如，在游戏室进行堆积木游戏，不同年龄学前儿童的游戏水平有差异，为学前儿童提供了模仿学习的机会。另外，不同年龄学前儿童之间的积木交换、协作等活动都推动着学前儿童良好的社会性行为习惯的养成。

## 第四节　人物绘本和拟人化动物绘本对学前儿童利他性助人行为的影响

幼儿期是助人行为发展的重要时期。研究发现，助人行为在 18 个月时就已经出现了萌芽，学龄前儿童的助人行为不断增加，例如，大多数 3～4 岁的孩子有参与帮助的行为（Nielsen et al.，2014），6 岁的孩子比 4 岁的孩子会参与更多的助人行为（Bar et al.，1982）。《幼儿园教育指导纲要（试行）》《3～6 岁儿童学习与发展指南》中多次提到培养学前儿童助人行为的重要性。Svetlova 等（2010）认为，学前儿童的亲社会行为是由工具性（基于行动性）助人行为发展为移情性（基于情感性）助人行为，最终发展成为利他性助人行为。利他性助人行为是指在放弃自身利益的前提下，主动采用身体、心理等方式进行援助，帮助受困者脱离困境的行为。实验研究发现，与工具性助人行为和移情性助人行为相比，利他性助人行为是最高层次的助人行为，且出现的次数最少。学前儿童在帮助他人时会在对自己有利、无利益影响、需要以牺牲自己的利益作为代价等三种助人结果中做出价值判断，3～4 岁的学前儿童会比 7～8 岁的学前儿童更不愿牺牲自身利益去帮助别人，即表现得更为自私（Paulus，Moore，2014；Prabhakar，Hudson，2014）。因此，培养学前儿童的利他性助人行为对于个体品德发展以及社会适应具有重要意义（胡金生，杨丽珠，2005；李婷玉，2012；蒋倩，2016）。

随着绘本教学在学前教育中的地位不断上升，绘本教学拥有释放更多教育价值的机会。大量实验研究结果表明，助人主题绘本阅读可以引发学前儿童和故事中的主人公产生情感共鸣，增强其助人意识，促进其助人行为的形成（徐烨婷，2016；刘蕾，2015；闵兰斌，王香，2011；Du，Hao，2018）。

传统理念中，人们认为拟人化动物绘本基于学前儿童特有的审美视角，抽象的造型设计更能启发学前儿童的想象力，也更容易激发他们的兴趣，相信拟人化动物绘本对学前儿童道德品质的发展也是有效的。研究结果表明，非拟人化的故事更加贴近现实，符合学前儿童认识信息所需要的洞察力和类比推理能力，可以让学前儿童认识到信息的相关性以及如何将一个文本中的信息转移到另一个文本中（Strouse et al.，2018）。

近年来，国外大量关于拟人化动物绘本对学前儿童人格和知识学习影响的研究发现，拟人化动物绘本可能难以发挥教育价值和教育效果（Ganea et al.，2014；Larsen et al.，2017；Lee et al.，2014），挑战了我们对拟人化动物绘本教育作用的传统认知。由于东西方的文化差异问题，西方的心理学成果是否也适用于中国，这还需要进一步的研究验证。因此，应加强拟人化动物绘本对学前儿童人格教育效果影响方面的相关实证研究，以便引发一些新的思考。

为了对比人物绘本与拟人化动物绘本对学前儿童的教育效果，本次研究选取学前儿童利他性助人行为作为主题，通过对比阅读两种角色类型（人物绘本与拟人化动物绘本）的助人主题绘本对学前儿童的教育效果，从而验证拟人化动物绘本的教育效果。

## 一、研究方法

### （一）被试

本次实验选取天津市和平区某所幼儿园190名3～6岁的学前儿童作为研究被试，由于10名学前儿童的绘本阅读理解分数低于3分，4名学前儿童未能配合完成分类认知任务，无法保证其实验的准确性，本次研究选用的实际样本为176名学前儿童（年龄范围为3.32～6.31岁，$M$=4.93，$SD$=1.04）。本次研究将被试分为中性绘本组（阅读非助人主题的绘本）、人物绘本组（阅读助人主题的人物绘本）和拟人化动物绘本组（阅读助人主题的拟人化动物绘本）。如表4-16所示，其中中性绘本组有59名学前儿童，人物绘本组有57名学前儿童，拟人化动物绘本组有 60 名学前儿童。

表 4-16　被试基本信息

| 组别 | *n* | 男生/人 | 女生/人 | 平均年龄/岁 |
|---|---|---|---|---|
| 中性绘本组 | 59 | 23 | 36 | 4.89 |
| 人物绘本组 | 57 | 23 | 34 | 4.95 |
| 拟人化动物绘本组 | 60 | 30 | 30 | 4.94 |
| 总计 | 176 | 76 | 100 | 4.93 |

### （二）实验材料

本次研究所选用的绘本均以“利他性助人行为”为主题，通过参考 Gillespie 和 Conner（1975）的六项绘本选择标准，挑选出《原来我可以帮助别人》《城里最漂亮的巨人》《艾玛和蝴蝶》《借你一把伞》《洗澡啦》《三根羽毛》《一只漏洞的水桶》《彩虹色的花》《走过小木桥》《我是霸王龙》共计 10 本绘本。本次研究探索的是人物绘本与拟人化动物绘本的教育效果，所以为了保证两类绘本故事情节的一致性，最终挑选出一本故事情节既适用于拟人化故事也适合于现实生活的绘本——《原来我可以帮助别人》。

本次实验的绘本如下：利他性助人主题的绘本为《原来我可以帮助别人》（龚房芳/著，赵光宇/绘），共有两本，一本是拟人化动物绘本，另一本是用 Photoshop 进行真人化处理的人物绘本；非助人主题绘本为《小种子》（艾瑞·卡尔/著，蒋家语/译）。

### （三）实验程序

#### 1. 实验前测

实验开始前，将所有被试随机分为实验组（人物绘本组和拟人化动物绘本组）和控制组（中性绘本组），然后正式进入实验阶段，即对各组被试进行利他性助人行为情境前测。

在刘文和杨丽珠（2004）的利他行为情境设计的基础上，本次研究针对利他性助人行为需要牺牲自己利益的特点，设计了此次实验任务，即画笔涂色任务：学前儿童在一个画画活动中必须停止画画，主动舍弃较大的奖励物，并把自己的绿色画笔借给实验者，这样才能帮助实验者。贴纸是学前儿童极为喜欢且对他们来说极具吸引力的事物，是利他行为情境中最常用的媒介（Benenson et al.，2007；

Decety et al.，2015；Li et al.，2013）。本次研究采用2018年动画片排行榜单中的《小猪佩奇》《汪汪队立大功》等动画片卡通角色的水贴纸，从而提高贴纸在学前儿童心中的价值，体现利他性助人行为需牺牲利益的特点。

实验由三名研究生作为主试，一名研究生为主试Y，主要负责向学前儿童阐述实验任务（实验者E1），另外两名研究生为主试S和C，分别扮演前测和后测中处于"困境"的陌生人（实验者E2）。为了保证分数的一致性，三个实验组前测中的"陌生人"扮演者都为主试S，后测中的"陌生人"扮演者都为主试C。实验结束后，所有学前儿童都应获得奖励。

实验材料为：草地图片（未完成涂色的）若干张；大树图片（未完成涂色的）若干张；花朵图片（未完成涂色的）若干张；一罐彩笔（没有绿色）；作为奖励的大小贴纸若干；每个学前儿童各有一支绿色蜡笔（学前儿童自带）。

实验情境和评分标准为：幼儿园主班教师请学前儿童带一根绿色蜡笔，并将学前儿童带领到实验室，主试E1与学前儿童进行简单互动，然后介绍实验任务。主试Y告诉学前儿童："这里有一幅画，但是大树还没有完成涂色，请你用绿色蜡笔把它涂完，涂完后有奖励，我会在外面给你记录时间，完成得越快，奖励越大。"在学前儿童画画时，主试E2急急忙忙地跑进来，自言自语地说："这里有一幅草地图片，我要赶紧找到绿色蜡笔把它涂完，不然就来不及了。"（此时教室内有一盒蜡笔，但是没有绿色）主试E2开始慌慌张张地找蜡笔，如果被试在此时做出助人行为，可得3分。

15秒过去了，（实验者E2）摇晃蜡笔盒以发出响声，并开始低声嘀咕："怎么就没有绿色的蜡笔呢，好着急啊！"这时如果被试做出助人行为，可得2分。又15秒过去了，（实验者E2）请求被试借出自己的绿色蜡笔，被试如果同意借出绿色蜡笔，可得1分；如果被试拒绝借出，则（实验者E2）离开教室，被试可得0分。

2. 绘本的阅读活动

在绘本阅读过程中，实验者直接把绘本读给学前儿童听，在讲述绘本的过程中，可以向学前儿童提出一些中性的问题，如"让我们一起看看接下来会发生什么"、"图片上都有什么"等，以此来集中学前儿童的注意力，帮助学前儿童理解绘本内容。

3. 实验后测及阅读理解测试

对各组被试进行利他性助人行为情境后测。在后测完成后，对学前儿童进行一个简单的阅读理解测试（Larsen et al.，2017），以了解学前儿童对绘本的理解情况。

4. 绘本阅读偏好测试

在实验任务结束后，我们向每一位学前儿童逐一呈现人物绘本《原来我可以帮助别人》和拟人化动物绘本《原来我可以帮助别人》，给学前儿童翻看并简单介绍绘本的内容："我这里有两本绘本，第一本是人物绘本，这本书是老奶奶、小男孩和小女孩之间发生的故事；第二本是拟人化动物绘本，这本书是关于小熊、小老鼠和小兔子之间发生的故事。那么这两本绘本中，你最喜欢哪一本呢？最想看哪一本呢？"根据学前儿童的回答进行记录。

5. 分类认知任务

有研究发现，年龄较小的学前儿童会怀疑电视中真实事件的真实性，倾向把真实事件归类于不可能发生，无论是对于卡通动画还是真人秀节目，其都使用这种反应模式（Li et al.，2017）。那么学前儿童对于绘本中的拟人化事物及其活动又会如何理解呢？是什么引发了学前儿童判断真实事物和虚拟事物的差异呢？为了进一步了解学前儿童对真实与虚拟认识的能力是否与拟人化绘本教育效果有关，以往研究者（Sharon，Woolley，2004；Taylor，Howell，1972）采用了向学前儿童呈现静态图片的经典方式考察学前儿童对人物、动物和拟人化动物的认知发展水平。

本次研究采用 Larsen 等（2017）运用的分类认知任务，该任务用于判断学前儿童将拟人化事物与人的行为联系起来还是与动物行为联系起来。该任务通过向学前儿童展示人物、现实的动物、拟人化动物三类图片，询问学前儿童认知问题并进行打分的方式，对学前儿童的认知特点和发展水平进行判断。

实验中共呈现四张 A4 纸，每张 A4 纸上有三种不同类型的图片（卡通人物图片、现实动物图片、拟人化动物图片）。对于每张图片，向学前儿童提问四个问题：两个关于人类行为的问题（例如，它是住在房子里吗？）和两个关于动物行为的问题（例如，它睡在兔笼里吗？）。问题和图片都是任意排序的。学前儿童可以回答"是"或"不是"，回答"是"则计 1 分；回答"不是"则不计分。

当主试指着人物图片向学前儿童提问关于人类行为的问题时，学前儿童回答"是"则获得"人-人"（正确认知）的 1 分。当主试指着人物图片向学前儿童提问关于动物行为的问题时，学前儿童回答"是"则获得"人-动物"（不正确认知）的 1 分。"动物-人物"（不正确认知）、"动物-动物"（正确认知）、"拟人-人"（不正确认知）和"拟人-动物"（正确认知）的分数同样遵循该规则得出。在进行分数统计时，人物认知分数是用“人-人”分数减去“人-动物”分数；动物认知分数是用“动物-人物”分数减去“动物-动物”分数；拟人化动物认知分数是用“拟人-人”分数减去“拟人-动物”分数。如果所得分数为正数，表明学前儿童的认知趋向于人物特征；如果所得分数为负数，表明学前儿童的认知趋向于动物特征。如果最终人物认知分数达到 8 分，表明学前儿童能够正确地将人物与人物的特点联系在一起，对人物的认知能力较强；如果最终动物认知分数达到−8 分，表明学前儿童能够正确地将动物与动物的特点联系在一起，对动物的认知能力较强；如果最终拟人化动物认知分数达到−8 分，表明学前儿童能够正确地将拟人化动物与动物的特点联系在一起，对拟人化动物的认知能力较强。

## 二、结果与分析

研究数据经过整理编码后，通过软件 SPSS25.0 进行分析，统计结果如下。

### （一）三组学前儿童利他性助人行为的同质性检验

对中性绘本组、人物绘本组、拟人化动物绘本组学前儿童的利他性助人行为分数进行单因素方差分析，结果如表 4-17 所示。中性绘本组、人物绘本组、拟人化动物绘本组的学前儿童在利他性助人行为总分上的差异未达到显著性水平，$F_{(2,\ 175)}=1.16$，$p=0.32$，从而表明三组具有同质性。

**表 4-17　三组被试的描述性统计（前测）**

| 组别 | *n* | *M* | *SD* |
|---|---|---|---|
| 中性绘本组 | 59 | 1.05 | 0.84 |
| 人物绘本组 | 57 | 0.86 | 0.61 |
| 拟人化动物绘本组 | 60 | 0.87 | 0.83 |
| 总计 | 176 | 0.93 | 0.77 |

### （二）两类绘本对学前儿童利他性助人行为的比较研究结果

表 4-18 列出了中性绘本组、人物绘本组和拟人化动物绘本组学前儿童利他性助人行为的前测、后测以及前后测差值的平均值和标准差。

**表 4-18　三组被试的前测、后测分数及前后测差值（$M \pm SD$）**

| 组别 | 前测 | 后测 | 差值 |
|---|---|---|---|
| 中性绘本组 | 1.05 ± 0.84 | 1.07 ± 1.11 | 0.02 ± 1.14 |
| 人物绘本组 | 0.86 ± 0.61 | 1.53 ± 1.15 | 0.67 ± 0.95 |
| 拟人化动物绘本组 | 0.87 ± 0.83 | 1.13 ± 1.17 | 0.27 ± 1.01 |

为了探讨人物绘本和拟人化动物绘本对大班学前儿童利他性助人行为的影响效果，本次研究将后测的利他性助人行为分数减去前测的利他性助人行为分数所得出的差值作为因变量，将三个不同绘本条件组作为自变量，进行单因素方差分析。通过方差齐性检验，由于显著性水平 $p$=0.64，大于 0.05，表明该组数据满足方差齐性的要求。随后进行单因素方差分析，结果发现，组别的主效应显著，$F_{(2,\ 173)}$=5.80，$p$<0.01，中性绘本组和人物绘本组的差异显著，即与中性绘本组相比，人物绘本组学前儿童的利他性助人行为显著增加；中性绘本组和拟人化动物绘本组的差异不显著（$p$=0.10），但是，根据描述性统计结果，拟人化动物绘本组的差值略高于中性绘本组的差值；人物绘本组和拟人化动物绘本组的差异显著（$p$<0.05），与拟人化动物绘本组相比，人物绘本组学前儿童的利他性助人行为显著增加。

因此，人物绘本和拟人化动物绘本的教育效果存在显著差异，具体表现为，人物绘本对利他性助人行为的教育效果显著优于拟人化动物绘本对利他性助人行为的教育效果。

### （三）学前儿童对绘本偏好的特点

为了解学前儿童对人物绘本和拟人化动物绘本两类绘本的阅读偏好，在后测实验结束后，我们对所有学前儿童一一进行询问，在 176 名学前儿童中，喜欢人物绘本的学前儿童有 73 人，喜欢拟人化动物绘本的学前儿童有 103 人。我们对此进行了卡方检验，$\chi^2$=5.11，$p$=0.02。表明学前儿童在两类绘本的阅读偏好上存在显著差异，学前儿童对拟人化动物绘本的偏好显著高于对人物绘本的偏好。

### （四）学前儿童分类认知任务实验结果

根据学前儿童分类认知分数的描述性统计分析，如表 4-19 所示，学前儿童人物认知分数的均值为 6.90，标准差为 1.85；动物认知分数的均值为−4.99，标准差为 2.08；拟人化动物认知分数的均值为−3.49，标准差为 2.83。

表 4-19　三组被试的分类认知分数（$N$=176）

| 类别 | $M$ | $SD$ |
|---|---|---|
| 人物认知分数 | 6.90 | 1.85 |
| 动物认知分数 | −4.99 | 2.08 |
| 拟人化动物认知分数 | −3.49 | 2.83 |

为了进一步了解绘本的教育效果与学前儿童的拟人化认知能力是否存在差异，将人物绘本组和拟人化动物绘本组的利他性助人行为分数差值（后测分数减去前测分数）与学前儿童分类认知任务分数进行皮尔逊相关分析，结果发现，人物绘本组的利他性助人行为分数差值与人物认知分数（$p$=0.51）、动物认知分数（$p$=0.98）、拟人化动物认知分数（$p$=0.64）都没有显著相关。拟人化动物绘本组的利他性助人行为分数差值与动物认知分数之间呈显著正相关（$r$=0.31，$p$<0.05），也就是说，动物认知分数越高（动物认知越差），拟人化动物绘本组的差异越大，即拟人化动物绘本的教育效果越好。此外，我们还可以清楚地看到拟人化动物绘本组的差异和拟人化动物分数之间呈显著正相关（$r$=0.35，$p$<0.01），也就是说，拟人化动物认知分数越高（拟人化认知越差），拟人化动物绘本组的差异越大，即拟人化动物绘本的教育效果越好。

## 三、结论及教育建议

### （一）结论

阅读人物绘本的学前儿童与阅读拟人化动物绘本的学前儿童在教育效果上有显著差异。人物绘本组学前儿童的利他性助人行为有更为明显的增加。由此可见，学前儿童绘本中呈现的角色类型将会影响绘本的主旨或寓意转化为学前儿童的行动的效果。

### （二）教育建议

本次研究结果表明，人物绘本组学前儿童的利他性助人行为有更为明显的增加。因此，本书提出以下教育建议。

#### 1. 阅读人物绘本，促进学前儿童人格发展

学前儿童期正是培养亲社会行为的最佳阶段，家长和教师可以为学前儿童提

供相应人格主题的绘本，促进其人格的发展。在绘本的角色类型上，3～6岁的学前儿童处在具体形象思维发展阶段，主要依靠事物的外部形象对其进行直接理解，具有一定的表面性。因此，我们要考虑到学前儿童的经验兴趣和思维阶段的发展特点，增加传递真实信息的绘本，以便学前儿童能够更加容易地将绘本中的知识和优秀行为品质迁移到真实生活中。

2. 要辩证地看待不同类型绘本的教育功能差异

虽然本次实验的结果表明，人物绘本的教育效果要好于拟人化动物绘本，但是本次实验调查发现，学前儿童更喜欢拟人化动物绘本。拟人化动物绘本符合学前儿童的认知和审美特点，所以在为学前儿童选择绘本时，最好能够兼顾学前儿童的兴趣与审美。另外，重复是学前儿童的阅读特征，大部分学前儿童喜欢重复阅读，当学前儿童多次重复阅读拟人化动物绘本后，两类绘本教育效果的差异可能就会淡化。因此，应该客观地看待这类绘本的教育功能差异。

此外，本次研究发现，人物绘本在人格培养上的教育效果显著优于拟人化动物绘本，但是这与学前儿童的绘本偏好存在一定的矛盾。如何看待这个问题呢？我们不能单纯为了教育效果而完全忽视学前儿童的绘本偏好，同时，教育工作者也应该注意到两类绘本的教育效果差异。例如，关于科学与社会知识的绘本，可以选取卡通真实人物为角色，这样有利于孩子更好地消化与吸收绘本中的知识。另外，绘本的设计要符合学前儿童独特的审美观，拟人化的角色类型更加受学前儿童的青睐，在引导孩子阅读此类型的绘本时，家长可以适当地进行干预，如采取提问与互动的方式，帮助孩子更好地学习其中的知识。

3. 加强两类绘本教育效果的实证研究

随着绘本教学在学前教育中的地位不断上升，绘本的教育价值越来越凸显。因此，在绘本的设计方面，如何根据学前儿童的认知和审美特点选用合理的主人公造型也是一个十分重要的问题。两类绘本在学前儿童人格教育方面是否存在效果差异是当前国际学前儿童教育领域正在探讨的一个热点问题，但国内缺少此方面的研究。

结合本次研究的结论和国外大量关于两类绘本教育效果的研究结果，我们需要思考的问题是，当我们利用拟人化动物绘本培养学前儿童的其他人格品质，如自信心、合作、同情、坚持性等时，是否还能够得出同样的结论。这还需要进一步的实证研究。此外，这两类绘本的教育效果差异是一直存在的，还是经过学前儿童的若干次重复阅读后，这种差异就会消失？这也是需要我们进一步思考的问题。

4. 增加贴近现实的绘本设计与出版

《龟兔赛跑》《丑小鸭》《坐井观天》《乌鸦和狐狸》等经典拟人化故事，世代口耳相传。研究发现，在1000本儿童读物当中，几乎有一半以上的故事书是以动物和它们的栖息地为特色的，但采用真实动物造型方式的故事书占比不到2%，也就是说，大部分的故事书是以拟人化角色造型来展示的（Marriott，2002）。但是，结合本次研究和国际上大量研究证明拟人化动物绘本难以发挥相应的教育效果，所以，绘本的出版商和设计者在创作和设计绘本时，不仅要走进儿童的世界，以“儿童本位”为基点，还要考虑到学前儿童的经验兴趣以及认知和思维阶段特点，应增加传递真实信息的绘本，实现学前儿童与绘本的积极互动，以便学前儿童能够更加容易地将绘本中的知识和优秀行为品质迁移到真实生活中（杨伟鹏等，2014；孙晓光，2017）。

## 第五节　绘本主题活动对小班学前儿童同理心发展的影响

同理心在学前儿童社会性品质中居核心地位，是一种重要的社会性情感。富有同理心的孩子一般性情温和，乐于助人，会受到更多人的喜爱，更容易适应社会；缺乏同理心的孩子一般性格怪异，人际关系也会出现危机。因此，从小培养孩子的同理心是非常必要的。

同理心是人类最重要的基本道德情感，是道德教育中的重要组成部分，它会影响学前儿童各方面品质和行为的发展，也是影响儿童亲社会行为的最主要因素。诸多研究结果表明，绘本阅读容易引起学前儿童的共鸣。因此，本次研究在借鉴国内外已有研究的基础上，以绘本为载体了解小班学前儿童同理心发展的状况。本次研究不仅可以为教师和家长运用绘本促进学前儿童同理心的发展提供数据支持，同时也可以为绘本教学提供借鉴。

### 一、研究方法

（一）被试

本次研究以某公立幼儿园两个小班学前儿童为研究对象，将两个班分别分为实验组和控制组。实验组和对照组各 30 名学前儿童，其中男孩共 31 名，女孩共 29 名。

### （二）实验材料

本次研究采用胡金生（2004）编制的《儿童同情心教师评定问卷》对学前儿童的同理心进行测评。共发放问卷 136 份，有效问卷为 120 份，有效率为 88.2%。问卷包括三个维度（同情体验、同情理解和同情行为）和七个特质。同情体验指能激发利他动机，对他人境遇的情绪反应，根据其指向性的不同，分为平行痛苦和应答担心两个特质。同情理解指站在他人立场上认知他人情绪或角色的能力，是对他人困境的认知反应，按照认知内容和方式的不同，分为角色理解和情绪理解两个特质。同情行为指以他人的利益为目的对他人困境的行为反应，按照援助方式的不同分为物质援助、心理援助和体力援助三个特质。问卷的克龙巴赫系数为 0.92。根据问卷中划分的三个维度和七个特质，选取适于促进 3～4 岁学前儿童同理心发展的 6 本绘本，设计绘本教学方案。同情体验绘本包括《床底下》《鼹鼠与小鸟》；同情理解绘本包括《小黑鱼》《谁的脚印》；同情行为绘本包括《爱哭的猫头鹰》《我想要爱》。

### （三）实验程序

本次研究主要采用实验组与控制组前后测的方法对小班学前儿童进行研究。首先，对被试进行前测，教师对本班的每位学前儿童分别进行同情心发展水平的评定；其次，对实验组学前儿童进行为期 6 周的绘本阅读实验干预，每周阅读 1 本绘本，一周阅读两次（周一、周五），每次大约 20 分钟，控制组不进行绘本干预，其他一切活动两组均相同。最后，对两组进行后测。

## 二、结果与分析

采用 SPSS17.0 软件包对数据进行统计分析。经过独立样本 $t$ 检验，实验组与控制组学前儿童的前测同理心水平无显著差异（$p$=0.09>0.05），在进行实验干预前，实验组与控制组学前儿童的同理心发展水平基本一致。经过独立样本 $t$ 检验，实验组与控制组学前儿童的后测同理心水平差异显著（$p$<0.001）。

从表 4-20 中可以看出，经过配对样本 $t$ 检验，实验组学前儿童的前测同理心水平与后测同理心水平差异显著（$p$<0.001），实验组学前儿童的后测同理心水平

显著高于前测同理心水平。在本次实验干预下，实验组学前儿童的同理心水平有显著提高，且在各维度都有了显著提高，其中同情理解的前后测得分具有显著差异（$p<0.001$）。实验干预后，实验组学前儿童的同理心发展水平显著高于控制组学前儿童。以往研究发现，3～4 岁学前儿童的同情理解发展较为缓慢，本次研究并不完全支持这种理论，这一阶段的学前儿童对情绪的认知发生了显著变化，反映了该年龄段学前儿童的心理正处于迅速发展变化的时期。3～5 岁学前儿童处于对情境信息的描述和对自己经验的投射阶段，随着情绪认知能力的提高，学前儿童的同情观念呈逐渐增强趋势，而情绪认知对同情行为的影响更多地表现在质的方面。

**表 4-20 实验组前后测同理心水平差异**

| 同理心 | *n* | *M* | *SD* | *t* | *p* |
|---|---|---|---|---|---|
| 前测 | 30 | 2.42 | 8.93 | −12.31 | 0.00 |
| 后测 | 30 | 3.75 | 14.56 | | |

## 三、结论及教育建议

本次研究得出如下结论：①经过绘本阅读实验干预，排除前测的影响后，实验组学前儿童比对照组学前儿童的同理心水平有了较大的发展，在同理心各维度上的差异也十分明显，绘本阅读教育方案切实可行；②小班学前儿童在同情体验和同情理解两个维度上的发展比较明显。

根据本次研究结果，本书建议家长与教师首先应积极建立孩子正向的自我概念，建立正向自我概念的孩子较易对别人有正向的看法，希望孩子懂得在体谅、同理他人之前，先自我肯定，喜爱、接纳自己；其次，应多和孩子做情感对话，可以利用绘本故事中的角色及周遭的人、事、物，引导孩子设想他人的情感和想法，这将有助于孩子情感敏觉性的发展。只用理性教导孩子是不够的，兼具感性的教育才能得到孩子的情感认同。

第五章

# 绘本主题活动对学前儿童自我培养的影响

## 第一节　绘本主题活动对大班学前儿童自控能力培养的影响

学前儿童自控能力是学前儿童对自己心理进行调节的能力，学前儿童通过自我控制来抑制冲动，调节自己的行为。这种能力的提高有助于学前儿童顺应社会，会对学前儿童的成长和未来人格的发展起到奠基性作用。但是在幼儿园中，很多学前儿童的自控能力较差，易受到外部因素的干扰。研究发现，学前儿童的自控能力在5～6岁大班阶段发展迅速（董光恒，2005），学前儿童对于自我认知和社会认知在此阶段都有了飞速发展，因此在这期间运用适宜的方法，对大班学前儿童进行合理化的干预可以促进其自控能力的发展。绘本主题活动对于帮助大班学前儿童更好地发展社会情感，使他们更有耐心有着积极的促进作用。但是在我国，利用绘本主题活动的方法来提高大班学前儿童自控能力的研究并不多。因此，本次研究力图在对绘本教育进行研究的基础上，通过实验分析绘本主题活动对学前儿童自控能力方面的影响，从而在日常教学中指导学前儿童教师合理使用绘本，以期为学前儿童良好个性品质的培养提供具体的操作方案。

本次研究以问卷调查的方式进行，对天津市某幼儿园大班两个班共计60名学前儿童的自控能力发展水平进行测评，并进行为期8周的绘本主题活动干预，比较实验组与控制组学前儿童自控能力的发展情况，尝试用绘本主题活动的方式促进学前儿童自控能力的发展。

## 一、研究方法

### （一）被试

本次研究选择某幼儿园大班两个班的小朋友共 60 名，在不打破原班级编制的前提下，每班各 30 名学前儿童。将两个班分成实验组和控制组，分别让两个班的班主任填写问卷进行初始测评，并得出初始数据。

### （二）实验材料

根据教师绘本评分结果选择 16 本绘本进行测评。发放《自控力绘本教师评定问卷》，请 30 名在职教师进行评定，回收问卷并进行赋值，最终选出 8 本绘本作为本次研究所用的绘本。

### （三）实验程序

将相同的绘本投放到班级的图书区。实验组学前儿童进行绘本阅读及延伸活动，控制组学前儿童进行自主阅读。8 周后再次进行问卷测评，并得出数据。将两组数据进行比较，得出结论。一个月后再次进行追测，比较两个班学前儿童自控能力水平的变化。

根据 8 本绘本不同的内容和学前儿童的年龄层次，以及《3～6 岁儿童学习与发展指南》中五大领域的要求，分别设计了绘本阅读、角色扮演、故事创编、主题绘画等活动。每周采用一本绘本作为主体，设计包括绘本阅读在内的 4 个主题活动，每次活动时间约为 30 分钟。

### （四）实验工具

根据杨丽珠和董光恒（2005）编制的《学前儿童自我控制教师评定问卷》，将学前儿童的自控能力分为自觉性、坚持性、自制力和自我延迟满足四个维度，本次研究从这四个维度出发选择绘本对学前儿童进行干预。

该问卷在董光恒（2005）的论文《3～5 岁幼儿自我控制能力结构验证性因素分析及其发展特点的研究》中得以运用。在董光恒的研究中，该问卷的评分者信度实验结果为 0.76，内部一致性系数为 0.89，表明该问卷的信度较好。各维度与总问卷的相关系数分别为 0.87、0.78、0.84、0.89，均达到 0.01 的显著性水平，说明问卷有较好的效度。

## 二、结果与分析

### （一）实验组和控制组学前儿童自控能力的前测成绩比较

#### 1. 实验组和控制组自控能力总维度前测成绩比较

为具体探究实验组学前儿童和控制组学前儿童自我控制能力是否有显著差异，对实验组学前儿童和控制组学前儿童的自控能力水平进行同质性检验。实验组学前儿童的自控能力总维度得分的平均数为 59.87（$SD$=4.01），控制组学前儿童的自控能力总维度得分的平均数为 59.90（$SD$=4.11），两班学前儿童的自控能力总分差异未达到显著性水平（$t$=−0.03，$p$=0.98），表明实验前实验组和控制组两个班级学前儿童的自控能力得分不存在显著差异，从而确保了实验组和控制组在实验前具有同质性。

#### 2. 实验组和控制组分维度前测成绩比较

表 5-1 中数据显示，实验干预前，实验组和控制组学前儿童的自控能力水平在四个维度的得分上均不存在显著差异，因此，从前测分维度的结果来看，实验组和控制组学前儿童的自控能力水平具有同质性。

**表 5-1　实验组和控制组分维度前测成绩比较**

| 维度 | 组别 | $M$ | $SD$ | $t$ | $p$ |
|---|---|---|---|---|---|
| 自觉性 | 实验组 | 15.83 | 1.93 | −0.06 | 0.95 |
| | 控制组 | 15.87 | 2.16 | | |
| 坚持性 | 实验组 | 10.40 | 1.71 | 0.24 | 0.81 |
| | 控制组 | 10.30 | 1.56 | | |
| 自制力 | 实验组 | 17.27 | 1.86 | 0.47 | 0.64 |
| | 控制组 | 17.03 | 1.99 | | |
| 自我延迟满足 | 实验组 | 16.37 | 2.03 | −0.63 | 0.53 |
| | 控制组 | 16.70 | 2.05 | | |

### （二）实验组和控制组学前儿童自控能力的后测成绩比较

#### 1. 实验组和控制组总维度后测成绩比较

为详细分析通过绘本主题活动干预后，实验组和控制组学前儿童自控能力的变化情况，本次研究对两个班在自控能力总维度上的得分情况进行了分析。绘本主题活动干预后，对实验组学前儿童和控制组学前儿童的总维度得分进行分析，结果发现，实验组得分（$M$=81.27，$SD$=5.82）高于控制组得分（$M$=65.50，$SD$=4.84），且两者的差异达到显著性水平（$t$=11.40，$p$<0.01）。

2. 实验组和控制组自控能力分维度后测成绩比较

本次研究对两个班在自控能力分维度上的得分情况进行了分析，如表 5-2 所示。经过绘本主题活动干预后，在自觉性维度下，实验组得分显著高于控制组得分（$p$<0.001）；在坚持性维度下，实验组得分显著高于控制组得分（$p$<0.001）；在自制力维度下，实验组得分显著高于控制组得分（$p$<0.001）；在自我延迟满足维度下，实验组得分显著高于控制组得分（$p$<0.001）。

**表 5-2 实验组和控制组分维度后测成绩比较**

| 维度 | 组别 | $M$ | $SD$ | $t$ | $p$ |
|---|---|---|---|---|---|
| 自觉性 | 实验组 | 21.30 | 1.90 | 8.05 | <0.001 |
| | 控制组 | 17.13 | 2.05 | | |
| 坚持性 | 实验组 | 14.73 | 2.20 | 6.05 | <0.001 |
| | 控制组 | 11.80 | 1.50 | | |
| 自制力 | 实验组 | 22.87 | 2.01 | 8.21 | <0.001 |
| | 控制组 | 18.57 | 2.05 | | |
| 自我延迟满足 | 实验组 | 22.37 | 2.47 | 6.90 | <0.001 |
| | 控制组 | 18.00 | 2.44 | | |

综上所述，在进行绘本主题活动之后，实验组学前儿童和控制组学前儿童在分维度和总维度得分上均存在显著差异，说明绘本主题活动能够提高大班学前儿童的自控能力。

## （三）实验组和控制组学前儿童自控能力的追测成绩比较

1. 实验组和控制组总维度追测成绩比较

为了研究绘本主题活动对于促进大班学前儿童自控能力的持久性，一个月后，研究者对实验组和控制组进行了追测。追测后，对实验组学前儿童和控制组学前儿童的总维度得分进行分析，结果发现，实验组得分（$M$=80.20，$SD$=5.59）高于控制组得分（$M$=68.73，$SD$=5.58），且两者差异达到显著性水平（$t$=7.96，$p$<0.01）。

2. 实验组和控制组自控能力分维度追测成绩比较

追测中，在自觉性维度下，实验组得分显著高于控制组得分（$p<0.001$）；在坚持性维度下，实验组得分显著高于控制组得分（$p<0.01$）；在自制力维度下，实验组得分显著高于控制组得分（$p<0.001$）；在自我延迟满足维度下，实验组得分显著高于控制组得分（$p<0.001$），见表 5-3。

**表 5-3　实验组和控制组自控能力分维度追测成绩比较**

| 维度 | 组别 | *M* | *SD* | *t* | *p* |
|---|---|---|---|---|---|
| 自觉性 | 实验组 | 20.90 | 1.71 | 5.60 | <0.001 |
| | 控制组 | 18.10 | 2.14 | | |
| 坚持性 | 实验组 | 14.63 | 2.22 | 3.51 | <0.01 |
| | 控制组 | 12.87 | 1.63 | | |
| 自制力 | 实验组 | 22.63 | 2.04 | 6.47 | <0.001 |
| | 控制组 | 19.10 | 2.19 | | |
| 自我延迟满足 | 实验组 | 22.03 | 2.41 | 5.45 | <0.001 |
| | 控制组 | 18.67 | 2.37 | | |

综上所述，通过追测数据分析，实验组学前儿童和控制组学前儿童在分维度和总维度得分上均存在显著差异，说明绘本主题活动对于提高大班学前儿童的自控能力有持续作用。

## 三、讨论

### （一）绘本主题活动对大班学前儿童自控能力发展的影响

在学前儿童阶段，孩子很容易受到外部环境的影响，对自己的情绪和行为都很难进行管理，因此，自控能力的提升可以帮助学前儿童更好地适应环境，有效地控制自己的行为，为今后的生活打下良好的基础。绘本作为学前儿童的“第一本书”，在这个阶段有着至关重要的作用，可以正向引导学前儿童。本次研究中，通过绘本主题活动的干预，实验组学前儿童在自觉性、坚持性、自制力和自我延迟满足各维度以及自控能力整体上均与控制组学前儿童产生显著性差异。

从研究结果中可以看出，绘本主题活动对于大班学前儿童的自控能力发展有促进作用。在实验过程中，研究者不仅采用了传统的故事讲述和情境扮演的方式进行活动，而且根据《3～6岁儿童学习与发展指南》中对大班学前儿童的要求，从健康、艺术、语言、社会、科学五个方面来设计活动，使学前儿童能够全身心地参与到活动中来，激发学前儿童的活动动机，让学前儿童能够主动地参与活动。同时，本次研究结果也印证了许政援等（1987）在《3～6岁幼儿控制自己行为能力的发展特点和影响发展的因素》一文中提到的创造适宜的活动情境对于学前儿童自控能力的发展有促进作用这一点。

### （二）绘本主题活动对大班学前儿童自控能力不同维度的影响

通过绘本主题活动的干预，大班学前儿童在自控能力的四个维度上都有了明显的提升。自觉性是指个体在没有人监督的情况下能够遵守所制定的规则。这一点对于大班学前儿童又有着特殊意义，大班学前儿童即将升入小学，在小学生活学习中，老师不会时时刻刻在学前儿童身边加以监督，因此在设计活动时，研究者设计了“练习乐器”“整理书包”等学习和社会活动，让学前儿童从游戏中将自觉性内化，以提高其自觉性。从活动的过程来看，学前儿童的参与度高，家长也反馈学前儿童在家中能够自觉主动地整理玩具、复习一天所学等。这也印证了但菲（2001）在《游戏对幼儿自我控制能力影响的现场实验研究》一文中所提到的：游戏可以让学前儿童学会遵守规则、自律等社会技能。游戏可以提高学前儿童的自控能力。

坚持性是指做事情要坚持到底、有始有终。3～6岁学前儿童的专注力还比较薄弱，容易受到外界因素的干扰而放弃正在执行的任务。但菲等（2008）在《教师态度、语言指导对3～6岁幼儿坚持性的影响》一文中强调，不同的教师态度和不同的语言指导会对学前儿童的坚持性产生不同的影响。教师在积极态度下的语言指导会对学前儿童产生积极的影响，反之，则会产生消极的影响。在本次研究中，研究者在预实验中充分了解了学前儿童的能力水平，在此基础上设计了很多体育游戏，让学前儿童积极参与进来，同时在游戏评价上结合绘本中的情节，鼓励学前儿童从一次次的失败中汲取经验，最终体验成功。本次研究中不采用直接批评的方式，不让学前儿童产生消极情绪，这样，学前儿童对自己的能力有了积极的认知，在活动结束后，学前儿童常常跟老师提出更高的要求，希望老师能够提高下次的活动目标水平。

自制力是指学前儿童能控制欲望，抑制冲动行为，做事情有始有终。在本次研究中，研究者根据绘本的内容，结合科学领域的建构游戏，让学前儿童能够根据目标进行搭建活动，并且用搭建好的作品帮助学前儿童控制自己的不良情绪。

绘本中的故事和人物对学前儿童起到了榜样作用，蔡东霞和张冬梅（2010）的《儿童自我控制能力的研究综述》一文中提到，学前儿童年龄较小，对周围事物的模仿是他们的学习方式之一。榜样是个体提高自我控制能力的有效影响因素之一。学前儿童教师、家长、同伴都是学前儿童模仿的对象。本次研究中的绘本故事人物与学前儿童的年龄相仿，故事内容贴近学前儿童生活，为学前儿童提供了可以参考的榜样。在活动过程中，教师在学前儿童出现情绪失控或做事半途而废的情况下会通过积极回顾书中内容，反复为学前儿童树立正面榜样，学前儿童会模仿书中的方法来加以自制。

自我延迟满足是指为了更高价值而放弃眼前利益的选择。刘闯（2008）的《3～6 岁幼儿自我延迟满足能力培养的实验研究》一文中提到，影响延迟满足的因素包括对奖励物的注意程度、对奖励物的心理表征和自我语言控制。绘本之所以能够促进学前儿童延迟满足能力的发展，是因为在绘本学习中，学前儿童的自我语言能力得到了发展。绘本最为核心的功能就是阅读，学前儿童在阅读中习得了绘本中的语言，从而将其内化为自我语言，而绘本主题活动更是加深了这种语言的习得效果。在本次实验中，研究者设计了“买心爱物”游戏，在活动过程中，每位学前儿童会通过积极“存钱”来买到心爱物。当学前儿童能够成功买到心爱物时，他们不仅获得了成就感，提高了自信心，而且发展了自我延迟满足的能力。

### （三）绘本主题活动对大班学前儿童自控能力发展的影响程度

在一个月后的追测中，研究者发现，实验组与控制组的自控能力发展水平依然具有显著差异。也就是说，虽然在后一个月中，两个班均没有再进行绘本主题活动，但之前开展过绘本主题活动的实验组学前儿童仍然保持着较高的发展水平。根据皮亚杰的道德发展阶段理论，大班学前儿童正处于“前道德阶段”（2～5 岁）向“他律道德阶段”（6～8 岁）转变的过程。Jo 和 Zhang（2012）的研究结果表明，家长若能够适当引导，将会促进学前儿童自控能力的持续发展，为青少年时期自我控制能力的相对稳定发展打下基础。

绘本主题活动是将阅读、扮演和《3～6 岁儿童学习与发展指南》中五大领域结合起来所设计出来的活动，也是符合大班学前儿童发展水平的活动。在实验过程中，学前儿童能够全身心地参与进来，将绘本中的主题意义内化。因此，绘本主题活动是促进学前儿童自控能力发展行之有效的方法，用这种方法进行引导，必然将促进学前儿童自控能力的持续有效发展。

## 四、结论及教育建议

### （一）结论

本次研究得出以下结论：①绘本主题活动可以促进大班学前儿童自控能力的发展；②绘本主题活动对于大班学前儿童自控能力的四个维度（即自觉性、坚持性、自制力、自我延迟满足）的发展都具有促进作用；③绘本主题活动对于大班学前儿童自控能力的发展的促进作用具有持久性。

### （二）教育建议

#### 1. 教师应注重对大班学前儿童自控能力的培养

自控能力作为认知能力、交往能力、情绪管理能力的基础，有着不可忽视的作用，尤其在大班学前儿童中的作用更为明显。但是由于大班学前儿童的特殊性，学前儿童教师往往对其认知能力的培养较多，以期让大班学前儿童能够更快地适应小学生活。

但是在日常活动中，很多学前儿童的专注力不够，不能很好地控制自己的情绪和行为，这些问题的出现都与学前儿童的自控能力有着很大的关系。学前儿童教师应了解大班学前儿童的年龄特点，从自控能力的培养出发，促进学前儿童自控能力的提高，这样，很多问题就会迎刃而解。

绘本不仅内容引人入胜，而且图画精美考究。每一页书都是一幅精美的画卷，比起单纯的故事书对大班学前儿童更有吸引力。我们在实验中发现，每一次的故事讲读和后面的主题活动中，孩子们的注意力都会集中在课堂上和活动中，特别是在讨论环节，孩子们的积极性被充分地调动了起来，因此书中的故事给他们留下了深刻的印象。这些人物对学前儿童起到了榜样作用，让学前儿童在潜移默化中改变自己，尤其对于易产生负性情绪的学前儿童，绘本给了他们更好地化解自己负性情绪的方法。在干预实验后，我们发现，大多数学前儿童在自己生气或愤怒时会运用绘本中的方法去化解，久而久之，学前儿童的自制力就会得到较大的提升。

在幼儿园的一日生活中，学前儿童对自己的情绪和行为总会有处理不当的时候，此时，学前儿童教师的通常做法就是劝导学前儿童控制不良情绪，纠正学前儿童的不良行为，但是效果不尽如人意。绘本给了学前儿童教师一种可靠的途径，让学前儿童在各种相关主题活动中去深入体验绘本中建立的正面形象，从而使学前儿童在日常生活中向绘本中的形象靠拢，这样润物细无声的教育方式要有效得多。

在教学中，学前儿童教师要多采用绘本进行教学，重视绘本在启蒙学前儿童心灵方面的作用，深入挖掘绘本主题活动的意义，让所有活动的背后都有深刻的目的，这样就可以让学前儿童在玩的时候学会自我控制。

《3～6岁儿童学习与发展指南》中包含健康、语言、社会、科学、艺术五大领域的目标，因此，学前儿童教师在设计绘本主题活动时也要根据这五大领域的目标设计多种多样的活动。绘本虽然是一本书，但是却有着深刻的内涵和丰富的画面，因此，学前儿童教师在设计活动时不能仅仅停留在阅读绘本的层面上，应该首先深入理解绘本的内容以及写作背景，然后根据发展学前儿童自控能力的目的设计活动。

在本次研究中，研究者围绕本次调查的四个维度和五大领域采用了多种教学方式进行活动。除了讲述绘本中的故事之外，研究者还为每本绘本设计了四个不同领域的延伸活动。在设计自制力的活动中，研究者围绕艺术领域设计了活动，让学前儿童制作自己的“冷静空间”，当学前儿童在一日生活中产生了不良情绪时，其就可以去自己的“冷静空间”进行调节，这样就能把书中的内容充分还原到现实生活中来。在设计自觉性的活动中，研究者围绕语言领域设计了角色扮演的游戏，通过创编故事、角色扮演，让学前儿童深入理解故事内容，同时提高学前儿童的语言表达能力。在设计坚持性的活动中，研究者围绕健康领域设计了体育游戏，让学前儿童能够克服困难，坚持到达终点，学前儿童在活动中体会到了坚持带给自己的快乐和成就感，使学前儿童将坚持性这一品质通过游戏的方式内化到心里。在设计自我延迟满足的活动中，研究者围绕科学和社会两方面设计了活动，让学前儿童认识钱币，并通过游戏赚取钱币来购买自己想要的礼物。不同领域的搭配设计活动可以使学前儿童有更多的情感体验，帮助提高学前儿童的自我延迟满足能力。

在实验过程中，学前儿童参与活动的积极性很高，这样一来，学前儿童对绘本的故事情节、人物、情感就有了更深层次的理解。在游戏中，学前儿童没有心理压力，会用自己的真实情感去体验，从而达到了更好的效果。

2. 对自控能力的培养要有持续性

（1）家庭要重视绘本对学前儿童自控能力的影响

学前儿童的自控能力具有持续性，而自控能力的建立需要一个过程，其中，使用的方法尤为重要，只有让学前儿童把自控的方法内化到自己的内心，才能达到事半功倍的效果，特别是在当今社会，大多数家庭是“4—2—1”模式，即 4 个老人、2 个家长、1 个孩子，这样的家庭很容易以孩子为中心，使孩子养成任性、脾气暴躁等不良习惯，这些反映出学前儿童的自控能力薄弱。尤其大班阶段的学前儿童，自我意识的增强使得他们出现了逆反情绪，单纯的批评或纵容都会使得学前儿童的不良习惯持续增多。

绘本作为能够贴近学前儿童生活、体现学前儿童真实情感的读物，更能够帮助学前儿童疏导自己的不良情绪，改正自己的不良习惯，提高自我控制的能力，同时使学前儿童找到自我调节的方法，让学前儿童的自控能力得到持续的发展，达到更高的水平。

（2）建立合乎我国学前儿童自控能力发展水平的绘本库

绘本起源于西方，发展于日本，在赶超国外的同时，我们可以先建立优秀绘本库。因为绘本领域鱼龙混杂，有很多优秀的绘本由于各种原因不为多数人知道，而一些画面粗糙、寓意不明的绘本却充斥在各大图书卖场，所以，在了解我国学前儿童自控能力发展水平的基础上筛选出优秀的绘本并建立书库，就显得尤为必要，这样就可以让学前儿童教师和家长检索到真正有利于发展学前儿童自我控制能力的绘本，确保学前儿童可以通过适宜的绘本主题活动来持续发展自己的自控能力。

## 第二节　绘本主题活动对中班学前儿童自信心发展的影响

自信心是指个体在对自己现有能力有充分认识和合理估计的基础上，认为自己有能力达成既定目标，进而敢于表现自己的信念。自信心作为一种重要的社会心理品质，存在于各个年龄段的人群之中，影响着他们的抉择和对自己的准确定位，在其生活中起着非常重要的作用。首先，学前儿童自信心的发展会影响其自尊心的发展。自信的学前儿童相信自己的想法，能够自信地发起更多活动，更有可能达到高自尊水平。其次，学前儿童的自信心会影响其健全人格的形成和社会性的发展。例如，学前儿童的自信心会影响其参与集体活动的主动性和积极性、与他人交往的态度、学前儿童的情绪情感以及性格的形成。再次，有关儿童发展倾向性的研究（程志宏，2003）指出，4～5 岁学前儿童处于交往需要和求知需要阶段。自信的学前儿童能够大胆地表现和表达自己，乐于与他人交往，参与活动时的情绪态度也更为积极，能够更好满足其自身成长的需要。相对不够自信的学前儿童会表现出胆小、怯懦、态度消极。自信的学前儿童会产生积极主动参与活动的主观意愿，他们不畏惧失败，敢于探索未知的事物，乐于与他人建立相对亲密的社交关系，并且能够经常保持愉快的情绪状态（李东宇，2014）。最后，自信心较强的学前儿童比较敏感，能够迅速对外界的刺激做出反应，他们的灵活性和适应性更强，注意力也更容易集中（安玲，2011）。专注、灵活性也是积极学习品质的重要内容，学前儿童的自信心水平关乎其日后是否能够成为热情、投入、主动的学习者。

自信心是随着自我意识的发展而产生的，个体自婴儿期开始产生自我意识，其自信心便也随即开始萌生。程志宏（2003）的研究结果表明，整体而言，学前儿童在许多方面均存在不同程度的自信心匮乏的现象。为了使学前儿童日后能够形成健全人格，从学前儿童期开始培养学前儿童的自信心具有重要意义。根据王娥蕊（2006）的研究成果，4～5 岁是学前儿童自信心发展的一个转折时期，在这个阶段培养学前儿童的自信心对其日后的人格发展有着重要意义。该研究团队的后续研究发现，4 岁是自信心培养的敏感期。4 岁以后的学前儿童想尝试新的经验，希望更加自主并成为独立的决策者。正如 Erikson 的人格发展八段论所指出的，4～5 岁学前儿童处在发展主动性的重要阶段，当其主动性行为受到鼓励时则会有较强的自信心，否则会倾向生活在他人安排好的狭窄圈子中。此外，与小班学前儿童相比，中班学前儿童已经熟悉了幼儿园的学习生活，注意力集中的时间变长，能够为自己的好行为感到高兴，具备了表达自己想法的基本能力，还能够运用多种感官去探索物体。与中班学前儿童年龄相适应的教育活动设计有更多选择余地和变化的可能。大班学前儿童的自我意识已经有了一定程度的发展，对于实践经验有限的研究者而言，其开展教学活动可能会存在一定的难度。综合上述因素的考虑，本次研究选择中班学前儿童作为研究对象。

以往研究显示，研究者更关注中学生以及大学生的自信心发展，对学前儿童群体的自信心发展关注相对较少。在有关学前儿童自信心的研究中，研究者更多偏重对自信心的结构、发展特点、发生机制等进行探究，多以调查法作为主要研究方式，多从成人的视角出发进行研究，采用实验法探索学前儿童自信心培养的研究数量有限。绘本的相关研究虽然对学前儿童的心理发展有所涉猎，但探讨绘本与学前儿童自信心发展之间的相关性的研究仍相对较少。

绘本作为学前儿童学习的重要来源之一，其主题丰富多样，情节简单又饶有趣味，书中图文皆符合学前儿童的认知发展水平，且具有鲜明的童趣性和艺术性，能带给学前儿童愉快的情感体验和不同于日常生活经验的审美体验。3～6 岁学前儿童的认知发展水平处于前运算阶段，主要运用事物在头脑中的表象符号进行思维，故绘本深受学前儿童的喜爱，能与学前儿童形成天然的纽带。以绘本作为教学活动设计的素材，深入挖掘绘本的教育价值，并丰富课程的活动形式，有助于学前儿童对教学活动产生浓厚的兴趣。此外，当学前儿童在生活中再次看到教学活动中使用过的绘本时，他们可以产生联想，并再次提取出脑海中储存的已有信息，所学的内容得以再次强化。琳琅满目的绘本为主题活动提供了丰富而有趣的素材，主题活动多样而有趣的形式有助于最大限度地发挥绘本的教育作用。绘本主题活动能充分调动学前儿童的积极性，促进学前儿童身心的和谐发展，故本次研究采用绘本主题活动作为实验干预方式。

3～6 岁学前儿童主要受到家庭和幼儿园两个外界因素的影响（李茹，2015）。在幼儿园开展事先计划好且有明确目标的教育活动，能够促进学前儿童自信心的发展。但幼儿园一线教师在实践中面临着同时对不同自信心水平和不同性格的学前儿童施加教育影响的挑战，他们对如何有效地促进学前儿童自信心的发展存在许多困惑。本次研究以绘本的教育价值为出发点，通过设计全面培养学前儿童自信心的幼儿园教学课程，挖掘绘本主题活动对中班学前儿童自信心发展的教育价值，为幼儿园教学提出切实可行的方法与建议。此外，现有的许多研究以父母教养方式为切入点，探究父母教养方式与学前儿童自信心之间的关系，并针对家庭教育提出了许多建议。但在家园配合、共同培养自信学前儿童的教育过程中，教师应起到专业顾问人员的作用，通过幼儿园教学活动的开展推动家园共育，为家庭教育提供专业的支持。

综上所述，本次研究的目的是探究丰富多样的绘本主题活动是否有助于培养中班学前儿童的自信心，基于自信心主题绘本的系列教育活动的开展效果，探讨绘本主题活动对不同性别中班学前儿童自信心发展的影响。

## 一、研究方法

### （一）被试

随机抽取天津市某一所幼儿园，对该园所有中班进行前测。通过同质性检验选择两个无显著差异的班级，随机选择其中一个班级作为实验组，另一个班级作为控制组。前测时，实验组和控制组均为 28 人，但由于控制组有一名男生中途退园，故剔除该学前儿童的实验数据。最终实验组人数为 28 人（男生有 14 人，女生有 14 人），控制组人数为 27 人（男生有 18 人，女生有 9 人）。实验组年龄最小的学前儿童为 41 个月，最大的为 60 个月；控制组年龄最小的学前儿童为 39 个月，最大的为 59 个月。

### （二）实验材料

本次研究选择中外关于自信心主题的绘本共 16 本：《点》《大脚丫跳芭蕾》《凯，能行》《我也可以飞》《大大行，我也行》《想吃苹果的鼠小弟》《达芬奇想飞》《小螃蟹捕鱼》《丑小鸭》《长颈鹿不会跳舞》《猫头鹰喔喔呼》《小马过河》《第一次上街买东西》《跌倒了爬起来》《小绿狼》《我们行》。

采用在线问答的方式，向幼儿园一线教师和学前教育专业研究生发放电子版问卷，评分者根据自己的经验，从绘本图画风格、文字语言、故事情节和教学意义等方面综合考评。问卷从三个方面对每本绘本进行考察，即该绘本的主题与学前儿童自信心培养的符合程度，适合阅读该绘本学前儿童的年龄段，该绘本更突出体现了自信心的哪个维度。绘本的主题与学前儿童自信心培养的符合程度采用利克特五点计分方式，从“完全不符合”到“完全符合”计为 1～5 分。最适宜开展教学活动的自信心维度有三个选项，即自我效能感、自我表现和成就感。

最终回收 86 份问卷，其中一份问卷因选择结果均为同一选项被视为无效问卷，予以剔除。故共回收有效问卷 85 份，其中研究生问卷有 15 份，幼儿园一线教师问卷有 70 份。根据适合 4～5 岁学前儿童阅读的绘本分数结果由高到低排列，取排名前 10 的绘本作为备选，再按照适合自信心培养题目的得分由高到低排列，适用于自信心教学的项目为该书三个维度中百分比最高的选项，最终选取排列靠前的 8 本绘本作为本次研究的实验材料，见表 5-4。

**表 5-4　绘本教学书目评分表**

| 绘本名称 | 符合自信心培养程度得分 | 得分最高的自信心维度及百分比 |
|---|---|---|
| 《点》 | 4.28 | 成就感（49.41） |
| 《我们行》 | 4.15 | 自我效能感（50.59） |
| 《凯，能行》 | 4.05 | 自我效能感（37.65） |
| 《我也可以飞》 | 4.02 | 自我表现（38.82） |

续表

| 绘本名称 | 符合自信心培养程度得分 | 得分最高的自信心维度及百分比 |
|---|---|---|
| 《丑小鸭》 | 4.00 | 自我表现（45.88） |
| 《猫头鹰喔喔呼》 | 3.94 | 成就感（35.29） |
| 《小马过河》 | 3.91 | 自我效能感（56.47） |
| 《大大行，我也行》 | 3.66 | 自我表现（45.88） |

注：百分比得分为每个维度的选择人数与总人数之比，单位为%

将筛选后的绘本作为课程主题进行绘本阅读活动设计以及与绘本主题一致的延伸活动设计，并将这些活动应用在每周至少两次的干预中，每节课的活动时间为 20 分钟左右，教学活动共持续 8 周。绘本主题阅读活动有绘本阅读、角色扮演、故事讨论等形式。

### （三）实验程序

#### 1. 预实验

本次研究的正式实验时间定于 2017 年 9 月，即中班上学期。预实验于 2017 年 6 月进行，随机选择天津市某幼儿园的一个小班和中班进行预实验。实验内容为绘本阅读以及一个以上与该绘本主题内容一致的延伸课程，主要目的是了解中班学前儿童集体教学活动中的实际接受能力和课堂配合度，以检验教学活动设计的可行性。

预实验实施时间为下学期，而正式实验的时间为上学期。处在中班上学期的学前儿童的总体能力水平高于小班下学期的学前儿童，且低于中班下学期的学前儿童的总体能力水平，故选择小班和中班两个年级作为预实验的研究对象。教学活动的开展应能促进学前儿童在原有水平上的提升，强调发展的适宜性。若中班教学活动的难度低于小班下学期学前儿童的现有能力水平，则课程实施的意义不大；若中班教学活动内容难度高于中班下学期的学前儿童能力水平，则该课程难度对于中班上学期的学前儿童来说更是难以企及。因此，教学活动目标、内容的难度应不低于小班下学期学前儿童的接受水平，且不高于中班下学期学前儿童的接受水平。

小班教育活动所选的材料是绘本《想吃苹果的鼠小弟》，该绘本文字较少，情节简单，是中班自信心教育活动备选绘本中相对比较简单的书籍，配合的延伸活动为体育活动“树林中的苹果树”。中班学前儿童教育活动所选的材料是绘本《大脚丫跳芭蕾》，该绘本故事情节一波三折，文字数量适中，绘本中人物的表情和画面可细细品味，是中班学前儿童备选绘本中相对有难度的书籍，配合开展的延伸活动是绘本《我的爱好》主题绘画活动。

经检验，本次研究设计的中班教学活动以及延伸活动有效可行，与中班学前儿童的发展水平相适应。

2. 前测

前测主要有两个目的：一是确定实验组和控制组是否具有同质性，是否满足继续开展实验的条件；二是记录实验开始前实验组和控制组学前儿童的自信心水平。开始评测前，对四位评分者进行培训，以统一评分者的评分标准。对评分者的培训完成后，分别请两位熟悉班内学前儿童情况的教师使用《儿童自信心发展水平教师评定问卷》独立对班内学前儿童的自信心水平进行评测。测评后检验评分者的一致性，若 $r$ 大于 0.9 且显著，则表明两位评分者具有较高的一致性，可以使用两位评分者所评分数的平均值代表该班学前儿童的自信心水平。对实验组和控制组学前儿童的自信心得分进行独立样本 $t$ 检验，结果若无显著性差异，则表明两班学前儿童具有同质性，可进行后续绘本主题活动的实验干预。

3. 绘本主题活动干预

在本次研究正式开始实验前，研究者进行了为期四周的前期准备。教学活动开展前的准备工作对后续教学活动的顺利开展非常重要。准备内容主要为熟悉该幼儿园的一日生活安排，并尽可能地了解实验组学前儿童的现有发展水平和特点，主要采用观察和记录的方法。通过简短的观察记录，研究者能够基于客观事实对学前儿童有相对全面的了解。同时，通过这样的观察练习和资料积累，研究者能尽快进入教师角色，找到适合该班学前儿童的教育方法和策略，并锻炼自己觉察潜在教育契机的机敏性。这也与沈亚娟（2010）所说的教师要耐心细致地进行观察，才能发现促进学前儿童发展的诸多契机，并借机开展相应的教学以促进学前儿童的成长的观点一致。

本次研究使用前期筛选出的绘本来制订教学活动方案，每周给实验组授课两次，每次教学活动时间为 20 分钟。绘本主题活动课程的设计和安排要最大限度地结合幼儿园五大领域的教育目标，主题活动课程设计旨在促进学前儿童自信心的发展，在绘本阅读和延伸活动中丰富和加深学前儿童对绘本主题的理解和应用，使学前儿童能积累成功的愉快情绪和经验，敢于大胆尝试，愿意主动表达自己的想法，进而提升其自信心水平。授课过程中，研究者关注学前儿童的学习状态和兴奋点，出现教育机会时要在把握教学主旨的前提下进行延伸教育活动，对于年龄较小或能力相对较差的学前儿童，可适当降低其完成课程任务的难度，不以其他学前儿童的成就作为评价他们的标准，降低学前儿童因失败而引起的焦虑感，并及时给予学前儿童支持和鼓励。授课结束后，研究者记录个别学前儿童的行为表现，并在课后及时进行反思，调整教学内容和形式，为下次授课做好准备，尽可能保持学前儿童参与课程的积极性和对绘本主题活动的兴趣。

此外，设计绘本主题教学活动时要考虑学前儿童的生理和心理发展水平。学前儿童有效集中注意的时间比较短，教师可使用讲故事等多种技巧使故事生动、有趣，更有代入感，如为创造气氛，可模仿书中人物的语调、表情，使学前儿童最大限度地投入故事情节中，或在教学活动中有针对性地使用教学策略，如提问、讨论、制造悬疑、借助道具等方法。学前儿童的肌肉、骨骼尚在发展阶段，长期维持在一种运动状态很容易疲劳，为此，教师可采用动静结合的活动形式，提升课程的层次感，保持学前儿童在教学活动中处于比较积极的状态，并提前合理分配课程用时，为学前儿童预留出足够的表达和思考时间，鼓励不同能力水平的学前儿童参与到课程中来。

在实验进行过程中，实验组开展绘本主题活动，并在阅读区投放阅读活动和延伸活动所用到的所有绘本。控制组在阅读区仅投放绘本阅读所用到的绘本，只进行幼儿园正常的教学活动，不施加额外的实验干预。

#### 4. 后测

同前测步骤。

### （四）实验工具

本次研究最终选用王娥蕊（2006）编制的《儿童自信心发展水平教师评定问卷》，该量表从自信心的三个维度，即自我效能感、成就感和自我表现，对学前儿童的自信心水平进行评测。该问卷共计 26 道题目，其中，自我效能感维度共 15 道题目，成就感维度共 7 道题目，自我表现维度共 4 道题目。该问卷采用利克特五点计分，1～5 分别表示“完全不符合”到“完全符合”五个不同的评价等级。在王娥蕊的研究中，该问卷的同质性信度为 0.97，分半信度为 0.94，评分者信度为 0.91，再测信度为 0.82，该问卷的各项相关指标皆符合检验标准，说明该问卷具有可靠性和较高的内部一致性。

## 二、结果与分析

本次研究旨在探讨绘本主题活动对学前儿童自信心发展的影响。使用《儿童自信心发展水平教师评定问卷》对学前儿童的自信心水平进行评测，采用 SPSS 22.0 软件对采集的数据进行处理。

### （一）实验组和控制组学前儿童自信心水平差异的比较

#### 1. 实验组和控制组前测同质性检验

分别对实验组和控制组评分者的一致性进行检验，结果发现，实验组两位老师的评分者一致性为 0.89，控制组两位老师的评分者一致性为 0.90，即实验组和控制组各自班内的两位老师的评分标准比较接近，评分具有较高的一致性，可以使用班内两位教师评分的平均数代表该班学前儿童的自信心发展水平。实验前，比较实验组与控制组学前儿童的自信心水平是否有显著差异。取每班两位老师评分的平均值后，对两班学前儿童自信心水平的前测得分进行独立样本 $t$ 检验，结果发现，实验组学前儿童的自信心前测平均得分为 2.77，控制组学前儿童的自信心前测平均得分为 2.83，两班学前儿童自信心的前测得分无显著差异（$t$=−0.58，$p$=0.57），说明实验组和控制组具有同质性，满足实验条件，可进行后续的绘本主题教育活动实验干预。

#### 2. 实验组与控制组学前儿童自信心水平变化幅度的比较

对实验组和控制组评分者后测数据的一致性进行检验，实验组两位老师的评分者一致性为 0.91，控制组两位老师的评分者一致性为 0.91，可用每班两位教师评分的平均值代表其班内学前儿童的自信心水平。将每班两位老师后测评分的平均数减去前测评分的平均数，得出自信心的变化差值，比较实验干预后实验组与控制组学前儿童自信心水平的变化差值，对两班学前儿童自信心水平变化的数值进行独立样本 $t$ 检验，比较实验组和控制组学前儿童自信心水平变化是否有显著差异，结果见表 5-5。

**表 5-5　实验组和控制组前后测学前儿童自信心水平变化差值的比较**

| 组别 | $n$ | 前后测差值 | $SD$ | $t$ |
|---|---|---|---|---|
| 实验组 | 28 | 1.37 | 0.32 | 11.38*** |
| 控制组 | 27 | 0.34 | 0.34 | |

实验组和控制组学前儿童自信心水平的前后测得分差值具有显著差异（$t$=11.38，$p$<0.001），实验组学前儿童自信心水平的提高幅度显著高于控制组，说明绘本主题活动能够对学前儿童自信心的发展产生正向作用。

由表 5-6 可知，实验组在自我效能感、成就感、自我表现三个维度上的平均提高值高于控制组，且均具有显著差异（自我效能感：$t$=11.72，$p$<0.001；成就感：$t$=10.12，$p$<0.001；自我表现：$t$=3.14，$p$<0.01），实验组学前儿童在自信心各维度的提高幅度比控制组的提高幅度大，说明绘本主题活动能够有效促进学前儿童自信心各个维度的发展。

**表 5-6　绘本主题活动对实验组和控制组学前儿童自信心各维度发展水平的影响**

| 维度 | 组别 | $n$ | $M$ | $SD$ | $t$ |
|---|---|---|---|---|---|
| 自我效能感 | 实验组 | 28 | 1.52 | 0.37 | 11.72*** |
| | 控制组 | 27 | 0.32 | 0.39 | |
| 成就感 | 实验组 | 28 | 1.34 | 0.37 | 10.12*** |
| | 控制组 | 27 | 0.31 | 0.39 | |
| 自我表现 | 实验组 | 28 | 0.83 | 0.37 | 3.14** |
| | 控制组 | 27 | 0.47 | 0.47 | |

### （二）绘本主题活动对不同性别学前儿童自信心发展的比较

#### 1. 实验组不同性别学前儿童的年龄差异

对实验组不同性别学前儿童的年龄进行分析，实验组男、女生的平均年龄分别为 53.86 个月和 52.21 个月，不同性别学前儿童的年龄无显著差异（$t$=0.95，$p$=0.45）。

#### 2. 实验组不同性别学前儿童前测自信心水平

对实验组不同性别学前儿童自信心的前测得分进行分析，实验组男、女生在绘本主题活动开展前的自信心水平无显著差异（男：$M$=2.37，$SD$=0.43；女：$M$=2.81，$SD$=0.45；$t$=−0.53，$p$=0.60）。

#### 3. 实验组不同性别学前儿童前后测自信心水平变化的比较

比较实验组男、女学前儿童自信心的提高值。实验组男、女生在绘本主题活动后的自信心整体水平均有所提升（男：$M$=1.40，$SD$=0.34；女：$M$=1.33，$SD$=0.32），男、女生自信心水平的提升幅度无显著差异（$t$=0.59，$p$=0.56）。

由表 5-7 可知，实验组女生在成就感和自我表现两个维度上的平均得分高于男生，但男、女生间均无显著差异，即绘本主题活动对实验组男、女生自信心各维度发展水平的提升具有正向作用，但对不同性别学前儿童自信心的提升作用无显著差异。

**表 5-7　绘本主题活动对实验组男、女生自信心各维度发展水平的影响**

| 维度 | 性别 | $n$ | $M$ | $SD$ | $t$ |
|---|---|---|---|---|---|
| 自我效能感 | 男 | 14 | 4.17 | 0.35 | 0.33 |
| | 女 | 14 | 4.13 | 0.40 | |
| 成就感 | 男 | 14 | 3.80 | 0.46 | −0.60 |
| | 女 | 14 | 3.90 | 0.52 | |
| 自我表现 | 男 | 14 | 4.54 | 0.22 | −1.09 |
| | 女 | 14 | 4.61 | 0.17 | |

### （三）学前儿童自信心发展个案分析

#### 1. 开始勇于尝试的小 Y

小 Y 是班内年纪最小的女生，开学时她的年龄为 42 个月，比本班的平均年龄小 10.75 个月，在前测中，小 Y 的自信心总分为 54 分，相较于班内平均分 72 分，小 Y 的自信心水平较低。受年龄发展水平所限，小 Y 的语言表达能力较差，平时不怎么说话，只是用大眼睛观察周围的哥哥、姐姐和老师。此外，日常的学习活动对她而言也是一项挑战，小 Y 常不能理解教学活动的内容，因而表现出注意力不集中或是容易乏累的状态，在课堂上很少举手回答问题，参与集体活动的积极性也比较低。

喝水时间到了，教师请女生先到饮水处喝水，男生整理自己的蜡笔和画册，小 Y 坐在位置上发呆，看起来有些茫然。当教室里就还剩下她一个女生的时候，就会有热心的小朋友提醒她："小 Y！老师请女生喝水呢！你快去啊！"这个时候，小 Y 会用大眼睛先看看老师再看看四周，然后歪着头，眼睛看着地面，缓慢地从小椅子上站起来并走向饮水处。

进行做花篮剪纸活动的时候，小 Y 犹豫地看着彩纸，又看看同组全神贯注的小伙伴们，显得手足无措。老师走过来耐心地告知小 Y 做法以后，她轻轻地呼了一口气并拿起剪子，但是手里的剪子就好像故意和她作对一样，把彩纸的形状破坏了。同组的小朋友看见后便大声地告诉老师："老师，小 Y 又把纸弄坏了！"

几乎每天小 Y 都需要小朋友、老师的提醒和帮助。但是随着自信心主题绘本教学活动的进行，小 Y 发生了一些变化。她与《点》中的瓦士缇、《凯，能行》中的凯这些绘本中会犯错、会胆怯的主人公产生了共鸣。虽然在绘本主题活动教学刚开始的时候，小 Y 更多的是充当一名听众，不参与、不捣乱，也偶尔走神，但渐渐地，小 Y 对教学内容的兴趣浓厚了起来，她也尝试着举起手来，从最开始的为了举手而把手抬起来一点点，到为了体验站在教室的前面而举手，再到后来为了能够面向教室里的同学们大声地说出自己的想法而高高地举起手。虽然很多时候小 Y 的发言天马行空，但是小 Y 变得自信且敢于尝试了，她变得更活泼、更大胆、更主动了。在老师和小伙伴们的鼓励和肯定下，她变得越来越自信，越来越敢于表达和表现自己了。有一天站队的时候，她突然对研究者说："老师，我的头发是我妈妈给剪的。"研究者很吃惊，那是小 Y 第一次主动和研究者谈话，研究者笑着点点头表示赞赏，小 Y 试探性的眼神亮了起来，她继续给研究者展示她的新衣服和新鞋子，告诉研究者周末去了哪里。通过绘本主题活动的干预，小 Y 尝试新事物的愿望变得更强烈了。

小 Y 从最初的羞怯、胆小、紧张，变得越来越自信，对新鲜的事物和知识也越来越有兴趣，她充满好奇且敢于尝试，甚至对于最不擅长的剪纸，她也能鼓起勇气尝试去做。虽然纸的边缘剪得不整齐，但是坚持完成作品的她能够露出满意的微笑，而不是眼里含着泪水、攥着纸团手足无措。经过 8 周的实验干预，小 Y 的自信心有所增强，开始主动表达自己的愿望和想法，敢于尝试以前没有做过的事情了。

### 2. 学会大胆表达自己的小 H

小 H 是班里个子最高、身体最强壮的小男孩，开学时，他的年龄为 54 个月，比本班学前儿童的平均年龄大 1.25 个月。在前测中，他的自信心总分为 59.5 分，比班内平均分 72 分要低。小 H 性格比较内向，很不善于语言表达，大多数时候，即使是老师和他一对一进行交流，小 H 也基本不予应答。小 H 有和同伴交往的愿望，但是他的不善言辞导致他和其他小朋友之间的关系并不亲密。

早操时间，小朋友们排成一队要到操场上去做早操，小 H 站在了队伍的中间，研究者站在队伍前离他不远的地方。一个不遵守排队规则的小朋友站到了他的前面，小 H 抿了抿嘴巴想要说什么，最后却什么都没说，歪着头盯着角落发呆。后来又有两个小朋友站到了他的前面，小 H 只是默默地往后挪了挪，没有表情地微微垂下头，然后抬眼看看研究者，发现研究者也在看他的时候，他的眼睛立刻看向了别的地方。

午休时间到了，小朋友们到睡眠区根据标记寻找自己的床铺。10 分钟过去了，别的小朋友都已经叠好衣服躺下了，小 H 还是愣愣地站在睡眠区的过道上。班内老师询问他为什么不找自己的床铺午休时，小 H 看着老师眨眨眼，又抿了抿嘴巴没有回答。一位热心的小朋友主动跑到他身边看了看他旁边床上的标记，告诉老师是新来的小朋友找错了床铺，小 H 没有地方休息了。事情解决后，小 H 面无表情地在自己床铺上躺下。

在开展日常教育活动时，小 H 很少发言，且注意力集中时间较短，很少露出愉快的神情。在进行物体分类游戏后，老师发放练习用的画页，要求学前儿童用涂色的方式复习所学的内容。小 H 拿到作业纸后迟迟不动笔，看看自己的画页，又瞥了瞥别人的画页，就继续盯着自己的画页发呆，小 H 既不向老师提问也不向小朋友求助。小朋友们逐渐完成了涂色，小 H 才犹豫地在画页上慢慢涂了起来，涂到一半时又用手试图擦掉颜色，最后上交的画页不仅没有完成，还有些脏乱。

绘本主题活动开展之初，小 H 似乎没有什么变化，听故事的时候还能集中注意力，在进行故事情节的探讨和表达自己想法的环节，小 H 只是安静地倾听，但是在《我也可以飞》的绘画延伸活动中，研究者请小朋友画下自己最擅长做的事情，完成后，研究者可以帮忙写下小朋友的名字和作品名称，小 H 想了一下就开始认真地创作起来。完成后，他拿着画有一团黑色和绿色的作品找到研究者，请研究者写下作品的名字。研究者请小 H 告知画面上呈现的他最擅长的事情是什么时，小 H 低下头小声地回答道“是踢足球”。他解释说，黑色的是球门上的网，绿色是透过足球网能看到的足球场草地。研究者表扬了小 H 独特的视角，并请他把作品粘贴到展示台。他的嘴角微微上扬了一下，就愉快地把自己的作品贴在了最上排的中间位置。

放学前，小朋友们背着书包排好队正往外走，但队伍到了小 H 那里突然不动了，研究者请后面的小朋友们先走，然后走过去，看到小 H 和另一个小朋友面对面低着头，原来小 H 正在帮助另一个比他小的小朋友拉上外套拉链。拉好拉链后，两个人相视一笑，快步追赶上了班级的队伍。这表明，小 H 与小伙伴的交往情况有所改善，他已经开始建立自己的人际网络了。

研究指出，4～5 岁学前儿童处在交往需要和求知需要阶段（程志宏，2003）。羞于交往、怯于表达的小 H 原本游离在集体的边缘，在人际交往和遇到问题时选择退让和沉默。小 H 因畏惧困难、害怕失败而少了很多探索、尝试、成长的机会，导致他在认知、交往、运动等方面的能力发展迟缓。随着绘本主题活动的开展，小 H 逐渐形成了对自我的正向评价，自我效能感有所增强。他开始尝试用自己的力量帮助他人，并逐渐勇于做出尝试，积累成功的经验和感受，体会到成就感带来的快乐，并敢于向他人表达自我，从而逐渐形成小 H 自信心提升的良性循环。

## 三、讨论

### （一）绘本主题活动对中班学前儿童自信心发展的影响

#### 1. 绘本主题活动能促进中班学前儿童的自信心发展

幼儿园集体教学活动的干预可以促进学前儿童的自信心发展。在幼儿园培养学前儿童的自信心，可借助五大领域的教学内容来实现。幼儿园开展教学活动前，教师往往事先会精心地策划和设计活动，然后在教学过程中逐步展开。基于前人的研究结论和经验，本次研究制定了绘本主题活动的教学内容和计划，并开展了为期 8 周的实验干预。对实验组和控制组学前儿童自信心变化值数据进行比较分析可知，在经历同样的时间后，实验组学前儿童的自信心总体水平和各维度的变化值均明显高于控制组，可见绘本主题活动有效促进了实验组学前儿童自信心的发展。对实验组学前儿童自信心各个维度前后测的成绩进行差异性分析，结果显示，实验组学前儿童自信心水平后测各维度得分要显著高于前测得分，这证明绘本主题活动的开展能有效促进中班学前儿童自我效能感、成就感和自我表现的发展。

绘本主题活动对学前儿童自信心发展的促进作用不仅显现在数据上，还显现在其日常表现上，学前儿童日常表现的变化则更为直观、生动且振奋人心。在绘本主题活动干预之初，班内勇于回答问题的常常是固定几个能力较强的学前儿童，课堂整体氛围比较沉闷，以教师的主导为课堂的主要推动力。但是随着学前儿童对研究者和教学活动逐渐熟悉，以及绘画、体育、表演等绘本主题延伸活动的开展，班内学前儿童参与教学活动的积极性逐渐被调动了起来，举手的孩子越来越多，手举得越来越高，还有些小朋友迫不及待地探着身子站起来举手，没有轮到自己发言时，有些小朋友还会不满地埋怨老师不叫自己。他们不再是原来等待被点名的被动参与者，开始有自我表达的愿望，并尝试做活动的主人。那些曾经不善言辞的孩子们越来越多地发出自己的声音，如“老师，今天的课真好玩，我们下次还用这个材料吧！”“老师，你看这是我画的”“老师，今天我想去铺床，我能做好”等。学前儿童这些令人可喜的变化激励着研究者优化课程设计，机敏地识别教育契机。在学前儿童遇到困难、不知所措的时候，教师应和学前儿童站在一起共同面对问题，并鼓励学前儿童大胆尝试；当学前儿童取得成功或敢于挑战的时候，要给予学前儿童真诚、详细、具体的表扬，使学前儿童感受到成就感带来的快乐，增强其自我效能感。

#### 2. 绘本主题活动对不同性别学前儿童自信心发展的影响

在本次实验中，实验组男、女生前后测总体及各维度自信心水平均无显著差异，但在增长速度上，男生自信心总体水平的提升比女生略快，而女生在自信心三个维度中的两个维度上比男生得分高。王娥蕊（2006）的研究结果表明，在学前儿童自信心发展的总体以及各维度得分上，女生均高于男生，且在成就感和自我表现两个维度上，男女生之间存在显著差异。本次研究结果与其结论的趋势一致，但是并未出现显著差异，且男生自信心水平的提高值大于女生自信心水平的提高值，可能的原因是实验组内男生的平均年龄大于女生，即产生了年龄和性别的交互影响，导致本次研究中男、女学前儿童自信心发展未表现出显著差异。幼儿园开展主题教学活动期间，当面临具有挑战性或困难的事情时，男生的勇气和担当使他们总是冲在最前面，且十分热心，能主动帮助他人，比女生表现得更为积极主动。

### （二）绘本主题活动的价值

绘本主题活动是实现幼儿园教学目标的有效形式，具有重要的教育价值。正如徐建华（2016）所说，绘本的价值并不仅限于作为阅读文本的语言价值，还兼具健康、社会、科学、艺术领域的多重价值。以往对主题活动的运用通常是囿于某一领域的主题教学，如健康领域（锁明，孙波，2008）、艺术领域（开红，2015）、美术领域（吕静，2017），但针对某一领域的主题活动存在教育内容相对单一、教育作用相对孤立的问题，不同领域之间无法有机地联系在一起，且研究方法多以质性研究为主。

本次研究中对实验组进行绘本主题活动干预，并将所用实验材料投放至阅读区，不仅将多领域的内容融于教学中，还将学前儿童自主游戏和集体教学联系在一起。王娥蕊（2006）的研究曾尝试以自信心中自我效能感、成就感、自我表现作为主题，设计跨越多领域的一系列教学活动，这些活动的教学目标一致，但内容和形式相对疏离。徐建华（2016）认识到了绘本可作为丰富主题活动的来源，并以绘本为载体，开展了主题活动的质性研究。本次研究以绘本为主题活动来源，开展主题相关活动，以绘本内容为线索和出发点，使各领域的教育活动形成立体教学模式，将绘本的教育作用最大化，最大限度地促进学前儿童自信心的发展，凸显了绘本主题活动的可行性和教育性。同时，本次研究采取自然实验法进行实验研究，以问卷为测评工具将实验数据量化，使研究结果更为直观、明确，是对现有研究的发展和补充。

本次研究在实施绘本主题活动中得到了实验组教师的支持和认可，特别是在综合体育活动、角色扮演、艺术活动这些日常开展相对较少的活动中得到了教师的好评。实验组教师看到学前儿童在活动中的愉快情绪以及能力展现后，便主动把绘本主题活动所用的材料收纳起来，记录课程进程并参照实验所用教案为实验结束后的日常教学进行准备。学前儿童通过主题活动，有了更多从正面认识自己的机会，不仅相信自己能再次做到已经有成功经验的事情，也相信自己能战胜不曾尝试的挑战。

本次研究在进行绘本主题教育活动的过程中，会不定期给学前儿童布置需要家长配合才能完成的小任务，例如，“请小朋友们今天回到家，帮爸爸妈妈做好一件事情，这个挑战最困难的部分就是你要像小马一样自己想办法，明天我们一起来分享你做了什么事”。随着学前儿童自我意识的发展，他们更多地想要证明自己的能力，宣告自己个体的存在。难度适宜的挑战任务能够为学前儿童提供成长和证明自己的机会。根据 Erikson 的观点（彭聃龄，2012），4～5 岁的学前儿童处在发展主动对愧疚的时期，他们会主动要求做事情，父母若理解孩子并为他们提供这样的机会，则能够促进学前儿童自主性的发展。借助这样的小任务，不仅能够将绘本主题活动延伸至家庭，加深学前儿童对课程主题的印象，还能帮助家长了解学前儿童在幼儿园参与的教学活动，减少家长因不了解实际情况产生的焦虑，同时还能创造家长耐心倾听、学前儿童大胆表达和表现的机会。

## 四、结论及教育建议

### （一）结论

通过对学前儿童自信心测评问卷的得分进行数据处理与分析，本次研究得出以下结论。

1）绘本主题活动比日常教学能够更有效地促进中班学前儿童自信心水平的提升。

2）绘本主题活动对不同性别学前儿童自信心水平的提升具有正向作用，但对不同性别学前儿童的作用并无显著差异。

### （二）教育建议

#### 1. 应充分挖掘同一本绘本的教育价值并与其他教育活动产生联系

绘本的主题丰富而简单，但内容和形式皆不拘一格。每个人在阅读的过程中都是基于自己现有的经验来进行理解的，视角不一样，体会也将有所不同。阅读绘本是一个仁者见仁、智者见智的过程。绘本的故事情节比较简单，但作者在创作绘本的时候实际上倾注了大量的心血，书中有许多精巧设计的细节，如图片的排版、顺序的安排、句式的使用和文字的润色等，这些有趣的细节既可以用作艺术领域课程的审美教学，也可以作为语言欣赏、模仿的素材。不同的读者可以从不同的角度来看待，不同的教育者能够从中窥探到多样的教育契机，进而延伸出不同的触角，触动学前儿童学习、发展的兴奋点。

例如，本次研究用于培养学前儿童自信心的绘本《点》讲述的是一个不擅长绘画的小朋友，在老师的鼓励下开始尝试，最后还举办了自己的“点”主题的画展。为突出培养学前儿童自信心的教学目的，本次研究将此次课程设计延伸为艺术领域的装饰画课程。在实际的教学中，还可以以“我相信能挑战成功”为教学主题进行有挑战性的体育活动（如走梅花桩等）、以“我是小小音乐家”为教学主题进行乐器演奏活动等，形成围绕学前儿童自信心培养的主题活动，让学前儿童在系列活动中培养多种能力，并且体验成就感，让学前儿童快乐学习、快乐成长。

教师以绘本主题活动为聚焦点，发散延伸教育的主题和核心思想，与社会、科学、艺术、语言、健康等教育领域紧密结合，进而形成一个立体、多面的课程。学前儿童阅读绘本的过程是一个积蓄能量的过程，绘本对学前儿童的影响不会立竿见影，但是它就像春雨一样，慢慢滋养着生命的生长和发展。以绘本主题形成的系列活动不仅能够更好地凸显主题，还能以灵活多样的形式让学前儿童进一步消化绘本传递的主旨，以多种角度理解绘本的内容，并且进一步将习得的经验迁移到生活中来。

#### 2. 学前儿童教师可借助教学延伸活动提升家园共育的效果

我国学前儿童教育之父陈鹤琴曾表明其对家园共育的态度，他认为学前儿童的教育只依赖家庭或者学校中的某一方是不能完成的，只有两者相互协调形成合力，才能达到应有的效果（杨文花，2008）。培养学前儿童的自信心，家园协同教育、通力合作十分重要。幼儿园和家庭是影响学前儿童自信心发展的两个最为主要的外在因素，幼儿园是学前儿童集中接受教育的重要场所，家庭则是学前儿童心灵的皈依之所，亦是从出生便进入的一所“终身学校”。若家长在家庭教育的过程中对待学前儿童自信心发展的态度与幼儿园不一致，则很可能会造成“5+2<7”的教育结果。学前儿童自信心的发展与其家庭教育风格是密不可分的。家长因为溺爱或是不信任学前儿童，大多不愿让他们参与到家庭生活的劳动和决策中来，而是采取包办代替的方式，这样会阻碍学前儿童的学习和发展。

教师可以借助活动课后的“挑战任务”，让学前儿童将教学内容带到家中，提示家长能够学会示弱，留给孩子足够的自由空间去尝试、探索、锻炼自己的能力。当学前儿童逐渐依靠自己的力量从错误中成长起来时，他们会越来越多地体会到强烈的成就感，对自己的能力产生信心，能够以积极的态度迎接挑战和面对问题，自我效能感就会有所提升，并使得学前儿童敢于在众人面前表达自己的想法。幼儿园和教师应共同主动承担起这样的责任，为家长提供一些策略，为家园合作促进学前儿童的积极发展提供契机。

3. 教学活动的设计要从学前儿童需要的角度出发并与环境创设相呼应

教学活动的主要目的是满足学前儿童发展的需求，教育者应避免在实际教学中陷入在设计课程时以学前儿童为中心、而在实际教学中“知行分离”的误区，不把精力全部聚焦在课程任务和目标的达成上；在设计分配课程的时间时为课程留白，给学前儿童提供表达和表现的机会，鼓励学前儿童大胆地表达和勇敢地展示自己。集体活动不应仅仅是教师按部就班教学的过程，更应是学前儿童发挥主观能动性、构建灵动多彩的学习经验的过程。

在日常教学中，教师可采用“小记者式”的回答方法，请想要表达自己观点的学前儿童像小记者一样站在教室前面，面向全体发言。这样的问答方式虽然费时，但能在日常教学活动中为学前儿童，尤其是那些不善于语言表达、性格比较内敛的学前儿童提供展现自我的机会。同时，这样的形式也能更好地引起“小听众”的注意力，使他们能更认真地倾听发言者的想法。

班级内的环境创设能够对学前儿童产生潜移默化的教育作用。在进行绘本主题教学活动的过程中，学前儿童有很多有趣的作品和出人意料的表现，以融入班级环境创设的形式加以展示，引发了孩子们强烈的反响。哪怕班级环境有一点点改变，细心的学前儿童都会发现。当学前儿童的作品在班级环境中被展示出来时，他们会视之为成人对其作品的肯定，进而产生强烈的自豪感。将学前儿童愉快的情感体验与其能力发展联系在一起，能够起到正强化的作用。对于美丽而且有趣的东西，学前儿童愿意去反复、仔细地进行观察。他们邀请老师和小伙伴们欣赏自己的作品，并不厌其烦地进行介绍、讲解。孩子们在一次次欣赏和讲解中不仅加深了对以往开展教育活动的印象，也在愉快的自我表现中不断地肯定自我，感受着成功经验带来的成就感，并对下一次挑战产生期待，进一步提升了学前儿童的自我效能感。在环境创设中融入教学活动的相关内容作为教学的延伸，具有实际的教学意义。

4. 形成具有园本特色的绘本主题活动教案库

幼儿园可形成具有园本特色的绘本主题活动教案库，应用绘本主题活动教学所用的教案来进行日常教学和教师培训，也可以与经验丰富、不同教龄的一线教师共同合作完善教案，并呈现出针对不同教学经验的教师开展自信心绘本主题活动分梯度的教案，比较新手教师和成熟教师教学方式和内容的差别。如此一来，一方面可以实现理论和实践的无缝衔接，更好地将研究目标融于教学中，为学前儿童提供更优质的教学活动和机会，以促进学前儿童的健康成长；另一方面可以为新入职教师的培训提供资料，根据教师的教学能力将教案划分为不同的难度等级，既为新手教师提供教学的可实操指南，增加其开展教育活动的信心，也能比较新手教师和成熟教师在教学活动设计和实施方面的差别之处，促进新手教师的成长。

## 第三节 绘本主题活动对中班学前儿童责任心培养的影响

责任心或责任感是指个体在社会生活中对自身的社会角色以及角色所应承担的责任的认知、情感体验及相应的行为（杨丽珠，金芳，2005）。一个人的责任意识是后天环境培养和塑造的。它是个体对引起真实生活中各种责任的关系的个人反思后而获得的主观意识和情感。责任是个人、社会和道德的公民必须具有的核心心理品质之一，是一个人心理特征和个性特征的体现。

在儿童的心理发展中，责任心占据着重要的地位，它是儿童发展中不可缺少的人格品质。许多研究者认为，从小培养学前儿童的责任心是至关重要的。随着人们对儿童人格塑造的重视，儿童责任心的培养也越来越受到社会及教育界的关注，因而具有很大的研究价值。

目前，培养学前儿童责任心这一心理品质备受我国教育领域的重视。《3～6岁儿童学习与发展指南》中明确指出：学前儿童应具有基本的生活自理能力，能自己穿脱衣服、鞋袜，能整理自己的物品，能做到自己的事情自己做，不依赖别人。以往研究结果表明，学前儿童的责任心是可以通过培养而得到提高的（蔡敏力，2011）。同时，有研究指出，中班是学前儿童责任心发展的关键期。在中班学前儿童责任心的影响因素中，教师和同伴的作用最大（丁晓梅，2010）。

在幼儿园的教学中，责任心的培养没有固定的教学内容，大多时候是在教师发现学前儿童出现不良情形时针对这一具体问题进行说教，这会在无形中使幼儿对号入座，从而使其产生心理压力，结果往往事与愿违。这也是为什么虽然教师进行了苦口婆心的说教，但最后幼儿的行为并没有得到改善的原因之一。是否有其他方式可以用来培养学前儿童的责任心？以往研究者做了一些相关的探索，研究发现，在绘本课程中融入责任教学，可以引发学前儿童的兴趣，唤起其相关经验，使责任的培养不需以说教方式进行，促使责任表现落实在生活中。班杜拉的社会学习人格理论强调观察学习在引发行为中的重要性。观察学习是通过观察示范者的行为而习得行为的过程。绘本作为学前儿童生活中的丰富资源，具有重要的教育价值，其生动的画面和语言符合学前儿童的心理特点。同时学前儿童正处在善于模仿他人行为的阶段，绘本能够提供学习榜样，榜样的行为规范很容易被学前儿童模仿和学习，这种良好的行为一旦经常被模仿，将会为培养其良好的责任心打下基础。因此，本次研究探讨通过绘本阅读来培养中班学前儿童的责任心，通过进行为期8周的绘本阅读，对比实验组与控制组学前儿童责任心的发展情况，提出培养学前儿童责任心发展的有效途径，从而为家庭和幼儿园教育提供帮助，进而促进学前儿童人格品质的发展。

## 一、研究方法

### （一）被试

本次实验教学为天津市某公立幼儿园，随机选取其中两个中班为研究样本，以原班级为单位，随机分配一个班为实验组，另一个班为控制组。两班学生信息见表5-8。

表 5-8　被试信息表

| 组别 | 男生/人 | 女生/人 | 合计/人 | 平均年龄/月 |
|---|---|---|---|---|
| 实验组 | 19 | 13 | 32 | 54 |
| 控制组 | 19 | 13 | 32 | 53 |

## （二）实验材料

根据《学前儿童责任心发展调查表》的六个维度（见下文“实验工具”部分），选择符合各维度的绘本各 3 本，共 18 本，并编制《学前儿童责任心绘本适合度专家效度评分表》，详细列出绘本的出处资料及故事内容大纲作为该评分表的附件，以作为评选的参考。经由两位指导老师及三位绘本教学经验较丰富的幼教老师，总计五位专家学者协助评定绘本是否符合研究主题，依据评分高低，以适合度由高到低呈现。经专家学者评分，选定 6 本绘本进行每周 2 次、每次 30 分钟的绘本阅读，每个维度剩余的书目作为延伸阅读材料，如表 5-9 所示。每个维度进行一周的绘本阅读，每周 2 次，每次在 30 分钟左右，共计 6 周。最后 2 周进行总维度绘本阅读，每周 1 次，每次在 30 分钟左右。分维度进行绘本阅读包含引起动机、内容讲解、问题讨论和延伸活动。总维度进行绘本阅读包含故事讲解、角色扮演和交流分享。

表 5-9　维度与绘本书目匹配表

| 维度 | 绘本教学书目 | 延伸绘本阅读 |
|---|---|---|
| 自我责任心 | 《米米学收拾》 | 《鳄鱼怕怕　牙医怕怕》<br>《阿力会穿裤子了》 |
| 任务责任心 | 《小猫钓鱼》 | 《三只小猪的真实故事》<br>《跳舞吧，小雅》 |
| 他人责任心 | 《谁要我帮忙》 | 《阿伦王子历险记》<br>《贝尔熊生病了》 |
| 集体责任心 | 《蚂蚁和西瓜》 | 《朱家故事》<br>《14 只小老鼠吃早餐》 |
| 过失责任心 | 《大卫惹麻烦》 | 《我就不干》<br>《狼来了》 |
| 承诺责任心 | 《我也要搭车》 | 《图书馆狮子》<br>《花婆婆》 |

### （三）实验工具

1. 学前儿童责任心发展调查表

本次研究采用庞丽娟和姜勇（1999）编制的《学前儿童责任心发展调查表》，该问卷的分半信度为0.86，内部一致性系数为0.94。该问卷包含6个维度，共20道题，问卷维度及对应情境见表5-10。

**表5-10　问卷维度与具体情境对应表**

| 维度 | 具体情境 |
| --- | --- |
| 自我责任心 | 知道自己应对自己负责任，认识并学会自己的事情自己做 |
| 任务责任心 | 知道任务的重要性，能学会认真完成他人交代的任务 |
| 他人责任心 | 知道自己对他人是有责任的，能学会关心、帮助别人 |
| 集体责任心 | 能意识到自己是集体中的成员，能学会与他人合作 |
| 过失责任心 | 知道犯了错误应主动承认，能学会对自己的过失负责任 |
| 承诺责任心 | 知道承诺的含义，能学会答应别人的事情一定要做到 |

为了使研究工具更加客观，本次研究让同一个班的两名学前儿童教师同时评定一名学前儿童，并算出两名评分者的相关系数。

2. 家长绘本阅读回馈问卷

本问卷旨在了解接受绘本阅读方式的家长的回馈情况，根据绘本阅读研究的维度自编问卷。问卷分为两部分：第一部分内容采用选择题的形式；第二部分内容采用说明的形式，即以文字解释个体做出选择的原因。第一部分问卷的结果以百分比形式进行分析解释，第二部分问卷的结果则做质性研究讨论。

## 二、结果与分析

### （一）《学前儿童责任心发展调查表》分析

1. 实验组和控制组前测同质性检验

实验组与控制组前测得分的平均数分别为51.31（$SD$=7.58）和53.22（$SD$=5.36），两组前测得分的平均数差异未达到显著性水平（$t$=−1.16，$p$=0.25），说明实验组和控制组在实验前具有同质性。

2. 实验组与控制组后测比较

实验组和控制组后测得分的平均数分别为 67.69（$SD$=10.09）和 59.60（$SD$=4.43），两组后测得分的平均数差异达到显著性水平（$t$=6.20，$p$<0.01），即实验组学前儿童的责任心水平显著高于控制组学前儿童，说明绘本教学能有效促进学前儿童责任心的发展。

从表 5-11 中可以看出，实验组与控制组在后测的自我责任心、任务责任心、他人责任心、集体责任心、过失责任心和承诺责任心六个维度的得分上均存在显著差异（$ps$<0.05）。从得分平均数的大小可以看出，实验组后测得分均高于控制组后测得分，且两组差异显著。这说明绘本教学能有效地促进学前儿童责任心的发展。

**表 5-11　绘本阅读对实验组与控制组学前儿童各维度责任心发展的影响**

| 维度 | 组别 | $n$ | $M$ | $SD$ | $t$ |
|---|---|---|---|---|---|
| 自我责任心 | 实验组 | 32 | 11.47 | 1.70 | 9.88*** |
| | 控制组 | 32 | 8.22 | 0.75 | |
| 任务责任心 | 实验组 | 32 | 11.19 | 2.24 | 4.21*** |
| | 控制组 | 32 | 9.34 | 1.07 | |
| 他人责任心 | 实验组 | 32 | 12.38 | 2.03 | 3.30** |
| | 控制组 | 32 | 7.84 | 1.50 | |
| 集体责任心 | 实验组 | 32 | 9.09 | 1.73 | 3.14*** |
| | 控制组 | 32 | 8.63 | 1.50 | |
| 过失责任心 | 实验组 | 32 | 13.19 | 1.83 | 8.70*** |
| | 控制组 | 32 | 9.47 | 1.26 | |
| 承诺责任心 | 实验组 | 32 | 9.66 | 1.41 | 3.71*** |
| | 控制组 | 32 | 8.52 | 1.00 | |

3. 控制组前后测比较分析

自然教学情境下，控制组前后测得分的平均数分别为 53.22（$SD$=5.36）和 55.55（$SD$=4.43），虽然后测得分的平均数高于前测得分的平均数，但两者差异没有达到显著性水平（$t$=−1.88，$p$>0.05）。

从表 5-12 中可以看到，在自然情境下，虽然控制组学前儿童各维度责任心后测得分的平均数均大于前测得分的平均数，但两者差异均未达到显著性水平。

表 5-12　控制组前后测各维度学前儿童责任心发展

| 维度 | 前后测 | *n* | *M* | *SD* | *t* |
|---|---|---|---|---|---|
| 自我责任心 | 前测 | 32 | 8.00 | 0.78 | −1.30 |
| | 后测 | 32 | 8.22 | 0.75 | |
| 任务责任心 | 前测 | 32 | 8.94 | 1.41 | −1.30 |
| | 后测 | 32 | 9.34 | 1.07 | |
| 他人责任心 | 前测 | 32 | 7.41 | 1.13 | −1.23 |
| | 后测 | 32 | 7.84 | 1.67 | |
| 集体责任心 | 前测 | 32 | 8.22 | 1.21 | −1.19 |
| | 后测 | 32 | 8.63 | 1.50 | |
| 过失责任心 | 前测 | 32 | 9.41 | 1.41 | −0.99 |
| | 后测 | 32 | 9.74 | 1.26 | |
| 承诺责任心 | 前测 | 32 | 8.19 | 1.03 | −1.29 |
| | 后测 | 32 | 8.52 | 1.00 | |

4. 实验组前后测比较分析

实验组前后测得分的平均数分别为 51.31（*SD*=7.58）和 67.69（*SD*=10.09），实验组前后测得分的平均数差异达到显著性水平（$t=-6.29$，$p<0.01$），即实验组学前儿童的责任心后测得分平均数显著高于前测得分平均数，说明绘本教学能有效地促进学前儿童责任心的发展。

从表 5-13 中可以看出，实验组学前儿童在自我责任心、任务责任心、他人责任心、集体责任心、过失责任心和承诺责任心六个维度的前后测得分上均存在显著差异（$ps<0.05$），从得分平均数的大小可以看出，实验组后测得分均显著高于前测得分，表明通过绘本教学，实验组学前儿童的责任心有了很大的发展，从而证明了绘本教学的有效性。

表 5-13　绘本阅读对实验组前后测各维度学前儿童责任心发展的影响

| 维度 | 前后测 | *n* | *M* | *SD* | *t* |
|---|---|---|---|---|---|
| 自我责任心 | 前测 | 32 | 8.13 | 1.73 | −6.64*** |
| | 后测 | 32 | 11.47 | 1.87 | |
| 任务责任心 | 前测 | 32 | 8.66 | 1.34 | −9.16*** |
| | 后测 | 32 | 11.19 | 1.70 | |
| 他人责任心 | 前测 | 32 | 8.00 | 1.79 | −2.94** |
| | 后测 | 32 | 12.38 | 2.03 | |

续表

| 维度 | 前后测 | $n$ | $M$ | $SD$ | $t$ |
|---|---|---|---|---|---|
| 集体责任心 | 前测 | 32 | 7.19 | 1.38 | −4.88*** |
| | 后测 | 32 | 9.09 | 1.73 | |
| 过失责任心 | 前测 | 32 | 8.75 | 1.44 | −10.76** |
| | 后测 | 32 | 13.19 | 1.66 | |
| 承诺责任心 | 前测 | 32 | 8.09 | 1.49 | −3.61*** |
| | 后测 | 32 | 9.66 | 1.27 | |

## （二）家长绘本阅读回馈问卷分析

本部分旨在通过问卷了解绘本教学后家长对学前儿童行为表现的反馈意见，以此探讨绘本教学对学前儿童责任心的影响。本次总共发放问卷 32 份，回收 32 份，以频次与百分比为指标进行量化分析。

从表 5-14 中可以看出，家长还是认可绘本教学方法的，同时也认为学前儿童在家中的责任心有所提升。在 7 个题项中，“是”的回答中，除过失责任心的百分比为 84.38%外，其余各项的百分比均超过 90%，在“您觉得孩子喜欢所讲绘本吗”“您觉得孩子的他人责任心更强了吗”两个题项上，其百分比甚至达到了 100%。

**表 5-14　家长绘本阅读回馈问卷分析表**

| 题号 | 题目 | 是 | | 没有差别 | | 不是 | |
|---|---|---|---|---|---|---|---|
| | | 频次 | 百分比/% | 频次 | 百分比/% | 频次 | 百分比/% |
| 1 | 您觉得孩子喜欢所讲绘本吗？ | 32 | 100 | 0 | 0 | 0 | 0 |
| 2 | 你觉得孩子的自我责任心更强了吗？ | 30 | 93.75 | 2 | 6.25 | 0 | 0 |
| 3 | 您觉得孩子的任务责任心更强了吗？ | 30 | 93.75 | 2 | 6.25 | 0 | 0 |
| 4 | 您觉得孩子的他人责任心更强了吗？ | 32 | 100 | 0 | 0 | 0 | 0 |
| 5 | 您觉得孩子的集体责任心更强了吗？ | 31 | 96.88 | 1 | 3.12 | 0 | 0 |
| 6 | 您觉得孩子的过失责任心更强了吗？ | 27 | 84.38 | 5 | 15.62 | 0 | 0 |
| 7 | 您觉得孩子的承诺责任心更强了吗？ | 29 | 90.63 | 3 | 9.37 | 0 | 0 |

家长的反馈显示，每次上完绘本教学后，孩子都会与家长分享活动内容，并把绘本故事讲给身边的人，有的孩子会要求父母与其再次共同阅读相应绘本。通过绘本教学活动，孩子更喜欢阅读了，同时也增加了亲子间的交流互动。

此外，家长还提到，孩子在家中明显懂得关心他人、帮助他人，会主动帮助打扫卫生，在父母或长辈生病时会主动关心并照顾。孩子不仅懂得了体谅家人，同时也掌握了一些简单的关心和照顾家人的方法，从情感逐渐向行为转化。

在过失责任心维度上，有15.62%的家长认为孩子的行为与之前没有差别。家长在反馈中提到，孩子在做错事后还是不太会主动承认，会去辩解说这不是他的错等。杨丽珠和金芳（2005）的研究显示，中班学前儿童的过失责任心还处于较低水平，大班是学前儿童过失责任心发展的关键期。由于学前儿童的心理特点和发展规律，有些学前儿童没有在行为上有突出的表现是可以理解的，家长不要为此而打骂孩子，同时教师和家长应该引导学前儿童如何正确看待自己的错误，并让他们了解如何去弥补。综合以上家长的反馈信息，我们了解到家长对于采用绘本教学方式培养学前儿童的责任心这一做法是持肯定和支持态度的，同时他们也认为，绘本阅读是一种有效的方法，学前儿童的行为在不知不觉中发生了改变，潜移默化地促进了学前儿童的发展。

### （三）个案分析

#### 1. 小A

小A是一个内向腼腆的男生，由于年龄比同班学前儿童小将近1岁，所以他的前测得分较低，尤其是在自我责任心方面。日常生活中，小A的自我管理能力较差，例如，每次穿衣服时都需要老师或家长帮助，自己不愿动手尝试；经常将水杯、毛巾等放错位置，自己的物品摆放混乱，经常丢三落四。

同伴1：老师，我的水杯没有地方放了。

老师：是嘛，老师来看一下。

同伴：是小A！是小A！他又放错位置了！（大家纷纷吵嚷起来）

同伴2：他怎么这么笨啊，这都不会放呢！（此时，小A低下头，默不作声。）

这样的场景屡屡发生。小A做不好，因此受到其他学前儿童的排挤，由于受到其他学前儿童的排挤，小A更加做不好，由此形成恶性循环。老师找机会与小A私下进行聊天。

老师：宝贝，今天是不是不太高兴啊？

小A：……

老师：是不是因为其他小朋友说的话，所以你的心情不好了？

小A：……（微微地点了点头）

之后，虽然小A开始与老师交流，但是并没有说出自己的想法。其实，老师了解到，小A是因为自尊心受挫导致不愿与其他人交流的，同时，不去交流、其他学前儿童的不接纳更加剧了小A的心理负担。当然，还有一个导致小A发展缓慢的不可忽略的原因。

家长：宝贝，别动，穿好了再出去。我来给你穿！

家长为孩子包办了一切，全权代替，甚至剥夺了孩子自理的权利。孩子过分依赖父母，导致其不愿去尝试做事情，遇到困难时等待着家长帮助解决。家长所谓的对孩子“好”，其实是“害”了孩子。这样的状态对孩子的成长无疑是不利的。

针对这一现象，为孩子树立良好的榜样，提供正确的解决方式是非常必要的，同时，教师也应与家长沟通，共同为孩子营造自主、自立的氛围。在“自我责任心”主题的《米米学收拾》绘本阅读中，老师更加关注小A的表现。以下是教学中的一个片段：

老师：米米为什么哭？

同伴1：因为她摔倒了。

老师：是的，米米摔倒了。她摔倒后碰到了什么东西呢？

小A：小猪存钱罐，她碰碎了。

老师：恩，你说得很对，米米摔倒后把自己心爱的小猪存钱罐给打碎了。那米米是因为什么摔倒的？

小A：因为她的小猪存钱罐挡住了她。

老师：嗯，那存钱罐为什么挡住了米米呢？

同伴2—5：因为她把存钱罐放在了地上。

小A：因为她把自己的东西乱扔在地上。

老师：嗯，你们说得都很棒。米米现在很伤心，你们给米米出个主意，觉得米米应该怎么做？

同伴1：帮她放好存钱罐。

小A：帮她一起把存钱罐修好后放在安全的地方。

孩子们你一言我一语，不停地说出自己想到的好主意。

在教学片段中，孩子们主动参与讨论就是一个好的开始。尤其是小A，不再游离于集体外，而是主动地参与讨论，帮助米米解决问题。在第二次绘本阅读延伸活动——角色扮演中，小A主动要求饰演米米角色。在欢快的氛围下，大家抒发着自己的情绪，并为故事创编了一个美好的结尾。之后，在日常生活中，老师慢慢地发现小A产生了一些微妙的变化，例如，小A会把杯子和毛巾放在自己的位置；午睡时，小 A 会尝试自己脱衣服，做不到时会说“老师，能帮一下我吗？”，以此来寻求老师的帮助；离园前，小 A 会主动当管理员，帮大家拿书包、拿衣服。

从小 A 的个案中，我们反思之前跟他的沟通交流，虽然研究者是单独与小 A 聊天的，但是老师的角色还是会给他带来压力。但是在绘本教学中则不然，它不再是一个真实的场景，学前儿童不会对号入座，这在很大程度上减轻了小 A 的心理负担，从而吸引他一起思考，一起帮助其他人解决问题。在这样的思维过程中，小 A 受到了潜移默化的影响，绘本中的米米也为小 A 树立了榜样示范作用，使其在之后的真实生活中进行行为模仿。

2. 小 B

小 B 是一个活泼好动的小男孩，总是被老师叫作“闯祸精”，不是把水杯碰倒了，就是抢其他小朋友的东西。最主要的是，他从不承认自己做错了，只是认为自己不小心，或者是别人违反规则在先。小朋友都来向老师告状：

同伴 1：老师，老师，小 B 又把书给撕了。

同伴 2：老师，你快看，小 B 又抢别人的东西。

同伴 3：老师，小 B 把蜡笔涂在桌子上了。

小 B：我又不是成心的，我不小心弄的！

其他学前儿童家长纷纷来找老师，要求自己的孩子不要和小 B 分成一组。小 B 的父母也很困扰，不知道该如何去做。在“过失责任心”主题的《大卫惹麻烦》绘本阅读中，学前儿童对故事中的大卫十分感兴趣：

老师：大卫都遇到了什么事情？

同伴 1：他总是闯祸。

老师：每次他都说了些什么？

同伴：“不是我！”（大家异口同声说道。）

老师：你们觉得大卫说得对吗？

同伴 2：我觉得他说得不对。

老师：你为什么觉得他说得不对呢？

同伴 2：因为他明明犯了错还不承认。

同伴 3：他做错的事情自己不承认……（大家纷纷质疑着大卫）

老师：大卫为什么最后说“对不起”？

同伴 4：因为他知道自己做错了。

同伴 5：他主动承认自己的错误，是个好孩子！

老师：小朋友们说得都很好，如果你是大卫，你应如何做？

同伴 6：我会说“对不起，下次不再这样了”。

同伴 7：我以后会主动承认错误。

虽然在这次绘本活动中，小 B 没有参与讨论，但是他却不像以往那样上课时不停捣乱，而是安静地坐在位子上。从他的眼神中可以看出，他有在听，有在思考，这正是一个好的开端。学前儿童本身就处于自我中心阶段，他们很难站在别人的角度思考问题。如果老师只是单纯地跟学前儿童说他们惹了麻烦会给他人带来困扰，他们也许不能很好地理解，甚至会产生抵触心理，效果适得其反。只有让学前儿童自己去思考、讨论，从他们的嘴中说出正确的做法，而不是机械地重复老师的话，他们才能够做出正确的行为。

通过以上两个个案分析，我们可以看出，绘本阅读是一种有效培养学前儿童责任心的途径。以往教师不知道要如何打开学前儿童的心扉，家长不知道要如何解决学前儿童的问题。成人无法站在学前儿童的角度去思考问题，进而无法理解学前儿童的思想和行为并为之苦恼。绘本阅读提供了一个很好的解决媒介。学前儿童能够参与到绘本阅读中，轻松愉悦的氛围减轻了学前儿童的心理压力，生动活泼的图画语言被他们接纳和喜欢，他们能对绘本中的角色所处的情境进行正确的思考，并积极提出解决方案，在角色扮演中潜移默化地建立了正确的行为模式。

## 三、讨论

在实质的教学成效上，绘本阅读可以达到正向的学习效果。实验组学前儿童在责任心发展的总分以及自我责任心、任务责任心、他人责任心、集体责任心、过失责任心和承诺责任心六个维度得分上均显著高于控制组学前儿童。也就是说，绘本阅读能有效地促进学前儿童责任心的发展。这与以往的行动研究结果相一致，即绘本阅读可以有效促进学前儿童责任心的发展（林秋伯，2010）；但与杨丽珠和金芳（2005）的研究结果存在差异，后者发现，中班学前儿童过失责任心的前后测得分差异不显著，原因可能与绘本阅读的效果有关。过失责任心主题绘本是国际获奖作品，其图画内容能使学前儿童产生浓厚的兴趣，进而积极参与讨论，分辨角色行为，提出解决方案。这与以往说教灌输的方式有所不同，在绘本阅读过程中，学前儿童会积极主动参与并自己解决问题，这会对学前儿童的理解及行为改变产生深远的影响。当然，学前儿童仍处于自我中心阶段，即使对过失行为产生一定的认识和建立起相应的行为模式，但还不能时时刻刻完全站在他人角度思考问题、解决问题，这也就能说明在家长问卷中，在过失责任心的维度上，有15.62%的家长认为孩子的行为与之前没有差别。

### （一）绘本阅读对学前儿童自我责任心的培养

每个人都应该学会做好自己应该做的事情。通过绘本阅读，学前儿童逐渐不去过分地依赖家长和老师，而是做好自己该做的事情。通过《米米学收拾》绘本阅读，学前儿童从随处乱扔东西转变为懂得整理、保管好自己的物品，了解到自己应为自己的行为负责，了解到自己应该做哪些事情并努力做好。

### （二）绘本阅读对学前儿童任务责任心的培养

学前儿童的年龄特点决定了其不可能很长时间专注于同一件事情，面对耗时较长的任务往往很难完成。通过《小猫钓鱼》绘本阅读，学前儿童认识到做事情要专心，不能三心二意，同时体验到完成任务后的喜悦心情，形成自觉完成任务的态度。

### （三）绘本阅读对学前儿童他人责任心的培养

学前儿童处于自我中心阶段，很难从他人的角度思考问题。通过《谁要我帮忙》绘本阅读，学前儿童感受到身边有很多人需要帮助，通过角色扮演，真切感受他人的心理过程，无形中让学前儿童学会站在他人的角度看待问题，同时为学前儿童提供行为规范，使学前儿童在实际生活中懂得关心和帮助身边的人。

### （四）绘本阅读对学前儿童集体责任心的培养

之前，对于老师硬性交给全班学前儿童布置教室的任务，很少有人完成。通过《蚂蚁和西瓜》绘本阅读，学前儿童认识到每一个人的重要性，了解到团结就是力量，应为集体做出自己的努力。学前儿童开始认识到自己是集体的一部分，如果想要有舒适的学习和生活环境，就要共同付出努力。思想的转变带动行为的转化，学前儿童开始争抢打扫卫生，对于故意破坏环境的人，学前儿童会大声批评并指出其错误。

### （五）绘本阅读对学前儿童过失责任心的培养

以往学前儿童出现错误时总是受到训斥，并很少懂得为自己的错误和过失负责，从而会产生狡辩、推卸责任的情形。通过《大卫惹麻烦》绘本阅读，大卫的身影映射到学前儿童的日常表现中，学前儿童能够认识到自己的错误，更重要的是通过彼此讨论，他们学会了为自己的过失负责，勇于承担责任。

### （六）绘本阅读对学前儿童承诺责任心的培养

以往对于自己答应别人的事情，学前儿童经常转眼就会抛之脑后。通过《我也要搭车》绘本阅读，学前儿童学会站在对方的角度感受，了解忘记承诺会给他人带来麻烦甚至是灾难，懂得诚信于人的重要性，学会对自己承诺别人的事情负责。

## 四、结论及教育建议

### （一）结论

本次研究探讨通过绘本阅读培养中班学前儿童的责任心，并进行了为期 8 周的绘本阅读，发现绘本阅读教学活动可以有效地促进学前儿童的责任心发展。

### （二）教育建议

#### 1. 绘本是进行学前儿童责任心培养的有效途径

以往教师会根据学前儿童出现的具体问题进行讨论，这会在无形中使学前儿童对号入座，从而产生心理压力，结果往往事与愿违。这也是为什么苦口婆心的说教最后并没有使学前儿童的行为得到改善的原因之一。我们从研究中可以看出，绘本能够很好地解决这一弊端。绘本故事摒弃了以往枯燥的说教方式，以一种自然的方式进行教育。绘本故事来源于学前儿童的实际生活，又不同于学前儿童的真实情境，因而其营造出了轻松的氛围，减少了以往就事论事给学前儿童带来的心理负担，学前儿童能够更加积极地参与讨论，共同寻找解决问题的方法，真正从内心接纳和认同。绘本的功能不单单是培养学前儿童的语言能力，其中还蕴含着很多宝贵的教育价值。好的绘本更注重表现的技巧，利用深入浅出的故事呈现方式，让学前儿童有所感受、有所领悟。学前儿童时期看到的绘本，无疑会给学前儿童之后的生活打下深深的烙印。

绘本符合学前儿童的心理发展特点和认知发展规律，同时能够有效地培养学前儿童的责任心发展。绘本主题活动教学中重点强调角色的行为表现，注重幼儿进行观察学习，在模仿中不断强化其责任心。班杜拉的社会学习理论所强调的观察学习可以很好地解释这一点。在观察学习过程中，学前儿童获得了示范活动的象征性表象，并获得了适当的操作引导。学前儿童正处于善于模仿的阶段，通过对故事中主人公的角色进行责任意识的判断和梳理，并将角色作为行为参照榜样进行模仿，这样不断地进行强化，最终使学前儿童形成规范性行为。因此，绘本能够在潜移默化中培养学前儿童的责任心，甚至影响其一生。本次研究结果显示，绘本是培养学前儿童责任心的一种有效途径。然而，幼教教育界对这个问题的认识相对缺乏。

2. 绘本阅读应注重讨论和延伸

通过本次研究可以看出，绘本阅读干预可以显著促进学前儿童的责任心发展。这也说明中班是学前儿童责任心发展的关键期，教师应抓住这个时期，让学前儿童多参与讨论。以绘本为基础的讨论给学前儿童营造了轻松的氛围，没有对号入座的胆怯，学前儿童更加愿意畅所欲言，探讨故事中主人公的行为，并共同找出解决问题的方法。讨论的过程其实就是学前儿童认知的形成过程，学前儿童根据原有的知识经验并结合实际情境，确定解决问题的方式方法。教师可以从学前儿童的言语中了解其发展水平，发现其遇到的问题，并对症下药解决问题。

同时，中班学前儿童正处于自我中心阶段，他们很难从他人的角度思考问题。以往的说教只是让学前儿童被动地接受他们应该怎么做，往往忽略行为产生的心理反应，不能让学前儿童真正理解解决问题的原因和方法。从本次研究中，我们可以看出，在绘本阅读教学中，教师应以绘本故事为主线，适当加入角色扮演等延伸活动。除了阅读讨论外，角色扮演在培养学前儿童责任心的发展中也起着关键作用。角色扮演是学前儿童从内在认知到外在行为转化的重要环节。这样可以使学前儿童从角色扮演中获得自我认知，能够更好地规范学前儿童的行为。教师在体验活动中应为学前儿童提供正确的榜样示范，同时避免枯燥的说教方式，以诙谐幽默的氛围激发学前儿童的兴趣，使学前儿童在日常生活中学会尊重、关心他人，对自己的行为负责，并一点一滴地内化为学前儿童的行为模式。所以，在绘本阅读过程中，教师应注重讨论及延伸活动的开展。

3. 家园共育，促进绘本阅读的教育功效

绘本阅读的教学方式不仅得到家长的肯定与支持，同时也有利于亲子间的互动交流。家长在面对孩子的问题时，总是会苦口婆心地说教一番，但是效果却往往事与愿违，学前儿童与家长的交流越来越少，家长甚至困扰不知道如何与孩子进行沟通。绘本作为一种媒介，可以有效地解决这个难题。我们从本次研究中可以看到，绘本不单单是幼儿园的教学活动方式，其实也是亲子互动的媒介途径。首先，绘本阅读营造出一种温馨、和谐的氛围；其次，绘本画面语言符合学前儿童的年龄特点，这无疑给家长提供了交流的契机。通过与孩子一同分享阅读、讨论故事内容，增进亲子之间的了解，从而促进亲子交流。

学前儿童责任心的发展不是一蹴而就的，这就要求幼儿园与家庭合作交流。《幼儿园教育指导纲要（试行）》《3～6 岁儿童学习与发展指南》中都明确指出，家庭和幼儿园配合，使学前儿童在幼儿园获得的学习经验能够在家庭中得到延续、巩固甚至发展。幼儿园与家庭共同协作，使学前儿童强化行为观念并不断进行模仿，从而潜移默化地促进学前儿童责任心的发展。

4. 加强绘本对学前儿童责任心培养的实证研究

中班是学前儿童责任心发展的关键期。我国台湾地区近年来普遍运用绘本进行学前儿童责任心的培养研究，而我国大陆地区虽然有人撰文提出使用绘本进行学前儿童责任心教育的建议，但是从实证研究角度探讨学前儿童责任心的培养，并提出具体的可操作性措施的研究非常少。绘本作为学前儿童生活中丰富的教育资源，其中蕴含很多教育价值，是责任心培养领域的一个重要研究方向。

5. 加强出版具有中国特色的学前儿童绘本

我们已经认识到绘本的重要性，它不仅可以促进学前儿童的语言发展，还兼具多种教育功能，尤其是具有促进学前儿童社会性发展的功能。本次研究所运用的绘本大多是翻译国外的。由于语言文化的不同，难免会有不能融合的地方。从目前的市场上来看，教师和家长很难找到本土绘本。因此，出版具有本土特色的绘本是我国绘本出版界的一项重要任务。国外绘本虽然具有较高的质量，但是某些绘本毕竟存在一些文化差异。我国是一个具有悠久历史文化的古国，我国传统文化中有很多精髓，如孝顺父母、谦逊有礼、诚实守信、助人为乐、勤劳勇敢、持之以恒、吃苦耐劳等，如何通过绘本的形式挖掘中国传统文化中需要弘扬的人格特质，是摆在学前儿童绘本画家、学前儿童教育家、学前儿童心理学家面前的一个重要课题。

## 第四节　绘本主题活动对 4～5 岁学前儿童坚持性培养的影响

中国人一直重视自我修养，许多名人都以坚持不懈为座右铭，以提醒自己；

或是提出与坚持品质相关的名言警句，以激励国人。从古至今，无论是国内还是国外，坚持品质在人一生的发展中都是不可或缺的。

任务坚持性是学习过程的重要组成部分。在学习过程中，学习者将会遇到各种不同难度的任务，如何克服困难、完成任务，需要学习者有一定的问题解决能力，而保持克服困难的决心就需要一定程度的坚持性。在完成任务的过程中，持续一段时间完成简单或复杂、枯燥的项目时，学前儿童能够做到不分心（马瑞青等，2016），他们表现出的任务坚持性，在未来的学习和可持续发展中发挥着重要的作用。

在幼儿园的实践过程中，研究者发现，不同学前儿童之间的坚持性水平存在着较大的个体差异。教师交代一项任务给学前儿童时，有的学前儿童能持续较长时间去做，但有的学前儿童坚持的时间较短。学前儿童期是培养坚持性意志品质和提高任务坚持性水平的关键期（杨丽珠，董光恒，2005；金芳等，2011；马瑞青等，2016），坚持性对学前儿童未来发展的方方面面都起着重要作用（冯璐，2007）。因此，本次研究致力于探索促进学前儿童坚持性品质的方法具有重要的实践意义。

对于儿童来说，绘本不是教科书，而是快乐的读物。从封面、环衬到内容，都在向学前儿童展现着故事的情节，让学前儿童不自觉地开始一段美妙的旅程，同时，教师或家长利用这个过程潜移默化地培养和促进学前儿童品质的发展，可以达到事半功倍的效果。因此，采用绘本教学对学前儿童的任务坚持性进行干预是可行和必要的。

绘本是图画与文字相互融合的特殊载体，具有较强的儿童性和艺术性，为学前儿童的阅读理解提供了广阔的空间，绘本教学为促进学前儿童的任务坚持性发展提供了可能。第一，儿童性。日本儿童读物研究会撰写的《孩子和绘本》（1988）中明确提出“绘本的内容、表现、造书都以儿童为主要对象设计”，儿童性是绘本的基本属性（松居直等，2009）。第二，艺术性。陈晖（2006）提出，图文的完美融合是绘本艺术精髓的体现。图文绘本是语言艺术和视觉艺术的合体，图断则文续，文断则图续；无文绘本是文藏在图中、以图的形式呈现，充满了张力和弹性的艺术空间。

2001 年的《幼儿园教育指导纲要（试行）》和 2012 年的《3～6 岁儿童学习与发展指南》都提出在学前阶段，绘本是学前儿童的主要阅读材料，应为学前儿童提供丰富的绘本，创设良好的阅读环境。因此，无论是提升学前儿童的阅读能力，还是促进学前儿童坚持性等意志品质的发展，利用绘本进行教学显得十分重要。

2001 年的《幼儿园教育指导纲要（试行）》中的语言目标提出“喜欢听故事、看图书”，并提出要求“引导幼儿接触优秀的儿童文学作品，使之感受语言的丰富和优美，并通过多种活动帮助幼儿加深对作品的体验和理解”。从以上这些内容中可以看出绘本的重要性和必要性。因此，本次研究将采用绘本教学方法对学前儿童的任务坚持性进行干预。

## 一、研究方法

### （一）被试

选取天津市某公立幼儿园的两个大班各 30 名学前儿童作为被试，并随机选择其中一个班为实验组，另一个班为控制组。实验组为 15 名男生（*M*=67.00 个月，*SD*=1.46）、15 名女生（*M*=69.00 个月，*SD*=3.55）；控制组为 15 名男生（*M*=68.80 个月，*SD*=2.48）、15 名女生（*M*=67.27 个月，*SD*=2.46）。

### （二）实验材料

吴念阳（2015）认为，绘本的选择应注意以下几个方面：人物数量不能太多；年龄越小，注意的时间越短，注意的广度越小，因此学前儿童阶段阅读的绘本最多为三个人物；情节要简单，绘本故事要围绕一个中心思想开展；主题应为儿童所熟悉；故事语言押韵、有趣；插图清晰；结尾可预测或意外；故事长度适合，应考虑到学前儿童注意力持续的时间。因此，本次研究在进行绘本评选时也结合了以上原则。

由学前儿童教育专家、心理教育专家及学前教育专业硕士研究生共同评定绘本的内容，确定以下绘本可以作为坚持性主题绘本教学的读物：《大脚丫学芭蕾》《雪花人》《凯迪和一场很大的雪》《小步走路》《鸭子骑车记》《小象柚子大冒险》《别放手》《鼹鼠的音乐》。

### （三）实验程序

#### 1. 确定穿纽扣任务

为了检验用 2.5 毫米的硬头红绳和 2.5 毫米的软头红绳中的哪一种红绳来穿纽扣对于 5～6 岁学前儿童是有困难、不容易完成的，但坚持下去可以完成的任务，随机选取除实验组和控制组之外的大班共 18 名学前儿童作为被试样本，其中包括

9名男生（$M$=67个月，$SD$=1.658）和9名女生（$M$=68.7个月，$SD$=3.162）。学前儿童使用软头红绳穿一个纽扣所花的时间大约是使用硬头红绳的两倍，同时实验者通过观察实验过程中使用不同类型红绳穿纽扣的学前儿童的行为表现，并进行对比分析发现，用软头红绳穿纽扣比用硬头红绳更有难度和挑战性。经检验，2.5毫米软头红绳穿纽扣任务对于5～6岁学前儿童来说是有难度且不容易完成的。

2. 前测

1）实验任务：用软头红绳穿纽扣。

2）任务材料：2.5毫米软头红绳，几何纽扣，一个盒子，教师将几何纽扣、红绳全部放在一个盒子里；《学前儿童任务坚持性教师评定问卷》《学前儿童任务坚持性行为的观察记录表》《学前儿童任务坚持性行为表现个案观察记录表》。

3）任务实施过程：首先，向大班学前儿童教师发放《学前儿童任务坚持性教师评定问卷》，并让其填写，用于收集学前儿童在实验之前坚持性行为的教师评定数据。

其次，在实验任务过渡环节，寻找恰当的时机将学前儿童带到安静的房间，对每个学前儿童逐一进行施测，引发学前儿童做任务的兴趣和好奇心，避免在实验过程中强制打断学前儿童，避免让学前儿童知道是在做实验，从而对实验结果造成干扰。在一日生活中合适的时间段里，研究者小声地对大班某个学前儿童说：“老师不小心将这些几何纽扣打乱了，现在已经分不开了，你帮老师把这些纽扣用这根绳子穿起来吧，只需要从一个洞穿出来，然后接着穿下一个！”对学前儿童说完一遍指导语后，教师便离开假装干其他事情，在让学前儿童不发现事情真相的情况下，研究者观察学前儿童的行为并记录学前儿童坚持做任务不中断的时长和行为表现。

在实验任务进行的同时，研究者分别对实验组和控制组学前儿童进行观察、记录，并填写《学前儿童任务坚持性行为的观察记录表》。

3. 实验干预

对实验组学前儿童开展为期8周的绘本教学活动，每周进行一本绘本主题阅读活动，包括阅读绘本30分钟、延伸活动30分钟。在日常生活和游戏活动中观察典型儿童的典型行为表现，并填写《学前儿童任务坚持性行为表现个案观察记录表》。

1）阅读绘本：大声朗读绘本，让学前儿童跟着声音进入故事情境，同时这也能够刺激学前儿童的大脑皮层以加强记忆（吴念阳，2015）。在绘本阅读过程中，导入是分享阅读的关键一步，旨在吸引学前儿童的注意力和激发学前儿童的兴趣，主要方式有大声朗读题目、观察封面、预测内容；启发性问题旨在让学前儿童畅所欲言，让坚持性与学前儿童的日常生活相结合；观察图画要注意提醒学前儿童观察细节；回顾故事主要包括画图表、复述故事、回忆最深刻的情节等。

2）延伸活动：故事分享、角色表演和美工活动（绘画、剪纸、串珠）等。

4. 后测

绘本教学活动结束后 1 周进行后测，程序与前测一样。

### （四）实验工具

本次研究在采用实验法的基础之上，首先，在前测中收集《学前儿童任务坚持性教师评定问卷》相关数据，并将问卷得分与学前儿童完成“几何纽扣穿串”任务的时长（分钟）进行校标关联效度检验；其次，在实验过程中利用《学前儿童任务坚持性行为的观察记录表》记录学前儿童在完成“几何纽扣穿串”任务中的行为表现；最后，在绘本教学干预过程中，利用《学前儿童任务坚持性行为表现个案观察记录表》记录典型儿童的典型行为表现。

（1）《学前儿童任务坚持性教师评定问卷》

请教师根据学前儿童的实际行为情况进行问卷评分。杨丽珠和董光恒（2005）的研究验证了《学前儿童自我控制发展教师评定问卷》的信度和效度，经检验，问卷的信度是 0.761，再测信度是 0.722。问卷中的四个维度，即自觉性、坚持性、自制力、自我延迟满足之间的相关为 0.591～0.711，属于中等相关，说明四个维度既相互关联又各自独立。

（2）《学前儿童任务坚持性行为的观察记录表》

该表是针对学前儿童在实验过程中任务坚持的时长、完成状况和行为表现进行记录，并由学前儿童教育专家、心理教育专家及学前教育专业硕士研究生共同评定其有效性。

（3）《学前儿童任务坚持性行为表现个案观察记录表》

杨丽珠（2001）在《培养幼儿自我控制能力的实验研究》一文中编制了《学前儿童自控行为表现个案记录表》，本次研究选取其中坚持性部分的记录表作为学前儿童的个案观察工具，观察学前儿童在一日生活中的典型表现。根据学前儿童在“几何纽扣穿串”任务过程中的表现，选出坚持性能力好和差各一名学前儿童进行个案观察。实验者主要观察学前儿童在一日生活和游戏活动中坚持性的行为表现，并做好记录，从第一周起，每隔一周进行一次观察，共观察 4 次，每次 10 分钟。每次观察之后，研究者根据记录情况，结合《学前儿童任务坚持性教师评定问卷》进行评分。

## 二、结果与分析

### （一）实验情境与问卷的效标关联效度检验

为检验本次研究的实验任务情境是否有效可靠，将实验组和控制组的任务坚持时长与《学前儿童任务坚持性教师评定问卷》得分进行相关分析（表 5-15），其中效标为《学前儿童任务坚持性教师评定问卷》。

**表 5-15　实验情境与问卷的相关系数**

| 项目 | 实验组 | | 控制组 | |
|---|---|---|---|---|
| | *M* | *SD* | *M* | *SD* |
| 问卷平均分 | 2.23 | 0.55 | 2.17 | 0.56 |
| 坚持时长/分钟 | 19.87 | 16.83 | 24.37 | 13.48 |
| *r* | −0.31* | | −0.31* | |

由表 5-15 可以看出，实验组学前儿童的实验任务坚持时长与《学前儿童任务坚持性教师评定问卷》的平均得分存在显著的负相关关系，$r=-0.31$，$p<0.05$，控制组学前儿童的实验任务坚持时长与《学前儿童任务坚持性教师评定问卷》的平均得分存在显著的负相关关系，$r=-0.31$，$p<0.05$，由此表明，实验结果与问卷结果存在一致性，说明本次研究的实验任务情境测量到了拟测量的内容。

### （二）实验组与控制组前测同质性检验

以组别为自变量，以学前儿童在前测中的实验任务坚持时长为因变量进行独立样本 *t* 检验。实验组的坚持时长（$M$=19.87，$SD$=16.83）与控制组的坚持时长（$M$=24.37，$SD$=13.48）之间无显著差异（$t=-1.14$，$p=0.26$）。这说明绘本教学活动干预前，两个班学前儿童的任务坚持性具有同质性，可以进行后续实验。

### （三）后测实验组与控制组之比较

以组别为自变量，以学前儿童在后测中的实验任务坚持时长为因变量进行独

立样本 $t$ 检验。实验组的坚持时长（$M$=41.87，$SD$=9.50）与控制组的坚持时长（$M$=25.43，$SD$=13.01）之间有显著差异（$t$=5.59，$p$<0.001）。同控制组学前儿童相比，实验组学前儿童坚持的时间更长。这说明实验组学前儿童的任务坚持性水平高于控制组学前儿童，绘本主题教学活动促进了学前儿童任务坚持性的发展，其培养方案是有效的。

### （四）控制组前后测比较分析

将控制组学前儿童在前测和后测中的实验任务坚持时长进行配对样本 $t$ 检验。控制组学前儿童的前测坚持时长（$M$=24.37，$SD$=13.48）与后测坚持时长（$M$=25.43，$SD$=13.01）之间无显著差异（$t$=−0.40，$p$=0.69）。从平均数上可以看到，控制组学前儿童的后测坚持时长仅比前测坚持时长增加了 1 分钟左右，控制组学前儿童的后测变化并不明显，说明如果不进行有针对性的培养方案，学前儿童的坚持性水平就无法得到发展，这从侧面也可以反映出绘本主题教学活动干预是十分必要和有意义的。

### （五）学前儿童的语言、行为的质性分析

通过对典型个案进行观察与分析，我们可以了解为什么干预是有效的。根据前测任务情境过程，我们发现，坚持时间最长（67 分钟）的小名（化名）在任务进行过程中的表现较为冷静，在绳头松软且出现分叉的情况下，他与研究者的对话如下：

小名：你能拿着一根毛，穿过一个洞，然后我拿着那根毛吗？

研究者：我不可以这样帮你哦，你能想出其他办法吗？

小名（过了大概 5 秒后）：那你帮我剪了吧。

研究者：好。

坚持时间最短（1 分钟）的小奕（化名）在开始穿的时候曾自言自语“怎么穿不进去”，结果过了 1 分钟就放下了绳子。他与研究者的对话如下：

研究者：你怎么了？

小奕：我不想穿了。

研究者：为什么不想穿了？

小奕：我不喜欢穿这个。

两名学前儿童在此之前都没有参与过用软头绳子穿纽扣的活动。在前测中，小名能较好地想出解决问题的方法，并且能长久地坚持下去。然而，小奕在遇到

困难时却不愿意坚持下去。

后测中，小名坚持的时间同样较长（55 分钟），而小奕的坚持时长（48 分钟）较之前的时长（1 分钟）发生了很大的变化。在后测过程中，研究者在任务进行过程中试图与小奕进行对话：

研究者：你还想不想坚持下去？

小奕：想，我要把这些穿完。

同时小奕也遇到了线头松软的情况：张老师，怎么变成这个样子了！（边说边将线头拿给研究者看）。

研究者：你想想该怎样解决呢？

小奕：剪了呢？

研究者：可以。

由此可以看出，小奕是自愿完成任务的，同时他解决问题的能力较之前也有所提升。

## 三、讨论

### （一）实验干预可以有效地提高实验组学前儿童的坚持性水平

经过 8 周的绘本干预，实验组学前儿童在进行穿纽扣任务时的坚持时长有显著增加，这在一定程度上是因为学前儿童期是培养坚持性意志品质和提高任务坚持性水平的关键期（杨丽珠，董光恒，2005；金芳等，2011；马瑞青等，2016）。抓住学前儿童发展的关键时期，会取得事半功倍的效果。维果斯基认为，“在教学前应确定儿童的两种发展水平。第一种是儿童现有的发展水平，第二种是在教学的指导下儿童发展的水平，通过教学可以消除两种水平之间的差异就是最近发展区”（朱智贤，林崇德，2002）。研究者在学前儿童已有水平的基础之上设计坚持性绘本主题教学活动，也能在一定程度上促进学前儿童坚持性水平的发展，与以往的研究一致（韩映虹等，2017b）。

实验干预后，学前儿童对坚持的理解并不仅仅停留在完成实验任务上，也表现在日常生活中。社会认知理论学家班杜拉曾提出，“儿童的大多数学习发生在社会环境中，儿童通过观察生活中重要人物的行为而学得社会行为，这些观察以心理表象或其他符号表征的形式存在于大脑中，以帮助他们模仿学习”（陈琦，刘儒德，2007）。学前儿童在经过不断的强化和模仿学习后，增加了坚持的行为，并通过行动和外部语言表现出来。例如，在一次户外活动“爱的华尔兹”中，学前儿童需要走队形，既不能走得太快也不能走得太慢，这个时候就有学前儿童提出“要像‘小步’那样一小步一小步地走”，其他儿童就回应“对，我们要一小步一小步地走”，最后大家将队形走得井然有序。榜样学习带给学前儿童坚持的力量已无形中融入他们的一日生活中。韩映虹等（2017b）也认为，学前儿童能从绘本中感受到榜样的坚持力量，并在日常生活的各种任务中努力向榜样学习。

在任务情境中，教师的语言和态度对学前儿童的坚持性行为有一定的影响。前测的任务结束后，研究者会询问学前儿童为什么不继续了，有的学前儿童在绳头正常的情况下直接表示“我不想穿了”，有的学前儿童因为绳头过于松软而表示“太难了，我不想穿了”。在后测任务过程中，研究者发现，有的学前儿童在穿的过程中会出现 2～3 次的自言自语，如“太难了”，但会继续穿，同时研究者也会给予积极反馈“我相信你是可以完成的”；有的学前儿童会在绳头松软的情况下继续穿，直到穿不过去的时候向研究者求助，研究者就会给予适当的帮助。学前儿童会利用语言暗示自己要坚持下去，这与黄双雷（2010）认为学前儿童面对困难时的表现对其坚持性有一定影响相契合。教师对学前儿童的积极期望态度是影响学前儿童坚持性水平的重要因素。任务开始时，研究者向学前儿童传递求助的言语并表达出期望学前儿童能完成的情感；任务过程中，研究者对学前儿童的合理请求（绳头无法穿串）给予相应的帮助。正如但菲和冯璐（2009）认为，教师的积极态度和在任务过程中的多次语言指导可以使学前儿童努力克服困难，能更长久地坚持自己的行为。由此可以看出，在整个任务中，教师对学前儿童的行为进行积极反馈有助于学前儿童坚持性水平的提高。

另外，由于本次研究的任务材料是不同形状、不同颜色的几何纽扣，相对于“分豆子”这种简单枯燥的任务来说，“几何纽扣穿串”任务还是具有一定的趣味性的，恰如黄双雷（2010）提出的，学前儿童在有难度并且有趣的任务中坚持的时间会更长。

### （二）绘本教学对于学前儿童坚持性的培养具有积极作用

杨丽珠和宋芳（2008）提出，学前儿童期是健全人格发展的关键期，促进学前儿童人格的良好发展对其身心健康发展具有积极影响和重要作用，并为其终身发展奠定基础。绘本阅读不仅可以作为促进学前儿童人格发展的重要载体，与其相关的延伸活动也起着重要作用。绘本的选择在一定程度上影响了学前儿童坚持性水平的提高。研究者在选择坚持性绘本的时候考虑到了绘本应符合大班学前儿童的年龄特点，并且增减了部分语言和图画，使学前儿童更易理解。吴念阳（2015）也提出，只有绘本中的人物数量、情节特点、主题特点、语言风格、结尾、长度等方面符合该年龄段学前儿童的身心发展规律，才能发挥绘本的最大价值。

坚持性绘本主题活动设计的科学性也在一定程度上影响着学前儿童的坚持性发展。研究者在设计坚持性主题绘本教学活动计划时，要求每周进行一个绘本主题阅读活动，包括阅读绘本和延伸活动。首先，开展集体阅读绘本活动，教师大声朗读绘本，这同吴念阳（2015）让学前儿童跟着声音走进故事情境，刺激学前儿童的大脑皮层以强化记忆的原因是一致的。其次，在绘本活动的基础之上开展相关的延伸活动，包括故事分享、角色表演和美工活动（绘画、剪纸、串珠）等，比如，研究者依据《小步走路》开展了跳绳（单跳、连跳、跑跳）的延伸活动，并且在此活动中让学前儿童亲身感受：像“小步”一样一步一步地坚持下去，就能达到目标——学会跳绳，自己不仅学到了新本领，自身能力也得到了提升。正如韩映虹等（2017b）所表明的那样，科学的绘本教学可以有效地提高学前儿童的坚持性水平，并可以使这种影响贯穿到其一日生活中。

## 四、结论及教育建议

### （一）结论

本节研究得出如下结论。

1）本次研究探索的检测大班学前儿童坚持性水平的“几何纽扣穿串”任务情境的效度较好。

2）本次研究设计的一套有关坚持性的绘本主题教学活动方案对于大班学前儿童任务坚持性的培养是有效的。

### （二）教育建议

#### 1. 结合活动本身的特点安排活动时间

本次研究在简单而富有挑战性的任务情境下发现，大班学前儿童坚持的平均时间约为22分钟。任务设置的时间过短，将无法满足学前儿童意志发展的要求；任务设置的时间过长，将会对学前儿童的坚持性提出一定的挑战。因此，教师可以通过调控活动时间的方式来促进学前儿童的坚持性发展。

2. 教师可采用穿串纽扣的任务情境检测大班学前儿童的坚持性水平

本次研究为了评估学前儿童的坚持性水平，检验了用 2.5 毫米硬头红绳和 2.5 毫米的软头红绳中的哪一种红绳来穿纽扣对于 5～6 岁学前儿童是有困难的、不容易完成的，但坚持下去可以完成的任务。按照实验任务情境对其进行前测，学前儿童使用软头红绳穿一个纽扣所花的时间大约是使用硬头红绳的两倍，同时实验者通过观察实验过程中使用不同类型绳子穿纽扣的学前儿童的行为表现，并进行对比分析发现，用软头红绳穿纽扣比用硬头红绳更有难度和挑战。经检验，2.5 毫米软头红绳穿纽扣任务对于 5～6 岁学前儿童是有难度且不容易完成的。此任务情境可以为教师测量学前儿童的坚持性水平提供一种可操作的方法。

3. 开展系统的绘本主题活动培养大班学前儿童的坚持性

绘本本身带有儿童性和文学性，具有独特的教育价值，借助绘本教学，教师可以开展丰富的教育活动。最重要的是教师应重视绘本阅读教学，丰富绘本教学的形式，提高学前儿童的阅读能力，并不仅仅是让学前儿童看多少本绘本，而是有组织、有计划地对学前儿童开展系统化的教学，以帮助学前儿童形成稳定的认知，让学前儿童在理解、坚持的基础上，通过延伸活动主观地感受坚持带来的改变和喜悦。本次研究结果表明，与没有进行绘本教学活动干预的学前儿童相比，进行干预的学前儿童的坚持性水平明显提高了。同时，绘本教学也不仅仅局限于坚持性的培养与发展，教师也可以系统地利用绘本教学培养学前儿童其他品质的发展。

大班是学前儿童入学准备的关键时期，利用绘本教学培养和研究学前儿童的品质发展已成为一种趋势，尽管更多学者从量化的角度研究学前儿童坚持性品质的发展，但将实验与问卷相结合对学前儿童的坚持性进行研究的文章较为匮乏。未来科学实验研究与主观调查的联系将更为紧密，成为探索学前儿童坚持性培养与发展的必然趋势。

## 第五节　绘本主题活动对 4～5 岁学前儿童创造性人格发展的影响

培养和造就高素质的创造性人才，是实施“科教兴国”战略的一项重大措施。

创造性指的是个体基于一定目的，通过使用所有已获得的信息，从而表现出来的具有一定新奇性、独特性、有社会或个人价值的产物的智力品格。要想人的创造力得以发挥和表现，就必须要对创造性人才进行创造性教育（林崇德，1999）。

联合国教科文组织国际教育发展委员会（2009）在《学会生存——教育界的今天和明天》一书中提到："当今社会每天都在发生变化，只有拥有创造性才能的人才能真正适应飞速发展的社会。教育的使命是为一个未知的世界培养未知的儿童、培养具有创造力的人才，教育的目标之一就是培养人的创造性，保持一个人的首创精神和创造力量。"

吉尔福特指出，创造力是指最能表现创造人物特点的各类本领。随后，他又提到："创造性才能决定一个人是不是有能力在很大程度上表现出创造性行为。具有一系列必备能力的个体，事实上是否真正能得到具备创造性质的结果，还与他的动机和气质特征有关。"这就强调了个体的人格、气质与创造性才能之间存在密切关系。林崇德（2006）指出，创造力要能够表现出来，可能还要依靠其他一些条件，包括创造性人格、创造性动机以及适宜创造的社会环境因素等，这些有助于创造力表现的条件在个体身上积累得越多，个体的创造倾向就越有可能更大程度地发挥和表现出来。

那么，要想卓有成效地促进儿童创造力的发展，就必须弄清楚其创造性人格的发展规律及年龄特点。儿童期是创造性人格可塑性最强的时期，有针对性地对其创造性进行培养是非常可行的（王晓茜，孙际铭，2008）。学前儿童期创造性人格的萌芽对于后续的创造力发展也起着至关重要的作用（Alfonso-Benlliure et al., 2013）

教育部于2012年颁布了《3～6岁儿童学习与发展指南》，着重强调要注重在学前阶段对学前儿童创造性相关能力的培养，如尊重并尽量满足学前儿童对事物的好奇和探索的欲望，通过游戏化主题活动激发学前儿童展开想象和探究。

对于儿童来讲，学前儿童阶段是人格形成和发展的关键阶段，在这个阶段培养学前儿童的创造性人格能为其以后的创造性发展奠定良好的基础。研究发现，3～5岁学前儿童创造性人格的发展相对较快，其中4岁是学前儿童创造性人格发展最快的时期。因此，在此阶段对学前儿童进行有效的引导和早期培养是非常必要的（刘文，李明，2010）。

绘本作为学前儿童学习的一种重要方式，对学前儿童的语言、想象、思维、情感、社会化及审美能力的发展都具有非常重要的价值。绘本作为学前儿童了解和认识世界的载体，书中的故事给学前儿童提供了丰富的体验，让孩子间接体会到不同的生活以及不同的人和事物，对于丰富学前儿童的想象力和提高其创造力都有很大的帮助（康长运，2002）。绘本将文学与艺术美加以结合，让学前儿童在文学与艺术之间充分发挥想象力。绘本中的插图可以帮助学前儿童建立直观形象，插图与插图之间需要想象力和创造力才能使其从内心勾勒出故事的轮廓，进而产生情节内容（马宁宁，2016）。

国内外关于儿童、青少年和成人创造性人格的研究都有涉及，但对学前儿童创造性人格的关注较少，并且以绘本为媒介对学前儿童进行创造性人格培养的研究很少。本次研究通过实验的方式对学前儿童的创造性人格施加积极影响，探究绘本主题活动对学前儿童创造性人格的影响，旨在通过对实验结果的分析得出4～5岁学前儿童创造性人格发展的一些特征，并对学前儿童的教育和教学工作有所启迪。

本次研究主要探讨绘本主题活动能否促进4～5岁学前儿童创造性人格的发展，构建幼儿园4～5岁学前儿童创造性人格教育内容网络，开发出一套能促进4～5岁学前儿童创造性人格发展的绘本主题活动方案，为学前儿童教育工作者提供关于绘本主题活动促进学前儿童创造性人格发展的观念和策略，为引领学前儿童教育实践及政策制定提供一些参考。

## 一、研究方法

### （一）被试

本次研究采用自然实验法，选取天津市某幼儿园两个中班的学前儿童，不打破原班级编制，随机分配一个班为实验组，另一个班为控制组，被试基本情况如表5-16所示。

**表5-16　实验组与控制组学前儿童基本情况**

| 组别 | 男生/人 | 女生/人 | 合计/人 | 平均年龄/月 |
|---|---|---|---|---|
| 实验组 | 11 | 19 | 30 | 55 |
| 控制组 | 19 | 11 | 30 | 53 |

### （二）实验材料

从由心理学专业研究生、学前教育专业研究生和幼儿园教师根据学前儿童人格发展的五大维度和相应组成特质评定的绘本中，筛选出适合4～5岁学前儿童创造性人格发展规律的绘本 16 本。经由幼儿园一线教师共 30 人组成的评分小组共同评定，选出适合对 4～5 岁学前儿童进行创造性人格发展培养的绘本 8 本。

### （三）实验程序

#### 1. 绘本筛选

筛选适合开展促进 4～5 岁学前儿童创造性人格发展的绘本主题活动的绘本，由 30 名一线幼儿园教师进行评定工作。

#### 2. 预实验

预实验主要针对主题活动媒介以及优化活动设计方案，选取实验组和控制组之外的一个中班开展 4 次绘本主题活动，以确定最佳的主题活动开展方式。

#### 3. 前测

干预前，对两个班的学前儿童进行创造性人格测试。每个班级由两名教师对本班学前儿童的创造性人格进行评分，确定两班学前儿童在创造性人格水平上是否具有同质性。

#### 4. 开展绘本主题活动

对实验组开展为期 8 周的绘本主题活动干预，每周使用 1 本绘本进行两次干预，共 8 本绘本。控制组投放相同的 8 本绘本供学前儿童自主阅读，不进行主题活动干预。

#### 5. 后测

干预活动结束后，对两个班级学前儿童的创造性人格进行再次测试，记录学前儿童的得分情况。

### （四）实验工具

使用辽宁师范大学刘文和齐璐（2008）编制的《幼儿创造性人格倾向教师评定问卷》，该问卷的 $\alpha$ 信度、分半信度和再测信度分别是 0.95、0.90、0.90，说明该问卷具有较好的内部一致性和稳定性。通过对该问卷进行探索性因素分析和验证性因素分析，结果显示，该问卷的内容效度与结构效度较好。该问卷由九个维度组成：新异性、独立性、成就感、合作性、自信心、敏感性、好奇心、审美性、幽默感。

## 二、结果与分析

### （一）实验组和控制组实验前后学前儿童创造性人格水平的差异

1. 实验组和控制组教师评分一致性检验

实验组两名学前儿童教师在前测评分上有显著相关（$r$=0.49，$p$<0.001），表明具有较高的评分者一致性。前测过程中控制组的一名学前儿童教师离职，控制组只有一名学前儿童教师参与前测，因此不存在一致性问题。

2. 实验组和控制组前测同质性检验

经同质性检验，实验组学前儿童的创造性人格得分平均数为 3.35，控制组学前儿童的创造性人格得分平均数为 3.31，$t$=0.37，$p$=0.72，未达到显著性水平，表示实验前实验组和控制组两个班级学前儿童的创造性人格得分不存在显著差异，从而确保了实验组和控制组在实验前具有同质性。

对实验组和控制组学前儿童前测的创造性人格水平进行分维度分析，结果如表 5-17 所示。实验干预前，从分维度来看，实验组和控制组学前儿童在九个维度上的得分均不存在显著差异（$ps$>0.05），因此，从前测分维度的结果来看，实验组和控制组学前儿童的创造性人格水平具有同质性。

**表 5-17　实验组和控制组分维度同质性检验**

| 维度 | 组别 | $n$ | $M$ | $SD$ | $t$ |
|---|---|---|---|---|---|
| 新异性 | 实验组 | 30 | 3.60 | 0.49 | 1.88 |
| | 控制组 | 30 | 3.36 | 0.51 | |
| 独立性 | 实验组 | 30 | 3.66 | 0.48 | −0.45 |
| | 控制组 | 30 | 3.71 | 0.40 | |
| 成就感 | 实验组 | 30 | 3.92 | 0.55 | 1.18 |
| | 控制组 | 30 | 3.77 | 0.37 | |
| 合作性 | 实验组 | 30 | 4.01 | 0.61 | 1.98 |
| | 控制组 | 30 | 3.75 | 0.37 | |
| 自信心 | 实验组 | 30 | 3.56 | 0.82 | −0.56 |
| | 控制组 | 30 | 3.66 | 0.51 | |
| 敏感性 | 实验组 | 30 | 3.05 | 0.58 | −0.34 |
| | 控制组 | 30 | 3.09 | 0.35 | |

续表

| 维度 | 组别 | $n$ | $M$ | $SD$ | $t$ |
|---|---|---|---|---|---|
| 好奇心 | 实验组 | 30 | 2.83 | 0.76 | 0.30 |
| | 控制组 | 30 | 2.78 | 0.46 | |
| 审美性 | 实验组 | 30 | 3.16 | 0.82 | −0.32 |
| | 控制组 | 30 | 3.22 | 0.55 | |
| 幽默感 | 实验组 | 30 | 2.49 | 0.47 | −1.89 |
| | 控制组 | 30 | 2.75 | 0.58 | |

3. 实验组和控制组后测与前测差值比较

实验组学前儿童前后测创造性人格得分增长的平均数为 0.33（$SD$=0.12），控制组学前儿童前后测创造性人格得分增长的平均数为 0.01（$SD$=0.25），实验干预后，实验组学前儿童的创造性人格水平增长幅度显著高于控制组学前儿童创造性人格水平增长幅度（$t$=6.11，$p$<0.001），表明实验干预有效，绘本主题活动有效地促进了学前儿童创造性人格的发展。

对实验组和控制组学前儿童前后测的创造性人格水平进行分维度分析，结果如表 5-18 所示。实验干预后，实验组学前儿童在独立性、敏感性、幽默感三个维度上的增长幅度显著高于控制组学前儿童在这三个维度上的增长幅度（独立性：$t$=3.30，$p$<0.01；敏感性：$t$=3.30，$p$<0.01；幽默感：$t$=6.23，$p$<0.001），由此可以看出，绘本主题活动对学前儿童的独立性、敏感性和幽默感三个方面的促进作用最为显著。

**表 5-18　实验组和控制组前后测各维度差值比较**

| 维度 | 组别 | $n$ | $M$ | $SD$ | $t$ |
|---|---|---|---|---|---|
| 新异性 | 实验组 | 30 | 0.13 | 0.11 | 0.88 |
| | 控制组 | 30 | 0.04 | 0.55 | |
| 独立性 | 实验组 | 30 | 0.03 | 0.03 | 3.30** |
| | 控制组 | 30 | −0.24 | 0.45 | |
| 成就感 | 实验组 | 30 | 0.22 | 0.23 | 1.35 |
| | 控制组 | 30 | 0.09 | 0.46 | |
| 合作性 | 实验组 | 30 | 0.09 | 0.20 | 0.37 |
| | 控制组 | 30 | 0.06 | 0.47 | |

续表

| 维度 | 组别 | $n$ | $M$ | $SD$ | $t$ |
|---|---|---|---|---|---|
| 自信心 | 实验组 | 30 | 0.23 | 0.20 | 0.91 |
| | 控制组 | 30 | 0.12 | 0.59 | |
| 敏感性 | 实验组 | 30 | 0.37 | 0.13 | 3.30** |
| | 控制组 | 30 | 0.05 | 0.51 | |
| 好奇心 | 实验组 | 30 | 0.29 | 0.18 | 1.94 |
| | 控制组 | 30 | 0.05 | 0.66 | |
| 审美性 | 实验组 | 30 | 0.29 | 0.94 | 1.55 |
| | 控制组 | 30 | −0.08 | 0.90 | |
| 幽默感 | 实验组 | 30 | 1.30 | 0.52 | 6.23*** |
| | 控制组 | 30 | 0.02 | 1.00 | |

## （二）绘本主题活动对不同性别学前儿童创造性人格影响的差异

### 1. 实验组前测不同性别学前儿童创造性人格水平比较

实验前对实验组不同性别学前儿童的创造性人格水平进行比较，男生的创造性人格的平均得分为 3.20（$SD$=0.60），女生的创造性人格的平均得分为 3.44（$SD$=0.56），$t$=1.07，$p$=0.30，因此，前测中实验组不同性别学前儿童的创造性人格水平相当。

### 2. 实验组不同性别学前儿童创造性人格水平前后测差值比较

对实验组不同性别学前儿童的创造性人格前后测得分差值进行比较，男生在后测中的平均增值为 0.38（$SD$=0.12），女生在后测中的平均增值为 0.30（$SD$=0.12），$t$=1.71，$p$>0.05，即男女学前儿童在实验干预后的创造性人格水平增长幅度相当。因此，实验干预对于不同性别学前儿童的创造性人格水平具有相同程度的促进作用。

## （三）实验组和控制组创造性人格类别差异比较

### 1. 实验组和控制组前测创造性人格类别差异比较

本次研究对实验组和控制组学前儿童在创造型人格三个类别——合作型、科学型、艺术型的得分情况进行前测分析，结果见表 5-19。前测中，实验组和控制组学前儿童在创造性人格的三个类别的得分上均不存在显著差异（$ps>0.05$）。

**表 5-19 实验组和控制组前测创造性人格类别同质性检验**

| 类别 | 组别 | *n* | *M* | *SD* | *t* |
|---|---|---|---|---|---|
| 合作型 | 实验组 | 30 | 15.87 | 2.73 | 0.80 |
| | 控制组 | 30 | 15.43 | 1.37 | |
| 科学型 | 实验组 | 30 | 19.33 | 3.45 | 0.33 |
| | 控制组 | 30 | 19.11 | 1.49 | |
| 艺术型 | 实验组 | 30 | 17.79 | 2.85 | 0.44 |
| | 控制组 | 30 | 17.54 | 1.20 | |

2. 实验组和控制组前后测创造性人格类别前后测差值比较

对实验组和控制组学前儿童的创造性人格类别增长情况进行比较，结果见表5-20。实验组学前儿童的合作型和科学型创造性人格增值显著高于控制组学前儿童两种类型的创造性人格增值（合作型：$t=3.66$，$p<0.01$；科学型：$t=4.08$，$p<0.001$），因此，绘本主题活动对于学前儿童的合作型和科学型创造性人格具有显著的促进作用。

**表 5-20 实验组和控制组前后测创造性人格类别差异比较**

| 类别 | 组别 | *n* | *M* | *SD* | *t* |
|---|---|---|---|---|---|
| 合作型 | 实验组 | 30 | 2.18 | 0.61 | 3.66** |
| | 控制组 | 30 | 1.39 | 1.00 | |
| 科学型 | 实验组 | 30 | 2.53 | 0.60 | 4.08*** |
| | 控制组 | 30 | 1.50 | 1.25 | |
| 艺术型 | 实验组 | 30 | 1.13 | 0.80 | 0.62 |
| | 控制组 | 30 | 1.00 | 0.87 | |

## 三、讨论

### （一）绘本主题活动对4～5岁学前儿童创造性人格的影响

从研究结果中可以看出，绘本主题活动有效地促进了4～5岁学前儿童创造性人格的发展。特别需要提到的是，预实验对于正式实验的开展起到了非常关键的作用，不管是从教学媒体还是从绘本主题活动开展的形式来看，预实验在很大程度上对将开展的正式实验尽可能做了完善。以往关于绘本培养的研究很多，尤其是对学前儿童社会性方面的培养，但培养方式多是从绘本讲述和故事理解角度开展的。本次研究采用主题活动的形式，从多方面进行干预，除了最基础的集体绘本教学活动外，在学前儿童对绘本有了初步理解的基础之上，还采用了包括艺术活动（绘画、手工、表演）、游戏、户外活动以及自由活动等在内的多种形式。

从不同维度的结果来看，绘本主题活动对于学前儿童独立性、敏感性和幽默感的促进作用是最显著的。独立性是个人自身的一种行为倾向，是依据社会规范通过自我调节来实现自己的目标，主要包括自我依靠、自我控制和自我主张。本次研究在开展绘本主题活动之前先对班级学前儿童进行了 4 周的调研，在该段时间内，研究者积极向班级教师了解班上每一位学前儿童的特点和性格，在绘本主题活动开展过程中，尽量避免以往集体教学中存在的教师讲、学前儿童听的情况，给每一位学前儿童表达自己的机会，摒弃用教师的权威让学前儿童遵守纪律，而是通过一次次的情境吸引让学前儿童主动遵守纪律；丰富的表演游戏和探索活动结合了不同学前儿童的不同性格特点，让学前儿童在好奇的过程中感受绘本故事情节的神奇变化，有收有放，使其在愉快的氛围中成长。这也印证了邹晓燕（2004）在《3—5 岁儿童独立性发展特点与影响因素研究》一文中提到的在学前儿童的独立性成长过程中，轻松愉悦的环境氛围、针对儿童自身特点进行培养都会促进学前儿童独立性的发展。

敏感性是指个体对周围事物敏锐的感知能力，主要是指对事物敏锐的观察力。本次研究中绘本主题活动对于学前儿童敏感性的促进作用主要表现在观察力方面，陆秀娟（2010）提出，随着学前儿童阅读经验的积累，他们观察的目的也会日益突出，会围绕故事情节的发展进行观察，会更多地把目光放在与故事情节发展有关的图案上，并且会通过观察到的主人公的神态和身体动作来读懂故事，发现故事中更深层次的东西，能把他们所注意到的故事细节和情节联系起来。学前儿童通过对图画故事书细节的观察，对所感知的对象有更准确、深刻、完整的理解。在绘本主题活动中，针对每一本绘本开展活动之前，教师都会跟学前儿童一起理解绘本中有趣的故事情节，绘本《云朵面包》最开始讲到“清晨，我从梦中醒来，睁眼一看，窗外正下着雨”。教师说：“小朋友们一起来看一看，谁醒了呢？”学前儿童会仔细观察页面中显示的图画，看一看谁的被子掀开了，观察仔细的学前儿童会兴奋地举手告诉老师“是小猫!”对于一些相对容易观察到的细节，学前儿童还会“不屑”地告诉教师，一次次的观察细节促进了学前儿童观察力的发展，同时学前儿童的自信心和成就感也得到了发展。

幽默感是指与幽默相关的在行为上表现出来的稳定的个体差异。李明（2010）指出，学前儿童的幽默感有两个特点——重复性和形象性。重复性是指儿童在每次体验到幽默刺激后都会感受到很有乐趣并以笑的形式表现出来。但成人与儿童不同，随着体验次数的增加，成人的幽默感会逐渐降低。形象性是指儿童只能感知诸如有趣的话或者滑稽的表演这种表现幽默的外在现象，这与孩子的思维特点有关，如猫的喵喵声、风的呼呼声等，故意夸大这些声音，能更好地唤起孩子的幽默感。绘本主题活动之所以促进了学前儿童幽默感的发展，可能与绘本的内容有关，本次研究中用于实验干预的绘本多是色彩丰富、画面感强并且故事情节诙谐幽默的，而且在绘本本身的故事情节中，很多环节采用了夸张和诙谐幽默的技巧设计的，在与之相结合的主题活动中，角色扮演和游戏更多地体现了形象性，学前儿童对于动物有趣的语言和形象滑稽的动作的感受都是绘本主题活动的一部分，从而在无形中培养了学前儿童的幽默感。

### （二）绘本主题活动对不同性别学前儿童创造性人格的影响

从性别的角度来看，绘本主题活动对于不同性别学前儿童创造性人格的促进作用是相当的，在实验开始之前，实验组和控制组各自班级的男孩和女孩的创造性人格发展水平没有显著差异。齐璐（2007）在《3～5岁幼儿创造性人格的结构、发展特点与类型》一文中提到，3～5岁学前儿童的创造性人格发展在性别上的总体差异不显著，但从创造性人格的总分上看，女孩的创造性人格总分略高于男孩。这与本次研究的实验结果是一致的，实验干预后，实验组女生的创造性人格得分略高于男生，但男女学前儿童的创造性人格水平不存在显著差异，这表明绘本主题活动对于不同性别学前儿童的创造性人格的促进作用是相当的。

这一点在平时的活动中也有所体现，不管是对于绘本阅读本身的参与，包括后续情节猜想、续编故事、形象创设等，还是对于绘本所延伸的其他艺术活动、游戏等的参与，班里男孩和女孩的表现之间不存在明显差异。这可能与平时的活动形式有关，活动中凡是涉及合作和讨论的部分，分组时每组都会有男孩和女孩，不存在一个组全是男孩或全是女孩的情况。

### （三）绘本主题活动对4～5岁学前儿童创造性人格不同类型的影响

本次研究结果表明，绘本主题活动对于科学型学前儿童的促进作用最为明显，科学型学前儿童在创造性人格中的新异性、成就感、自信心、敏感性、好奇心、幽默感这六个维度上的得分较高。齐璐（2007）提到，科学型学前儿童具有强烈的好奇心和敏锐的观察力，愿意寻找不同于他人的看法，能体验创造的喜悦，成就感很强，同时充满了自信，具有富于哲理性的幽默。本次研究中的实验干预对于科学型创造性人格的促进作用最为明显，可能与绘本主题活动中设计的故事情节以及开展的延伸活动有关，例如，在绘本《云朵面包》的主题活动中，教师会更多地让小朋友去发现故事中的小细节，孩子们在发现了什么之后都会特别兴奋，当问到小朋友想吃什么味道的面包时，有一个小朋友提到想吃水滴味道的面包，并且在后面的烘焙中做出了五彩的水滴味道的面包，在整个活动中，小朋友不仅体验到了创造的快乐，也对自己独一无二的回答非常有成就感和自信心。

在探索不同的颜色混在一起会出现什么颜色时，学前儿童在教师的带领下探索完红黄、红绿和蓝绿混在一起的颜色之后，他们开始自己探索两种不同的其他颜色混合后会出现什么颜色，在教师说完要求之后，每一名学前儿童都是小心翼翼地蘸取颜料，先是弄一点点，然后再慢慢加，由此可以看出孩子们真的很激动，但同时又很小心地感受着颜色的变化，这一次次的活动促进了他们创造性人格的发展。

## 四、结论及教育建议

### （一）结论

本次研究结果表明，绘本主题活动可以有效促进中班学前儿童创造性人格的发展。4～5岁学前儿童的创造性人格水平在性别上不存在显著差异，并且实验干预对不同性别学前儿童的创造性人格水平的促进程度相当。绘本主题活动对学前儿童创造性人格的合作型、科学型、艺术型的培养具有相同程度的促进作用。

### （二）教育建议

#### 1. 选择适合学前儿童创造性人格培养的绘本

教师和家长应该选择适合学前儿童年龄和发展特点的绘本，从图的角度来看，画面应该是鲜亮的、线条简单、构图清晰的；从字的角度来看，字的大小和字数应该是适中的，并且绘本的主题应该简洁明了、有趣味性，内容和情节应该贴近学前儿童的实际生活经验，这样才能在最大程度上吸引学前儿童的注意，激发学前儿童的阅读兴趣，从而带动学前儿童带着好奇的心情阅读和理解绘本，以帮助学前儿童在后面的创作中发挥更高水平的创造性。

绘本《小猪变形记》中的各种动物形象的色彩就比较鲜明，而且每次翻到一个动物，学前儿童就能比较明显地看出该动物的特征来，如斑马身上的黑白条纹、大象长长的鼻子、长颈鹿长长的脖子，学前儿童在熟知了这些动物特征的前提下都十分好奇，想看一看小猪要怎样才能变成斑马、大象和长颈鹿。小朋友们可以先无限畅想怎样给小猪变身，然后研究者再拿出水彩笔，让学前儿童给手里的小猪来一个大变身，就像孙悟空一样可以七十二变，看看哪个小猪最神奇，而且变得还特别美。后面的动物孩子们可以在创作中发挥自己无限新奇的想象力。

2. 多种形式绘本主题活动促进学前儿童创造性人格的发展

（1）采用多种教学策略从绘本本身促进学前儿童创造性人格的发展

在最开始给学前儿童讲述绘本的时候，学前儿童教师不应该单单讲述书中的故事情节，更多的是对不同绘本所展现的不同情节和内容设计丰富有趣的活动。学前儿童在听教师讲述绘本的时候，学前儿童教师应该注意引导每一位学前儿童进行观察和自由想象，每一个环节都要有学前儿童的参与，一个故事情节的展开是在学前儿童的好奇和无限猜想中进行的，这对于学前儿童更深入地理解绘本所要表达的情感和主题是非常有帮助的。

（2）绘本主题活动可以拓展到一日生活的诸多环节

绘本主题活动拓展包括以下几个方面。

戏剧表演：在绘本主题活动的实施过程中，孩子很容易被书中丰富、有趣的故事情节吸引，也会跟书中的主人公一样感到高兴、悲伤、着急、无奈。教师可以在戏剧表演活动中让几名学前儿童分别扮演绘本中的角色，通过有趣的模仿表达和夸张的动作表演，不仅可以促进学前儿童对绘本中故事情节的理解，也可以让学前儿童在表达和表演的过程中变得更加幽默，也更有成就感和自信心。

烘焙活动：每周二下午，幼儿园两个中班都会有烘焙活动，让每个学前儿童有机会像一个小厨师一样做出美味的食物。在学过《云朵面包》这本绘本之后，孩子们都兴致勃勃地想亲手做一个属于自己的独一无二的面包，在孩子们想好自己想做的面包，并且熟悉做面包的流程之后，一个个“小厨师”就上岗了。他们戴上厨师帽，围上小围裙，每个人有一个面盆、一些面、一个擀面杖、一杯水，还有面包上面要添加的一些配料。之后，“小厨师”们就开始做面包了，他们学着猫妈妈的样子认真和面，小心翼翼地加水，轻轻地擀面，每个小朋友都在用心打造属于自己的面包。虽然最后烤出来的面包有的有点硬，有的没什么味道，但每个孩子在拿到自己做的面包后都特别高兴，他们迫不及待地跟同伴讲述自己在做面包的过程中都放了什么、成果如何。通过这次烘焙，孩子们知道自己真的可以做出来一个独一无二的面包，每一个孩子的用心都得到了肯定。

过渡环节：教师经常会带孩子做手指操，其中有一个“红红和黄黄”的手指操，内容大概是这样的：两个主人公红红和黄黄，以下是这两个小朋友这三天发生的故事，其中第一天，红红去找黄黄，但是黄黄不在家；第二天黄黄去找红红，红红也不在家；第三天，两个小朋友终于见到了。有时候手指操做得次数多了，有一些孩子会不耐烦，嘴里嘟囔着“又是红红和黄黄，没有别的小朋友了吗？”等到下一次过渡环节，教师请小朋友们想一想，“今天我们换两个小朋友去对方家里玩”，有的小朋友说“小猪和狐狸吧”，于是他们编了一个“小猪和狐狸”手指操：

小猪和狐狸，第一天，小猪，打开门，走出来，关上门，跑跑跑，小兔在家吗？小兔在家呢，打开门，走进去，是狐狸，打开门，跑出来，跑跑跑，打开门，走进去，关上门，好害怕；第二天，狐狸，打开门，走出来，关上门，走走走，小猪在家吗？小猪不在家，走走走，打开门，走进去，关上门，睡了；第三天，小猪和狐狸，打开门，走出来，关上门，走走走，见了面，吓一跳，跑跑跑，跑不过，被吃掉。

一个简单的手指操的改编看似简单，实则是孩子们自己创设了三个场景：第一天，小猪跑到它以为是小兔子的家里，结果其实是狐狸的家，它赶紧跑回去；第二天，狐狸去找小猪，小猪假装不在家；第三天，两只小动物碰上了，小猪跑不过狐狸，被吃掉了。绘本中的故事情境被学前儿童加上自己的想象编成手指操，这无形中激发了学前儿童的创造性。

喝水环节：班上水桶的水龙头开关老是掉下来，孩子们一不小心就会把开关掉进小水杯里，水就会哗哗流在地上，每次都是三位老师飞奔到水桶前，赶紧安上开关，让孩子们先离开水桶区，把水拖干净了再让学前儿童接水，对此老师表示很无奈又没有好办法。有一次，班上一个平时比较积极的男生看到开关又掉了就对老师说：“老师，我们小朋友们来想想办法吧！”这一提法激起了老师们的好奇心。喝完水后，小朋友们都坐回自己的位置上，开始了“水龙头开关救治”讨论，先是每个小组开始想办法，然后每个小组选出最可行的办法，有的说重新买一个水龙头，有的说往里面塞一点儿东西，有的说把水龙头和开关包在一起，有的说在水桶下面放一个盆。30 个孩子真的想出了很多办法，把三位老师都惊到了，最后一个小朋友说：“老师，你在楼道里贴东西的胶水，用那个可以粘住水龙头吗？”最后，教师买了可以粘住铁的胶水，修好了水龙头开关。由此看来，生活中的小事也可以被用来对学前儿童的创造性人格进行培养。

# 第六节　绘本主题活动对中班学前儿童负性情绪调节的影响

## 一、引言

### （一）情绪调节及相关研究

简单来说，人的情绪是一种心理过程，其在人类个体发展的各个方面都起着不容忽视的作用。孟昭兰（2005）在其研究中指出，个体情绪的发展包含两个属性之间的相互影响和作用，从最初的以生物属性为主逐渐发展到以社会属性为主，这是一个缓慢发展的过程。在最初的情绪研究中，美国心理学家提出的概念——情绪智力（emotional intelligence）在全世界引起了轰动。这一概念是由美国心理学家萨洛维（Salovey）和梅耶（Mayer）在 1990 年首次正式提出的。此后，美国心理学家丹尼尔·戈尔曼在 1995 年出版了《情绪智力》（*Emotional Intelligence*）一书。在该书中，他对情绪智力的重要性进行了集中阐释，让世界范围内的研究者一改过去只关注对人类个体智商的培养，渐渐关注到个体情绪能力也是一个值得培养的方面。

在萨洛维和梅耶提出的“情绪智力”概念中，他们将情绪智力概括为四个等级不同的能力：情绪的认知、评估和表达能力，思维过程中的情绪促进能力，理解与分析情绪、获得情绪知识的能力，以及对情绪进行成熟调节的能力（彭聃龄，2012）。我国学者在情绪能力上也有自己的观点，姚端维等（2004）在其研究中指出，情绪在个体与外界的关系上具有特殊的功能，它能够建立、维持和改变个体与外界的关系。这也与情绪的生物属性和社会化过程有着相对应的深层关系。情绪的这种功能被广泛认为是一种能力，即情绪能力，而情绪能力主要包括情绪理解和情绪调节两个方面。可见，从情绪智力理论诞生起，情绪调节就是情绪智力研究的重要内容，情绪调节能力也是一个人情绪智力的重要表现。

与情绪调节有关的研究最早发现于 20 世纪 80 年代末的发展心理学，在这些研究中，情绪调节被赋予了举足轻重的角色，将其看作长期影响人类生命健康的重要因素，也是人类自身情绪能否与社会生活环境相适应的决定性因素，更是维持个体心理健康发展的关键因素。这对人类的整体生存和发展有着直接的影响。

情绪调节是指个体以社会认可和接受的方式对各种情绪做出反应的能力，旨在快速有效地适应社会情况并保持良好的人际关系（卢玲，2011）。积极和消极的情绪都必须被调节。例如，尽管快乐是一种积极情绪，但它仍需要被规范。在操场上，积极、热情是受欢迎的，但在安静的教室中，过分活泼是不受欢迎的。同样，悲伤是在不幸情况下的一种适当的情绪，但不是在所有情况下都要悲伤。

随着儿童年龄的增长，他们会有自己的看法，并且会变得越来越自主。因此，成年人会规范儿童的行为，制定许多规则和限制。一旦孩子无法遵从，消极情绪（如挫折、愤怒等）便会随之而来，这时儿童就产生了对情绪调节的需求。Kopp（1989）提出，情绪调节是指当学前儿童出现负性情绪时，他们会使用行为与动作来调节或减少负性情绪引起的不舒服，同时也会受到认知及过去经验的影响。

20 世纪 80 年代末至今，经过了多年的探索研究之后，有关情绪调节的研究成果逐渐被应用到实际中，比如，国外学者研发出了一套促进儿童情绪健康发展的课程——“比比和朋友”，该课程受到了家长和孩子的青睐，华东师范大学在 2006 年将这一课程引入我国并获得了成功，为众多家庭、儿童送上了有关情绪教育的启蒙课。如今，情绪教育在全社会引起了关注，是学前儿童教师和父母都在关心的热点问题，情绪调节作为情绪能力的重要组成部分之一，也就成为当前研究的重中之重。

### （二）情绪调节影响个体社会适应

付智伟等（2013）对哈尔滨市的两所幼儿园 732 名 3～6 岁学前儿童进行调查发现，哈尔滨市 3～6 岁学前儿童焦虑情绪的发生率分别为 16.3%（3 岁）、13.8%（4 岁）、12.6%（5 岁）、12.3%（6 岁）。由此可见，儿童的情绪问题亟须进行调节、干预和治疗，如不及时处理，很可能会危害到儿童的心理健康，影响其健康成长。尤其是在我国现行的开放三孩的生育政策情况下，如果家长不能良性引导学前儿童接受弟弟或妹妹的到来，很可能会对学前儿童的心理健康产生影响，使学前儿童产生不同的情绪问题。刘丽（2006）在研究中指出，学前儿童出现的情绪问题有以下几类：不会表达自己的情绪情感，如面对自己无法解决的问题时选择大哭来缓解压力，或者选择沉默、拒绝表达自己遇到的困难，不愿对大人倾诉；不会调整自己的情绪情感，如任性、故意发脾气。与此同时，胡迎红和马丽雅（2000）发现，有超过一半比例的学前儿童在被欺负时会用武力来反击；当没有满足其要求时，会感到沮丧、会想要打人的孩子占到了 1/4，而有一半比例的孩子会生闷气。

由此可以看出，儿童调节情绪的能力是非常缺乏的，目前还存在学前儿童不能掌握和利用情绪调节技巧等问题。然而，由于学前儿童的生理、心理发展水平仍然较低，他们无法完全独立依靠自身进行情绪调节，需要周围的成人提供支持和引导。身为教育者，学前儿童教师需要用耐心和爱心，积极地开展活动，以引导学前儿童疏解不良情绪，重视现阶段学前儿童对情绪调节的需求，让学前儿童学会使用不同的情绪调节策略来解决情绪问题，改善学前儿童与环境之间的矛盾和冲突，从而促进学前儿童与社会生活环境之间的和谐相处。如果指导不及时或不能因人而异地进行调整，学前儿童很可能会产生多种负性情绪，导致出现不良的行为反应，甚至有可能会影响学前儿童对未来社会生活的适应能力。

研究发现，在日常生活中表现出焦虑、紧张或负性情绪状态越频繁的学前儿童，在同伴交往中的可接受性往往偏低，如不能及时得到指导，很可能为其在青少年时期出现更多的问题行为埋下种子（杨晓玲，2009）。总是在同伴交往中经历拒绝的学前儿童在自我维度和他人维度上的情绪智力都是最差的（刘丽湘，2008）。情绪调节作为个体早期社会化的重要组成部分，也是个体适应社会生活的关键心理机制之一。如果学前儿童在长时间的人际交往中被拒绝，这表明他们的社交适应能力差。因此，我们可以看出两者是密不可分的。

### （三）学前儿童期是培养情绪调节能力的重要时期

童年时期和青少年时期是个体发展情绪智力的关键时期，因为在这些时期，个体的情绪认知、情绪调节在逐步发展与成熟，并且与人脑生物学的发育成熟密切相关（赵敏，2007）。脑科学研究结果表明，婴儿出生后的第 10～18 个月是前额皮层和边缘系统之间的神经连接快速形成的时期。从实际表现来看，学前儿童期的所有行为和活动都伴随着强烈的情感色彩。这是因为杏仁核在大脑情绪反应方面的发展速度快于大脑皮层的发展速度，这为学前儿童情绪智力的发展奠定了生理基础。因此，与其他心理过程相比，学前儿童的情绪发展更快，功能也更强。

此外，心理学研究也证实，一旦学前儿童获得了自我语言调节功能，就表示学前儿童具备了情绪调节的心理条件。学前儿童期是口语发展的关键时期。当情绪不好时，他们可以用语言去寻求他人的支持，以缓解负性情绪所引起的心理紧张。自我对话的发生表明，学前儿童已经从受外界语言影响调整逐渐转变为内部自我调整的阶段。在这一阶段，学前儿童开始通过使用内部语言做出决定，并调整自己的行为执行决策（方富熹等，2003）。例如，学前儿童的自我安慰是通过内部语言调节情绪的表现。同时，这段时期学前儿童的自我意识也开始萌芽和发展。特别是随着年龄的增长，学前儿童逐渐学会控制自己的情绪和行为。

综上，个体在学前儿童早期就具备了个人情绪调节发展的生理和心理条件。

### （四）绘本对学前儿童情绪发展的独特作用

目前，学前儿童教育工作者逐渐认识到学前儿童情绪情感教育的重要性，如何在幼儿园开展适当的情绪情感教育，促进学前儿童情绪能力的发展已成为人们关注的重中之重。探索现有的研究成果，并对绘本在促进儿童社会性发展中的应用实证研究进行梳理，可以为探索幼儿园情绪情感教育提供独特的视角。

儿童绘本是学前儿童早期接触到的一种文学形式，由于其独特性而在学前儿童教育中发挥着重要作用。绘本中描述的故事通常包含社会价值观、生活规范和各种专题知识，学前儿童通过模仿和学习故事中主角的行为和处理方法来内化绘本中包含的知识和行为。另外，插图画册常以视觉和听觉形式呈现，更易被学前儿童接受。特别是在绘本中，携带着大量信息的丰富图像对学前儿童有很大的吸引力，并且可以帮助学前儿童长时间保留住绘本中的信息，同时引起学前儿童与故事内容产生共鸣，从而在没有压力的环境中帮助学前儿童学习情绪情感知识，让学前儿童学会表达自己真正的想法，促进其情绪能力的发展。因此，本次研究借助情绪主题类绘本，开展丰富多样的情绪主题教学活动，帮助学前儿童提升其负性情绪调节发展水平。

本次研究有两个目的：①分析绘本主题活动对学前儿童情绪调节能力的影响。②以情绪类绘本为依托，探索出一套有效促进 4～5 岁学前儿童情绪认知与调节的情绪教育方案。

## 二、研究方法

### （一）被试

本次研究以天津市一所公立幼儿园两个中班各 30 名 4～5 岁学前儿童为研究对象。其中实验组学前儿童包括男生 17 名、女生 13 名，平均年龄为 56.17 个月（$SD$=2.84）；控制组学前儿童包括男生 19 名、女生 11 名，平均年龄为 55.70 个月（$SD$=2.83）。研究者在招募研究对象时，先以电话联系幼儿园询问其参与本次研究的意愿，征得学校同意后将其确定为研究场所。开展实验前，研究者先以书面信件与同意函的方式告知家长本次研究内容，研究者需获得家长的同意书后，方能收集与分析研究对象的资料。

## （二）实验材料

根据《学前儿童情绪调节发展状况教师评定问卷》中对四个维度的数据调查，针对每一个维度选择 4 本绘本，共 16 本，同时编制《学前儿童负性情绪调节主题绘本适合度教师效度评分表》，邀请 30 名在职学前儿童教师对绘本与主题的符合度进行评定。经过评定，最终选出了均值排名前八的 8 本绘本（每个维度各选两本）用于绘本主题教学活动（表 5-21），每周进行 2 次教学活动，每次进行 30 分钟左右。

**表 5-21　维度与书目匹配表**

| 维度 | 绘本名称 | 出版社和作者 |
| --- | --- | --- |
| 情绪的识别与理解 | 《我变成一只喷火龙了》 | 出版社：河北教育出版社<br>图/文：赖马 |
| | 《我好嫉妒》 | 出版社：电子工业出版社<br>图/文：凯茜・帕金森/康娜莉娅・莫得・斯贝蔓<br>黄雪妍（译） |
| 情绪的表达 | 《我好害怕》 | 出版社：电子工业出版社<br>图/文：凯茜・帕金森/康娜莉娅・莫得・斯贝蔓<br>黄雪妍（译） |
| | 《生气的亚瑟》 | 出版社：河北教育出版社<br>图/文：喜多村惠/希亚文・奥拉姆<br>柯倩华（译） |
| 情绪的调控 | 《我不愿悲伤》 | 出版社：广州出版社<br>图/文：特蕾西・莫洛尼<br>萧萍（译） |
| | 《菲菲生气了》 | 出版社：河北教育出版社<br>图/文：莫莉・卞<br>李坤珊（译） |
| 情绪的运用 | 《我好担心》 | 出版社：河北教育出版社<br>图/文：凯文・亨克斯<br>方素珍（译） |
| | 《生气汤》 | 出版社：明天出版社<br>图/文：贝西・艾芙瑞<br>柯倩华（译） |

## （三）实验程序

### 1. 前测

干预前对两个班学前儿童的情绪调节发展状况进行调查。每个班级由两名教师对本班学前儿童的情绪调节能力进行评分，确定两班学前儿童在情绪调节能力上是否具有同质性。

### 2. 开展绘本主题活动

对实验组开展为期 8 周的绘本主题活动干预，每周 2 次，每次约 30 分钟，教学时间除了需要配合班级作息时间和原本的教学计划外，还需要由研究者负责实验组的教学，以避免教师不同产生的影响。控制组投放相同的 8 种绘本供学前儿童自主阅读，不进行绘本主题活动干预。

（1）活动方案的目标制定

所有的教学活动都是在一定的目标体系指导下进行的，这里的目标体系由总体目标、单元目标、具体活动目标三者组成。其中，总体目标由各阶段目标组成，而各单元目标又是由具体活动目标在教育实践中体现与完成的。目标体系关系到教育活动的实施效果与质量水平，因此，适切的目标体系的制定在整个教育活动方案的设计中就显得尤为重要。

本次研究以情绪识别与表达能力、情绪理解能力、情绪调节能力、情绪运用能力等情绪能力主要成分的培养与发展作为总目标。在此基础上，将各目标（情绪识别与表达、情绪理解、情绪调节、情绪运用）具体细化到每个主题单元中，并贯穿始终，从而确保总目标的有效达成。该目标体系的制定既考虑到了学前儿童情绪能力发展的共性要求，又从本班学前儿童的实际水平和个体发展差异出发，具有一定的特性，具体见表 5-22。

**表 5-22 绘本主题活动目标体系总览**

| 主题活动 | 教育目标 | |
|---|---|---|
| | 各单元目标 | 总目标 |
| 我好生气 | 第一，能够正确识别愤怒情绪，能够用愤怒、气愤、生气等专属情绪词汇表达该情绪；第二，理解自己与他人生气时的原因；第三，知道如何表达自己的愤怒情绪且不会伤害到他人 | 情绪识别与表达能力：学前儿童能够准确识别自己与他人的一些基本情绪，能够用语言或者其他恰当的方式表达自己的情绪体验，并乐于进行表达；<br>情绪理解能力：理解各种情绪产生的原因，理解处于此种情绪状态下人们的所思、所想、所为； |
| 我不愿悲伤 | 第一，能够正确识别悲伤情绪，会用悲伤一词表达情绪；第二，理解绘本中悲伤情绪的产生时间，明白可能会导致悲伤情绪产生的原因有哪些；第三，掌握应对悲伤情绪的方法 | |

续表

| 主题活动 | 教育目标 | |
|---|---|---|
| | 各单元目标 | 总目标 |
| 我好害怕 | 第一，能够正确识别害怕情绪，能够用口头语言和绘画的方式表达让自己感到害怕或恐惧的经历；第二，理解可能会导致害怕情绪产生的原因有哪些；第三，掌握应对害怕情绪的方法 | 情绪调节能力：掌握一些应对负性情绪的策略和方法，当自己或他人处于负性情绪状态时，能够利用技巧调节情绪；情绪运用能力：建立自信心与同理心，运用积极情绪鼓励自己、帮助他人 |
| 我好嫉妒 | 第一，能够理解嫉妒情绪，建立同理心；第二，理解可能会导致嫉妒情绪产生的原因有哪些；第三，掌握应对嫉妒情绪的方法 | |

具体的主题活动目标则是将主题活动的总目标、单元目标进一步细分，使之更加具体化、微观化，更具可操作性。它是每一个教育活动的出发点，也是归宿点。对于单元目标的制定，本次研究主要借鉴布卢姆根据个体身心发展的结构特征所得出的教育目标，具体分为情感、认知、行为技能（即能力）三大领域，这一分类方法在具体活动目标中能够得到更加充分的体现。下面以主题教育活动《我不愿悲伤》的具体活动目标为例进行说明，如表 5-23 所示。

**表 5-23 《我不愿悲伤》单元具体活动目标**

| 活动名称 | 具体活动目标 |
|---|---|
| 《我不愿悲伤》故事阅读——基本活动 | 情绪运用能力：喜欢阅读《我不愿悲伤》绘本，在倾听故事的过程中保持愉悦的情绪状态。（情感目标）<br>情绪识别能力：能够识别悲伤情绪，知道悲伤情绪的表情特征。（认知目标）<br>情绪理解能力：理解书中引起悲伤的情绪事件，唤醒自己类似的情绪经验。（认知目标）<br>情绪表达能力：能够主动运用自己的语言，用准确的词汇（难过、伤心、悲伤等）讲述令自己悲伤的事情。（能力目标） |
| 《我不愿悲伤》情境表演——延伸活动 | 情绪理解能力：完整理解悲伤的故事（悲伤的原因、悲伤带给人的感受、解决悲伤情绪的办法）。（认知目标）<br>情绪调节能力：能够尝试通过表演的方式来克服悲伤情绪。（能力目标）<br>情绪运用能力：乐于并积极进行情境表演，体验表演带来的快乐。（情感目标） |

从上述具体活动目标中可以看出，学前儿童在具体活动中围绕情绪识别与表达、情绪理解和情绪调节策略等方面所要达成的情感、认知、行为技能目标非常明确，环环相扣，由易到难，不仅体现出了情绪教育活动的整体性，也体现出了

学前儿童发展的连贯性。

（2）活动方案的实施

1）互动讨论：在运用绘本进行教学、讲述故事时，需要营造一种自由开放的氛围，使学前儿童能够自由地表达自己的所思所想。教师运用循序渐进的方式引导学前儿童进行思考、推理、讨论，可以增强学前儿童思维的可逆性，帮助学前儿童构建整个故事概念，在增进学前儿童对文学作品产生独特感受的同时，使其完成一系列心理历程的发生与转变。一般情况下，互动讨论围绕以下三个不同层面的内容展开。

第一，紧扣故事内容的讨论。紧扣故事内容的讨论是整个互动讨论过程中最为基础的一个环节，其主要目的在于帮助学前儿童了解故事主人公的遭遇、解决办法、想法，体现了读者在阅读治疗心理历程中的“涉入”环节。本层面的讨论主要围绕故事自身内容展开，涉及的问题提纲如下：

绘本的故事主人公是谁？

故事主人公都遇到了什么事情？

这些事情令这个故事主人公感到怎样？或故事主人公为什么会感到难过/自己很棒/很害怕等？

当故事主人公感到（难过、害怕、生气）时，他是如何处理这些坏情绪的？

在用各种办法应对坏心情的过程中，故事主人公的感觉发生了怎样的改变？

第二，唤起学前儿童已有经验的讨论。唤起学前儿童已有经验的讨论主要是围绕书中的故事和学前儿童体验过的相似经历展开的，其目的在于帮助学前儿童将自己投射到绘本故事中，去体验绘本故事，唤起学前儿童的已有经验。本层面的讨论对应阅读治疗心理历程中的认同、投射阶段，涉及的问题提纲如下：

当故事主人公心情……时，其他人物的感觉怎么样？

看完××（故事主人公）的故事后，你的感觉是怎么样的？心情如何？

如果你是故事主人公，你会怎么处理这些负性情绪？

你是否有跟故事主人公一样的感受或经历？

第三，指导学前儿童实际操作的讨论。指导学前儿童实际操作的讨论对应阅读治疗心理历程中的领悟、应用阶段，其目的在于帮助学前儿童将绘本中所学到的应对负性情绪的方法与生活实际联系起来，产生认知、态度和行为上的转变。本层面的讨论一般涉及的问题提纲如下：

如果用……的方法解决……问题，这样好吗？为什么？

在生活中，当你再次遇到这样的问题时，你会怎么办？

2）延伸活动（角色扮演与艺术活动）：情绪延伸活动部分则延续每次的情绪主题，由研究者设计空白脸谱，让学前儿童认识生活中常见情绪的面部表情变化（鼻子、耳朵、嘴巴、眼睛、眉毛），并设计相关情绪的故事情境，让学前儿童讨论及练习遇到不舒服的情绪时该怎么办。在艺术活动部分，除了让学前儿童用绘画创作特定的情绪表情外，也让他们画下当自己感受某种特定情绪时可以使用哪些方法调节情绪，例如，当学前儿童发现自己难过时，可以通过做哪些事情让自己感觉舒服一些？

3. 后测

干预活动结束后，对两个班级学前儿童的创造性人格进行再次测试，记录学前儿童的得分情况。

### （四）实验工具

采用《幼儿情绪调节发展状况调查问卷》，该问卷由卢玲（2011）编制，此问卷具有较好的内部一致性和稳定性，各维度的内部一致性系数为 0.84～0.94，总问卷的内部一致性系数为 0.97。该问卷由四个维度组成：情绪的识别与理解、情绪的表达、情绪的调控和情绪的运用。

## 三、结果与分析

### （一）实验组和控制组前测同质性检验

首先比较实验组和控制组学前儿童情绪调节发展状况的差异，对两班学前儿童的前测得分进行独立样本 $t$ 检验。干预前，实验组（$M$=3.10，$SD$=0.43）和控制组（$M$=2.85，$SD$=0.57）学前儿童在情绪调节发展上不存在显著差异（$t$=1.94，$p$>0.05），从而确保了实验组和控制组在实验前具有同质性。

对实验组和控制组学前儿童在情绪调节发展前测上各维度得分进行分析，结果见表 5-24。实验组和控制组学前儿童在情绪的识别和理解（基本情绪和复杂情绪）、情绪的表达、情绪的调控（自控和他控）和情绪的运用上均未达到显著性水平，$ps$>0.05，表示实验组与控制组学前儿童在四个维度上均不存在显著差异。

**表 5-24　干预前实验组和控制组各维度同质性检验**

| 维度 | 组别 | *n* | *M* | *SD* | *t* | *p* |
|---|---|---|---|---|---|---|
| 基本情绪 | 实验组 | 30 | 3.56 | 0.60 | 0.45 | 0.66 |
| | 控制组 | 30 | 2.49 | 0.54 | | |
| 复杂情绪 | 实验组 | 30 | 3.12 | 0.51 | 1.18 | 0.24 |
| | 控制组 | 30 | 2.94 | 0.68 | | |
| 情绪的表达 | 实验组 | 30 | 3.01 | 0.70 | 0.49 | 0.63 |
| | 控制组 | 30 | 2.93 | 0.55 | | |
| 自控 | 实验组 | 30 | 3.01 | 0.31 | −0.17 | 0.86 |
| | 控制组 | 30 | 3.04 | 0.75 | | |
| 他控 | 实验组 | 30 | 3.27 | 0.42 | −0.88 | 0.39 |
| | 控制组 | 30 | 3.39 | 0.63 | | |
| 情绪的运用 | 实验组 | 30 | 3.29 | 0.77 | 1.77 | 0.08 |
| | 控制组 | 30 | 2.75 | 0.72 | | |

### （二）实验组和控制组学前儿童负性情绪调节发展的前后测差值差异比较

#### 1. 实验组和控制组的整体前后测差值差异比较

对实验组和控制组后测与前测的整体差值进行独立样本 $t$ 检验，实验组学前儿童前后测负性情绪调节发展水平平均提高 1.76（$SD$=0.08），控制组学前儿童前后测负性情绪调节发展水平平均提高 0.81（$SD$=0.15），实验干预后，实验组学前儿童的负性情绪调节发展水平提高幅度显著高于控制组学前儿童（$t$=5.67，$p$<0.001），表明实验干预有效，绘本主题活动有效地促进了学前儿童的负性情绪调节能力的发展。

#### 2. 实验组和控制组的各维度前后测差值差异比较

对实验组和控制组后测与前测在各维度上的差值进行独立样本 $t$ 检验，结果如表 5-25 所示。实验组学前儿童的情绪的识别与理解（基本情绪和复杂情绪）、情绪的表达、情绪的调控（自控和他控）和情绪的运用四个维度的提高幅度均显著高于控制组学前儿童（$ps$<0.05），可以看出绘本主题活动显著促进了学前儿童情绪的识别与理解、情绪的表达、情绪的调控和情绪的运用能力的发展。

**表 5-25　实验组和控制组各维度前后测差值差异比较**

| 维度 | 组别 | *n* | *M* | *SD* | *t* |
|---|---|---|---|---|---|
| 基本情绪 | 实验组 | 30 | 1.21 | 0.42 | $3.79^{***}$ |
| | 控制组 | 30 | 0.51 | 0.91 | |
| 复杂情绪 | 实验组 | 30 | 1.68 | 0.42 | $5.06^{***}$ |
| | 控制组 | 30 | 0.57 | 1.13 | |
| 情绪的表达 | 实验组 | 30 | 1.83 | 0.50 | $6.31^{***}$ |
| | 控制组 | 30 | 0.67 | 0.87 | |
| 自控 | 实验组 | 30 | 1.14 | 0.42 | $2.35^{*}$ |
| | 控制组 | 30 | 0.73 | 0.88 | |
| 他控 | 实验组 | 30 | 1.36 | 0.44 | 3.41** |
| | 控制组 | 30 | 0.63 | 1.09 | |
| 情绪的运用 | 实验组 | 30 | 1.80 | 0.57 | 4.48*** |
| | 控制组 | 30 | 0.94 | 0.87 | |

## 四、讨论

### （一）绘本主题教学活动有效促进中班学前儿童情绪调节能力的发展

在学前儿童情绪学习的实施与成效研究中，绘本是常见的教学方法，但过去研究多集中于质性研究，而本次研究的价值在于以量化的实验研究方式探讨了绘本融入情绪教育对学前儿童负性情绪调节能力的影响。本次研究肯定了学前儿童情绪主题绘本与相关的情绪学习活动对学前儿童负性情绪调节发展的影响，学前儿童情绪主题绘本阅读搭配不同的活动对于促进学前儿童的负性情绪调节发展有显著成效。以上结果也支持了过去主张绘本对于学前儿童情绪学习有良好成效的相关研究（王文君，2008；林宣妤，2006；陈美姿，2000），同时也支持了情绪学习活动在学前儿童情绪调节发展与培养过程中扮演了重要角色，相信情绪教育活动能有效地提升学前儿童的情绪能力（Goleman，1995）。

1. 学前儿童在情绪识别和情绪表达两个维度上的发展水平明显提高

中班学前儿童获得的关于描述情绪情感体验的词汇显著增加。研究者在与学前儿童的早期接触中发现，大多数学前儿童只使用高兴或不高兴等简单的词语来总结所有的心情。经过一系列的情绪教育活动之后，学前儿童能够使用高兴、快乐、幸福、开心等多个不同的词语来描述正性情绪；而在描述生气、难过等负性情绪时，学前儿童能够使用悲伤、难过、愤怒、气愤、生气等词汇，他们已经能够细致地区分出这几种负性情绪。

2. 学前儿童在应对负性情绪方面进步明显

我们应当明确，学前儿童学习识别、理解和表达各种情绪状态的最终目标是在面对个人的负性情绪时，能够用正确和适当的策略调节负性情绪，从而有效改善个人的消极情绪状态。通过一系列情感教育活动的开展，学前儿童处理负性情绪的能力显著提高，能够尽自己所能调节负性情绪。

随着研究的推进，家长和老师的反馈给予了研究人员很大的信心。在研究过程中，家长更加关注儿童能力发展的各个方面，例如，早上可以保持开心的状态，然后去幼儿园；晚上可以愉快地和家长一起在室内玩耍或者做运动。有的孩子向老师表达出这样的心情“每天我都很乐意去幼儿园，有时我甚至不想放假，我想去幼儿园”。还有的家长向老师反馈“能自己和其他小朋友一起玩，不再需要大人陪伴，也很少无缘无故地哭泣”“孩子非常乐意和我们分享、谈论幼儿园里发生的事情，如果大人不能满足他的要求并给他理由时，他通常可以接受”。从这些反馈中可以看出，学前儿童在经过 8 周情绪主题绘本教学活动后，情绪调节发展水平得到了很大程度的改善，在日常生活中也能保持较为平稳、愉悦的心情。

通过情绪主题绘本教学活动，学前儿童能够更多地表达自己，从而也就能够更好地调节自己的情绪，尤其是在面对负性情绪时，情绪的识别与理解、情绪的表达和运用等策略能帮助学前儿童更好地调节自己的负性情绪，这也说明了情绪教育活动的有效性。

### （二）采用多种形式开展绘本主题教学活动的影响

学前儿童情绪调节发展状况问卷调查结果发现，未接受情绪主题绘本教学的控制组与接受情绪主题绘本教学的实验组在前后测的得分差异上有显著不同，这也支持了故事、互动讨论、艺术活动是培养学前儿童情绪调节发展的良好教学方式（Elias，1997）。此外，本次研究还发现，控制组的情绪调节发展状况问卷的后测得分有较为显著的提高，但可惜的是，本次研究缺少影响情绪教育活动的情境记录资料，如情绪学习活动实施过程中师生和同伴的互动情形，以至于无法深入探究与分析后测得分提高的影响因素。不过，本次研究结果仍然具有应用价值，发现了绘本融入情绪教育对于学前儿童负性情绪调节具有一定的效用，肯定了学前儿童情绪主题绘本与相关的情绪学习活动在培养学前儿童情绪调节上的价值。

### （三）选取绘本作为教学活动载体的影响

典型的故事书是一本有很多文字的书，通常只添加一些简单的图片。这对于识字量很低的学前儿童来说，不仅缺乏足够的吸引力，也难以使其理解整个故事内容。与一般的故事书相比，精心挑选的绘本使主人公角色更加立体生动，在故事内容上也更加具体细致，既适合学前儿童思维的发展，也适合作为学前儿童阅读和理解的材料。

另外，在绘本主题活动介入期间，学前儿童对于绘本描绘的故事非常感兴趣。他们愿意主动表达自己的看法，积极参与和其他学前儿童的互动讨论，在拓展的艺术活动中也能够在教师的鼓励下充满自信地进行表演。教师还可以通过儿童的语言表达来了解儿童负性情绪调节能力的发展情况，以便找到更好的方式来增强学前儿童对负性情绪调节的认识与理解。

学前儿童很容易和绘本接近，因为其具有丰富的认知刺激，而且具有一定的情感价值，因此，绘本是一种合理的媒介，可以教给学生情绪调节策略。绘本中的人物可以帮助学前儿童学习相关技能。当学前儿童认同一个角色时，他们可以将角色的情感体验与自己联系起来，更愿意倾听不同的解决方案。绘本中的故事促进了学前儿童从自动解码到词汇理解等各个方面知识的发展。故事可以帮助学前儿童发展技能，并以一种不具威胁性的方式帮助他们学习重要的情绪概念。此外，绘本故事能够帮助学前儿童感受主人公的情绪，这也能引起学前儿童的注意，唤起他们的情感，并鼓励他们进行更深层次的加工。学前儿童便更有可能将这些材料内化，并与他们过往的经验联系起来。同时，利用绘本故事帮助学前儿童理解情绪，还会促进他们同理心的发展。

除了故事本身的价值外，绘本还可以将人物角色的情感和经历通过视觉形式表现出来，呈现在读者眼前。绘本中的插图经常会描绘一个角色的面部表情、情绪反应和身体姿势，这些画面可以帮助学前儿童学习。学前儿童看着他们身边的教师、家长的脸和身体语言，就能够逐渐了解他们的情绪与感受。

在干预过程中，学前儿童充满了对绘本的期望，并对那些分享过的故事产生了深刻的印象。在实验干预课程结束后，学前儿童的话语词汇中经常会出现绘本故事中的标志性语言。这也从侧面说明绘本是一种适合学前儿童阅读的材料，并且它对学前儿童的影响力远远超过其他普通儿童书籍。

综上所述，绘本主题活动是促进 4～5 岁中班学前儿童负性情绪调节发展的有效途径之一，本书建议教师和家长通过选择一些优秀、一流的学前儿童情绪主题类绘本来促进其负性情绪调节能力的发展。

## 五、结论及教育建议

### （一）结论

本节研究得出以下结论：①绘本主题活动有效促进了中班学前儿童的负性情绪调节能力的发展。②绘本主题活动在中班学前儿童的情绪的识别和理解、情绪的表达和情绪的运用上的促进作用最显著。

### （二）教育建议

学前儿童情绪教育在国内仍有发展空间。学前儿童情绪教育除了需要学校的实施与运作外，更需要加强宣传、培育师资能力及提供相关资源。

#### 1. 尝试用多样的教学形式丰富情绪教育课程

当教师提出开放性问题时，教师一定要重视学前儿童的所有回答，让学前儿童通过各种各样的方式参与进来，以一种非专制的方式来培养情感规范（Damon，1977）。在进行情绪情感相关的教育工作时，本书建议学前儿童教师开发多种教学形式，针对不同的情绪主题绘本设计适宜的教学形式，如本次研究所提倡的生动形象的绘本阅读活动、有针对性的角色扮演游戏，也可以进行音乐创编等活动。本次研究在对实验组进行干预时，带领学前儿童开展了多种形式的延伸活动，充分激发出学前儿童的主动性，让学前儿童与情绪教育活动相融合。

#### 2. 教师在情绪教育课程中更多扮演引导者、启发者、共同探索者等角色

本书中情绪主题绘本教学活动的实施时间为每周 2 次，每次约 30 分钟，共开展了 8 周的情绪学习课程。本书建议学前儿童教师在情绪学习活动规划的基础上，至少需要达到上述的课程时间安排条件，以便发挥学前儿童情绪学习的效果。

教师在进行情绪教育活动时，要关注每一位学前儿童的自我表达，作为学前儿童的朋友鼓励学前儿童，不硬性干预学前儿童的自我创作，同时更要关注每一位学前儿童的最近发展区，对他们进行良性引导，促进他们心理的健康发展。本次研究由学前教育专业研究生担任教学人员，该研究生体会到了幼儿园教师在学

前儿童情绪调节与设计教学活动中的重要性，目前国内仍需加强幼儿园教师对学前儿童情绪调节发展的认识，了解学前儿童情绪能力、情绪教育课程的实施、教材、教学技巧的运用，由此才能规划与设计出良好的情绪教学活动。

3. 家园共育，共同关注情绪教育

教师要积极关注家长对于学前儿童情绪的反馈，促进家长与教师形成教育合力。由于每个学前儿童的家庭背景不同，教师在进行情绪主题教育活动时很容易发现课程的实施会受到孩子已有知识和经验的影响，优质的家庭教育会使每个孩子“有备而来”，以更好地融入各项活动中。教师在活动中要与家长积极地练习、沟通、合作，引导家长在幼儿园之外创设情绪教育的环境，有效地做到教育的一致性，发挥教育的最大价值。

4. 幼儿园可尝试设计本地特色的园本课程

本次研究主要针对学前儿童特定的情绪设计学前儿童情绪学习活动，并选择以学前儿童绘本为学前儿童情绪学习的媒介，引导学前儿童识别并理解情绪，促进学前儿童负性情绪调节能力的发展。本书建议在学前儿童情绪学习的教材发展与运用上，可以从课程规划、教材与教具设计、评估方式等方面进行规范化，发展出标准化教材，作为幼儿园教师在情绪教学设计上的参考，让幼儿园教师在设计学前儿童情绪学习课程活动时有一定的参考依据。

目前我国对学前儿童情绪调节的研究仍然是比较初级的，还未形成系统、科学的论述，同时，幼儿园对学前儿童情绪教育的培养工作也处于探索阶段。本书建议各园所鼓励教师依据本园、本地特色开发园本、地方课程，为国家相关领域的发展提供素材和积累。

# 参考文献

## REFERENCES


安玲. 2011. 3～5 岁幼儿自信心发展特点、相关影响因素及促进研究. 大连：辽宁师范大学.
白学军，闫国利. 2017. 阅读心理学. 上海：华东师范大学出版社.
毕珊娜. 2010. 4～6 岁幼儿父母教养方式、同伴关系与合作行为的研究. 天津：天津师范大学.
蔡东霞，张冬梅. 2010. 儿童自我控制能力的研究综述. 世纪桥，（11），121-123.
蔡敏力. 2011. 幼儿责任心培育的主题活动设计. 长沙：中南大学.
陈帼眉. 2015. 学前心理学（第 2 版）. 北京：人民教育出版社.
陈晖. 2006. 论绘本的性质与特征. 海南师范学院学报（社会科学版），（1），40-42.
陈娟. 2011. 多种互动形式在早期阅读活动中的应用. 考试周刊，5（90），236.
陈美姿. 2000. 以儿童绘本进行幼儿情感教育之行动研究. 花莲：台湾东华大学.
陈琦，刘儒德. 2007. 当代教育心理学（第 2 版）. 北京：北京师范大学出版社.
程文婷，王军. 2015. 亲子阅读视角下电子绘本与纸质绘本的阅读差异研究. 图书情报工作，59（22），64-71.
程志宏. 2003. 关于幼儿自信心现状及培养策略的研究. 学前教育研究，（7），88-90.
但菲. 2001. 游戏对幼儿自我控制能力影响的现场实验研究. 心理科学，24（5），616-617.
但菲，冯璐. 2009. 教师态度与指导方式对幼儿坚持性影响的实验研究. 心理发展与教育，25（1），7-13.
但菲，冯璐，王琼. 2008. 教师态度、语言指导对 3～6 岁幼儿坚持性的影响. 学前教育研究，（4），17-20.
邓进红，方朦. 2016. 5～6 岁幼儿分享行为和分享动机研究. 陕西学前师范学院学报，32（4），70-74.
丁晓梅. 2010. 浅谈幼儿责任心培养. 教学探索，（1），46-47.
董光恒. 2005. 3～5 岁幼儿自我控制能力结构验证性因素分析及其发展特点的研究. 大连：辽宁师范大学.
段弘艳. 2017. 学前儿童故事理解评估材料的编制及其在听障儿童中的应用. 上海：华东师范大学.
方富熹，方格，林佩芬. 2003. 幼儿认知发展与教育. 北京：北京师范大学出版社.
冯璐. 2007. 捡豆子的孩子——幼儿的“坚持性”行为的两面. 幼儿教学研究，（11），46-47.
付智伟，郝金莲，陈素芬，等. 2013. 哈尔滨市幼儿焦虑情绪状况及相关影响因素的探讨. 中国儿童保健杂志，21（1），10-12.
耿慧兰. 2012. 浅谈绘本阅读对幼儿成长的作用. 北方文学，（10），169.
耿希峰. 2005. 朋友关系与儿童分享行为. 佳木斯大学社会科学学报，23（6），100-102.
韩映虹，闫国利. 2010. 眼动分析法在学前儿童认知研究中的应用. 心理科学，33（1），191-193.
韩映虹，王静. 2013. 不同阅读方式下 5～6 岁幼儿无字图画书阅读的眼动研究. 学前教育研究，（9），21-27.
韩映虹，王静. 2016. 学前儿童无字图画书故事元素注视的眼动研究. 天津师范大学学报（社会科学版），（5），61-66.
韩映虹，李幼穗，周坤. 2008. 幼儿同理情心发展的心理干预. 学前教育研究，（10），31-33.
韩映虹，刘妮娜，王佳，等. 2011a. 5～6 岁幼儿在不同阅读方式下阅读图画书的眼动研究. 幼儿教育，（Z3），46-51.
韩映虹，刘妮娜，闫国利，等. 2011b. 自主阅读和伴读方式下 3～4 岁幼儿图画书阅读的眼动研究. 心理发展与教育，（4），394-400.
韩映虹，赖洁，梁霄，等. 2012. 布质书和纸质书对 2～3 岁幼儿阅读效果的影响. 学前教育研究，（5），3-9，16.
韩映虹，刘晨，刘妮娜，等. 2016. 图画书重复阅读对 4～5 岁幼儿注视模式的影响. 学前教育研究，（1），41-48.
韩映虹，刘妮娜，乌日嘎，等. 2017a. 学前儿童图画书阅读的眼动研究综述. 天津师范大学学报（基础教育版），18（1），75-80.
韩映虹，佟晨曦，曹冰. 2017b. 绘本教学对 4～5 岁幼儿坚持性培养的干预研究. 教育导刊（下半月），（2），34-37.
何湘. 2016. 幼儿绘本中的动物角色研究. 南京：南京艺术学院.
河合隼雄. 2015. 童话心理学. 赵仲明译. 海口：南海出版公司.
胡金生. 2004. 儿童同情心的结构及发展特点的研究. 大连：辽宁师范大学.
胡金生，杨丽珠. 2005. 教室中幼儿自发的助人行为. 辽宁师范大学学报（社会科学版），28（1），46-48.
胡迎红，马丽雅. 2000. 幼儿良好情绪的重新建构——培养幼儿情绪自我调适能力的实践探索. 杭州教育学院学报，17（5），95-99.
黄双雷. 2010. 艺术活动类型、任务难度与 5～6 岁幼儿坚持性的实验研究. 南京：南京师范大学.
黄晓丹. 2016. 图画书与学前儿童早期阅读. 陕西学前师范学院学报，32（10），93-96.
蒋倩. 2016. 昆明市 Y 幼儿园蒙台梭利 X 混龄班幼儿助人行为的个案研究. 昆明：云南师范大学.
金芳，但菲，杨丽珠. 2011. 全人教育背景下幼儿健全人格培养的意义、目标、内容与方法. 幼儿教育，（5），13-17.
开红. 2015. 音乐教育对儿童自信心发展影响的研究. 科教导刊，（12），145-146.
康长运. 2002. 图画故事书与学前儿童的发展. 北京师范大学学报（人文社会科学版），（4），20-27.
赖洁. 2013. 不同分享阅读方式对幼儿文字知识发展的影响. 天津：天津师范大学.
李德显. 2003. 幼儿分享意识、分享行为发展研究.学前教育研究，（12），16-18.
李东宇. 2014. 运用戏剧基础练习提升 3～5 岁儿童自信心的实践研究. 成都：四川师范大学.
李明. 2010. 3～5 岁幼儿创造性人格类型倾向的特征及与多元智能关系的研究. 大连：辽宁师范大学.
李茹. 2015. 家庭教育方式、家园合作共育对幼儿自信心、独立性的影响研究. 武汉：华中师范大学.
李婷玉. 2012. 奖励对幼儿共情性和利他性助人行为倾向的影响. 长春：东北师范大学.
李幼穗，赵莹. 2008. 4～6 岁儿童分享行为的特点及培养策略. 学前教育研究，（2），39-41.
联合国教科文组织国际教育发展委员会. 2009. 学会生存——教育世界的今天和明天. 北京：教育科学出版社.
林崇德. 1999. 培养和造就高素质的创造性人才. 北京师范大学学报（社会科学版），（1），5-13.
林崇德. 2006. 思维心理学研究的几点回顾. 北京师范大学学报（社会科学版），（5），35-42.
林芳. 2004. 合作学习：理论与实践. 福州：福建师范大学.
林秋伯. 2010. 品格教育融入绘本教学活动之行动研究——以小学四年级学生为例. 花莲：台湾东华大学.
林宜妤. 2006. 运用创造性戏剧于幼稚园情绪教育之行动研究. 台南：台南大学.
刘宝根，周兢，高晓妹，等. 2011a. 4～6 岁幼儿图画书自主阅读过程中对文字注视的眼动研究. 心理科学，34（1），112-118.
刘宝根，周兢，李林慧，等. 2011b. 文字是幼儿图画书自主阅读中的关键信息吗？——来自幼儿在文字和主角上注视的眼动比较研究. 中国特殊教育，（1），80-86.
刘宝根，周兢，李林慧，等. 2013. 文字突显程度对学前儿童图画书阅读中文字注视的影响. 心理与行为研究，（1），90-96.
刘闯. 2008. 3～6 岁幼儿自我延迟满足能力培养的实验研究. 大连：辽宁师范大学.
刘佳. 2017. 4～6 岁听障幼儿互动式阅读与传统式阅读中阅读动作的比较研究. 天津：天津师范大学.
刘蕾. 2015. 中班幼儿三种典型亲社会行为的绘本干预研究. 天津：天津师范大学.

刘丽. 2006. 为幼儿补上情感智力教育这一课. 中国民族教育，（6），12-14
刘丽湘. 2008. 5～6 岁幼儿同伴交往类型与情感智力特征及干预策略. 幼儿教育，（4），26-29.
刘妮娜，王静，韩映虹. 2014. 自读、伴读和指读对 2～3 岁幼儿图画书阅读中文字注视的影响——来自眼动研究的证据. 心理发展与教育，30（1），39-45.
刘妮娜，闫国利，丁敏. 2012. 不同阅读方式下学前儿童在图画书阅读中对文字的关注. 学前教育研究，(5)，10-16.
刘佩杏. 2015. 不同材料介质绘本的使用对中班儿童故事理解的测查研究. 桂林：广西师范大学.
刘少英，葛列众，朱瑶. 2004. 4～6 岁幼儿颜色偏好实验研究. 心理科学，（3），669-670.
刘文，杨丽珠. 2004. 社会抑制性与父母教养方式对幼儿利他行为的影响. 心理发展与教育，（1），6-11.
刘文，齐璐. 2008. 幼儿的创造性人格研究. 心理研究，1（2），21-26.
刘文，李明. 2010. 儿童创造性人格的研究新进展. 湖南师范大学教育科学学报，（3），64-67.
刘霞，王小溪. 2016. 图画书阅读对早期儿童语言发展影响的个案研究. 陕西学前师范学院学报，32（10），97-100.
卢玲. 2011. 促进 4～5 岁幼儿情绪调节能力发展的实践研究. 重庆：西南大学.
陆秀娟. 2010. 图画故事书阅读与幼儿观察力发展. 考试周刊（10），235.
吕静. 2017. 基于绘本的幼儿美术主题活动设计研究. 济南：山东师范大学.
马宁宁. 2016. 图画书阅读为幼儿插上想象的翅膀. 国家教师科研专项基金科研成果（二）.
马瑞青，仝梦冉，葛东娟. 2016. 对幼儿坚持性品质的理解与思考. 学前教育新视野，（2），6-7.
马玉洁. 2017. 增强现实技术在教育领域应用研究. 北京：北京印刷学院.
孟国. 2006. 汉语语速与对外汉语听力教学. 世界汉语教学，（2），129-137.
孟昭兰. 2005. 情绪心理学. 北京：北京大学出版社.
闵兰斌，王香. 2011. 图画书阅读对幼儿亲社会行为的影响. 快乐阅读（上旬刊），（9），52-55.
庞丽娟，姜勇. 1999. 幼儿责任心发展的研究. 心理发展与教育，（3），12-17.
彭聃龄. 2012. 普通心理学. 北京：北京师范大学出版社.
彭懿. 2008. 图画书：阅读与经典. 南昌：二十一世纪出版社.
齐克・罗宾. 2000. 童年友谊. 李月琴译.沈阳：辽海出版社.
齐璐. 2007. 3～5 岁幼儿创造性人格的结构、发展特点与类型. 大连：辽宁师范大学.
任虹霏. 2014. 3～6 岁城市幼儿分享的特点及培养. 沈阳：沈阳师范大学.
沈亚娟. 2010. 幼儿教师的耐心现状及其影响因素. 学前教育研究，（5），66-68.
松居直，郭雯霞，徐小洁. 2009. 我的图画书论. 上海：上海人民美术出版社.
孙晓光. 2017. 儿童绘本的艺术特征研究. 大众文艺，（4），73-74.
锁明，孙波. 2008. 论体育活动中幼儿自信心的培养. 上海教育科研，（10），94-95，72.
唐淑，虞永平. 2005. 幼儿园班级管理. 南京：南京师范大学出版社.
王娥蕊. 2006. 3～9 岁儿童自信心结构、发展特点及教育促进的研究. 大连：辽宁师范大学.
王娥蕊，杨丽珠. 2006. 3～9 岁儿童自信心发展特点的研究. 辽宁师范大学学报（社会科学版），29（3），45-48.
王静，韩映虹. 2016. 无字图画书故事理解特点研究. 上海教育科研，（4），90-93.
王娟，刘鑫. 2017. 学前聋童口语叙事的特征及预测因素研究. 中国特殊教育，（3），38-45.
王娟，刘鑫，龙玉兰，等. 2015. 5～6 岁儿童的叙事质量与其眼动状况的相关研究. 早期教育（教科研），（3），35-40.
王娟，薛梦，魏千惠. 2019. 汉语聋生与健听生口语叙事和书面叙事发展特征的比较研究. 心理科学，42（1），230-236.
王伟红. 2014. 大班幼儿分享行为观察研究. 时代教育，（18），53-54.
王文君. 2008. 故事绘本与幼儿情绪教育之研究——以幼稚园大班为例. 台湾：台湾东华大学.
王晓茜，孙际铭. 2008. 儿童创造性人格研究综述. 现代企业教育，（24），234-235.

吴昊悦. 2017. 从《疯狂动物城》看动物动画角色“拟人化”造型新趋势. 安徽理工大学学报（社会科学版），19（4），81-84.
吴念阳. 2015. 绘本是最好的教科书：跟着儿童心理学家读绘本. 北京：北京大学出版社.
吴念阳，许政援. 1992. 3～6岁幼儿亲社会行为一致性的研究. 心理科学，（5），51-53.
吴燕. 2014. 互动式分享阅读对4～6岁幼儿阅读兴趣、叙事能力的影响. 上海：上海师范大学.
夏少琼. 2014. 图画书的突破与创新——增强现实应用于图画书中的探析. 南方职业教育学刊，4（1），102-105.
夏少琼. 2016. 增强现实立体书与传统纸质图书的比较研究. 美术大观，（8），134-135.
徐建华. 2016. 以绘本为载体的幼儿园主题活动的研发. 成都：四川师范大学.
徐烨婷. 2016. 社会主题绘本阅读促进大班幼儿亲社会行为发展研究. 杭州：杭州师范大学.
许海燕. 2013. 浅谈听障儿童的早期阅读教学. 科教文汇（中旬刊），（10），52-54.
许政援，吴念阳，闵瑞芳. 1987. 3～6岁幼儿控制自己行为能力的发展特点和影响发展的因素. 心理学报，20（1），20-26.
亚当·斯密. 2008. 道德情操论. 何丽君编译. 北京：北京出版社.
闫国利，白学军. 2012. 眼动研究心理学导论——揭开心灵之窗奥秘的神奇科学. 北京：科学出版社.
闫国利，熊建萍，臧传丽，等. 2013. 阅读研究中的主要眼动指标评述. 心理科学进展，（4），589-605.
闫国利，李赛男，王亚丽，等. 2018. 小学二年级学生汉语阅读知觉广度的眼动研究. 心理科学，41（4），849-855.
杨爱莲. 2004. 4～7岁儿童在冲突情境下分享行为的研究. 天津：天津师范大学.
杨丽珠. 2001. 培养幼儿自我控制能力的实验研究. 早期教育（上半月版），（17），10-12.
杨丽珠，董光恒. 2005. 3～5岁幼儿自我控制能力结构研究. 心理发展与教育，21（4），7-12.
杨丽珠，金芳. 2005. 促进幼儿责任心发展的教育现场实验研究. 学前教育研究，（6），22-24.
杨丽珠，宋芳. 2008. 幼儿健全人格培养的意义与模式. 学前教育研究，（9），3-6.
杨伟鹏，雷雁岚，陈科成，等. 2014. 运用社会主题绘本开展幼儿亲社会行为教育的模式构建. 幼儿教育，（4），5-8.
杨文花. 2008. 试论陈鹤琴的家庭教育思想. 河北大学成人教育学院学报，10（3），73-74.
杨晓娟，曲成毅，孙喜斌，等. 2011. 希-内学习能力测验中国3～7岁儿童常模修订. 中国临床心理学杂志，19（2），195-197
杨晓玲. 2009. 浅析幼儿的情绪发展及其社会化. 延安职业技术学院学报，23（1），45-46.
姚端维，陈英和，赵延芹. 2004. 3～5岁儿童情绪能力的年龄特征、发展趋势和性别差异的研究. 心理发展与教育，20（2），12-16.
喻春阳，蒲佳宁，郑凌腾，等. 2016. 增强现实与传统方式在幼儿英语识词效果上的差异. 东北大学学报（自然科学版），37（9），1250-1253.
张莎莎. 2013. 增强现实技术在传统出版领域的应用探索和研究. 武汉：武汉理工大学.
张庭辉，张进辅. 2010. 幼儿人格问卷的初步编制. 内蒙古师范大学学报（教育科学版），23（10），61-64.
张文洁. 2014. 点读笔对5～6岁幼儿图画书阅读效果的影响研究. 天津：天津师范大学.
张雨青. 1999. 基于父母知觉的儿童人格结构及其发展的研究. 心理学报，31（2），177-189.
赵敏. 2007. 如何帮助幼儿提高自我情绪调控能力. 教育导刊（幼儿教育），（12），25-27.
周兢. 2005. 论早期阅读教育的几个基本理论问题——兼谈当前国际早期阅读教育的走向. 学前教育研究，（1），20-23.
周兢，刘宝根. 2010. 汉语儿童从图像到文字的早期阅读与读写发展过程：来自早期阅读眼动及相关研究的初步证据. 中国特殊教育，（12），64-71.
朱智贤，林崇德. 2002. 朱智贤全集，第六卷：儿童心理学史. 北京：北京师范大学出版社.
邹晓燕. 2004. 3～5岁儿童独立性发展特点与影响因素研究. 大连：辽宁师范大学.
Abas H, Zaman H B. 2011. Visual learning through augmented reality storybook for remedial student. In H.

Zaman, P. Robinson, M. Petrou, et al. (Eds.) Visual Informatics: Sustaining Research and Innovations (pp. 157-167). Berlin: Springer Berlin Heidelberg.

Abel A D, Schuele C M. 2014. The influence of two cognitive-linguistic variables on incidental word learning in 5-year-olds. Journal of Psycholinguistic Research, 43(4), 447-463.

Akmese P P, Acarlar F. 2016. Using narrative to investigate language skills of children who are deaf and with hard of hearing. Educational Research & Reviews, 11(15), 1367-1381.

Alfonso-Benlliure V, Meléndez J C, García-Ballesteros M. 2013. Evaluation of a creativity intervention program for preschoolers. Thinking Skills & Creativity, 10(112), 112-120.

Alisa D. 2016. AR books and pre-school children's engagement. Malmö: Malmö University.

Andreu L, Sanz-Torrent M, Guàrdia Olmos J, et al. 2011. Narrative comprehension and production in children with SLI: An eye movement study. Clinical Linguistics & Phonetics, 25(9), 767-783.

Aram D, Most T, Mayafit H. 2006. Contributions of mother-child storybook telling and joint writing to literacy development in kindergartners with hearing loss. Language, Speech, and Hearing Services in Schools, 37(3), 209-223.

Axelsson E L, Horst J S. 2014. Contextual repetition facilitates word learning via fast mapping. Acta Psychologica, 152, 95-99.

Badian N A. 2001. Phonological and orthographic processing: Their roles in reading prediction. Annals of Dyslexia, 51(1), 177-202.

Bar-Tal A D, Raviv A, Goldberg M. 1982. Helping behavior among preschool children: An observational study. Child Development, 53(2), 396-402.

Bazzaza M W, Delail B A, Zemerly M J, et al. 2014. iARBook: An immersive augmented reality system for education. 2014 International Conference of Teaching, Assessment and Learning (TALE), Wellington, New Zealand.

Bellon-Harn M L, Harn W E. 2008. Scaffolding strategies during repeated storybook reading: An extension using a voice output communication aid. Focus on Autism & Other Developmental Disabilities, 23(2), 112-124.

Benenson F, Pascoe J, Radmore N. 2007. Children's altruistic behavior in the dictator game. Evolution & Human Behavior, 28(3), 168-175.

Bialystok E. 1997. Effects of bilingualism and biliteracy on children's emerging concepts of print. Developmental Psychology, 33(3), 429-440.

Billinghurst M, Kato H, Poupyrev I. 2001. The magicBook—Moving seamlessly between reality and virtuality. Computer Graphics & Applications IEEE, 21(3), 6-8.

Bishop D, Edmundson A. 1987. Language impaired four-year old: Distinguishing transient from persistent impairment. Journal of Speech & Hearing Disorders, 52(2), 156-173.

Blewitt P, Rump K M, Shealy S E, et al. 2009. Shared book reading: When and how questions affect young children's word learning. Journal of Educational Psychology, 101(2), 294-304.

Bobzien J, Jonna L, Richels C, et al. 2015. Using repeated reading and explicit instruction to teach vocabulary to preschoolers with hearing loss. Infants & Young Children, 28(3), 262-280.

Boons T, De Raeve L, Langereis M, et al. 2013. Expressive vocabulary, morphology, syntax and narrative skills in profoundly deaf children after early cochlear implantation. Research in Developmental Disabilities, 34(6), 2008-2022.

Bowman B, Donaovan M S, Burns S. 2000. Eager to Learn: Educating Our Preschoolers. Washington: National Academic Press.

Broek P V D, Kendeou P, Kremer K, et al. 2005. Assessment of comprehension abilities in young children. Applied Psycholinguistics, 31(1), 29-57.

Bus A G. 2001. Joint caregiver-Child storybook reading: Aroute to literacy development. In S. B. Neuman, D. K.

Dick-inson (Eds.). Handbook of Early Literacy Research (pp. 179-191). New York: Guilford Press.
Castles A, Coltheart M. 2004. Is there a causal link from phonological awareness to success in learning to read? Cognition, 91(1), 77-111.
Chandler P, Sweller J. 1991. Cognitive load theory and the format of instruction. Cognition & Instruction, 8(4), 293-332.
Chen C H, Lee I J, Lin L Y. 2016. Augmented reality-based video-modeling storybook of nonverbal facial cues for children with autism spectrum disorder to improve their perceptions and judgments of facial expressions and emotions. Computers in Human Behavior, 55, 477-485.
Cheng K H, Tsai C C. 2016. The interaction of child-parent shared reading with an augmented reality (AR) picture book and parents' conceptions of AR learning. British Journal of Educational Technology, 47(1), 203-222.
Cheri L, Williams M, McLean. 1997. Young deaf children's response to picture book reading in a preschool setting. Research in the Teaching of English, 31(3), 337-366.
Clay M. 1966. Emergent reading behaviour. Auckland: University of Auckland.
Damhuis C M P, Segers E, Verhoeven L. 2015. Stimulating breadth and depth of vocabulary via repeated storybook readings or tests. School Effectiveness & School Improvement, 26(3), 382-396.
Damon W. 1977. The Social World of the Child. San Francisco: Jossey-Bass.
Decety J, Cowell M, Lee K, et al. 2015. The negative association between religiousness and children's altruism across the world. Current Biology, 25(22), 2951-2955.
Desjardin J L, Doll L E R, Stika C J, et al. 2014. Parental support for language development during joint book reading for young children with hearing loss. Communication Disorders Quarterly, 35(3), 167-181.
Deutsch M, Krauss R M. 1960. The effect of threat upon interpersonal bargaining. The Journal of Abnormal and Social Psychology, 61(2), 181-189.
Dong C, Si Z. 2018. The Research and Application of Augmented Reality in 3D Interactive Books for Children. In P. Zhao, Y. Ouyang, M. Xu, et al. (Eds). Applied Sciences in Graphic Communication and Packaging. Lecture Notes in Electrical Engineering (vol 477, pp. 293-299). Singapore: Springer.
Du X, Hao J. 2018. Moral stories emphasizing actors' negative emotions toward their nonhelping behavior promote preschoolers' helping behavior. Journal of Experimental Child Psychology, 168, 19-31.
Elias M J. 1997. Promoting social and emotional learning: Guidelines for educators. Alexandria: Association for Supervision and Curriculum Development.
Evans M A, Saint-Aubin J. 2005. What children are looking at during shared storybook reading: Evidence from eye movement monitoring. Psychological Science, 16(11), 913-920.
Evans M A, Saint-Aubin J. 2010. An eye for print: Child and adult attention to print during shared book reading. In D. Aram, O. Korat (Eds). Literacy Development and Enhancement Across Orthographies and Cultures. Literacy Studies (Perspectives from Cognitive Neurosciences, Linguistics, Psychology and Education), (Vol 2. pp. 43-53)Boston: Springer.
Evans M A, Saint-Aubin J. 2013. Vocabulary acquisition without adult explanations in repeated shared book reading: An eye movement study. Journal of Educational Psychology, 105(3), 596-608.
Evans M A, Williamson K, Pursoo T. 2008. Preschoolers' attention to print during shared book reading. Scientific Studies of Reading, 12(1), 106-129.
Fernald A, Hurtado N. 2006. Names in frames: Infants interpret words in sentence frames faster than words in isolation. Developmental Science, 9(3), 33-40.
Flack Z M, Horst J S. 2017. Two sides to every story: Children learn words better from one storybook page at a time. Infant & Child Development, 27(1), e2047.
Ford-Connors E, & Paratore J R. 2015. Vocabulary instruction in fifth grade and beyond: Sources of word learning and productive contexts for development. Review of Educational Research, 85(1), 50-91.

Fung P C, Chow W Y, Mcbride-Chang C. 2005. The impact of a dialogic reading program on deaf and hard-of-hearing kindergarten and early primary school-aged students in Hong Kong. Journal of Deaf Studies and Deaf Education, 10(1), 82-95.

Ganea P A, Canfield C F, Simons-Ghafari K, et al. 2014. Do cavies talk? The effect of anthropomorphic picture books on children's knowledge about animals. Frontiers in Psychology, 5, 283.

Gellert A S. 2014. Does repeated reading predict reading development over time? A study of children from Grade 3 to 4. Scandinavian Journal of Psychology, 55(4), 303-310.

Gillespie M C, Conner J W. 1975. Creative Growth Through Literature for Children and Adolescents. Ohio: Columbus.

Goleman D. 1995. Emotional Intelligence. New York: Bantam Books.

Gong Z Y, Levy B A. 2009. Four year old children's acquisition of print knowledge during electronic storybook reading. Reading and Writing, 22(8), 889-905.

Greenhoot A F, Semb P A. 2008. Do illustrations enhance preschoolers' memories for stories? Age related change in the picture facilitation effect. Journal of Experimental Child Psychology, 99(4), 271-287.

Häikiö T, Bertram R, Hyönä J, et al. 2009. Development of the Letter identity span in reading: Evidence from the eye movement moving window paradigm. Journal of Experimental Child Psychology, 102(2), 167-181.

Hamada S. 2018. Education and knowledge based augmented reality(AR). In K. Shaalan, A. E. Hassanien, F. Tolba (Eds). Intelligent Natural Language Processing: Trends and Applications (pp. 741-759). New York: Springer.

Han J, Jo M, Hyun E, et al. 2015. Examining young children's perception toward augmented reality-infused dramatic play. Educational Technology Research & Development, 63(3), 455-474.

Heilmann J, Miller J F, Nockerts A, et al. 2010. Properties of the narrative scoring scheme using narrative retells in young school-age children. American Journal of Speech-Language Pathology, 19(2), 154-166.

Herrmann P, Waxman S R, Medin D L. 2010. Anthropocentrism is not the first step in children's reasoning about the natural world. Proceedings of the National Academy of Sciences of the United States of America, 107(22), 9979-9984.

Horst S J. 2013. Context and repetition in word learning. Frontiers in Psychology, 4, 149.

Hung Y H, Chen C H, Huang S W. 2016. Applying augmented reality to enhance learning: A study of different teaching materials. Journal of Computer Assisted Learning, 33(3), 252-266.

Hyun E J, Choi K, Yeon H M. 2011. Usability of augmented reality picture book for young children. The Korea Contents Association, 11(12), 182-189.

Jessica W, Dunagan J, Kane J, et al. 2017. The effects of interactive storybook reading with preschoolers who are deaf and hard-of-hearing. Topics in Early Childhood Special Education, 37(3), 47-163.

Jett-Simpson M. 1976. Children's inferential responses to a wordless picture book: Development and use of a classification system for verbalized inference. Washington DC: University of Washington.

Jo Y, Zhang Y. 2012. The stability of self-control: A group-based approach. Asian Journal of Criminology, 7(2), 173-191.

Jones A C, Toscano E, Botting N, et al. 2016. Narrative skills in deaf children who use spoken English: Dissociations between macro and microstructural devices. Research in Developmental Disabilities, 59, 268-282.

Justice L M, Ezell H K. 2000. Encouraging the print focus of shared reading sessions through observational learning. American Journal of Speech Language Pathology, 9, 36-47.

Justice L M, Ezell H K. 2001. Written language awareness in preschool children from low-income households: A descriptive analysis. Communication Disorders Quarterly, 22(3), 123-134.

Justice L M, Lankford C. 2002. Preschool children's visual attention to print during storybook reading: Pilot findings. Communication Disorders Quarterly, (24), 11-21.

Justice L M, Sofka A F. 2010. Engaging children with print: Building early literacy skills through quality read alouds. New York: Guiford Publications.
Justice L M, Skibbe L, Canning A, et al. 2005. Pre-schoolers, print and storybooks: An observational study using eye movement analysis. Journal of Research in Reading, 28(3), 229-243.
Justice L M, Pullen P C, Pence K. 2008. Influence of verbal and nonverbal references to print on preschoolers' visual attention during storybook reading. Developmental Psychology, 44(3), 855-866.
Kaefer T. 2017. The role of topic related background knowledge in visual attention to illustration and children's word learning during shared book reading. Journal of Research in Reading, 41(3), 582-596.
Kopp C B. 1989. Regulation of distress and negative emotions: A developmental view. Developmental Psychology, 25, 343-354.
Krashen S D. 1985. The input hypothesis: Issues and implications. London: Longman Publishing Press.
Kyle F E, Cain K. 2015. A comparison of deaf and hearing children's reading comprehension profiles. Topics in Language Disorders, 35(2), 144-156.
Laberge D, Samuels S J. 1974. Toward a theory of automatic information processing in reading. Cognitive Psychology, 6(2), 293-323.
Larsen N E, Le K, Ganea P A. 2017. Do storybooks with anthropomorphized animal characters promote prosocial behaviors in young children? Developmental Science, 21(3), e12590.
Laufer B, Hulstijn J. 2001. Incidental vocabulary acquisition in a second language: The construct of task-induced involvement. Applied Linguistics, 22(1), 1-26.
Lee K, Talwar V, McCarthy A, et al. 2014. Can classic moral stories promote honesty in children? Psychological Science, 25(8), 1630-1636.
Levy B A, Gong Z, Hessels S, et al. 2006. Understanding print: Early reading development and the contributions of home literacy experiences. Journal of Experimental Child Psychology, 93(1), 63-93.
Li H, Hsueh Y, Wang F, et al. 2017. Do young Chinese children gain anthropomorphism after exposure to personified touch-screen and board games? Frontiers in Psychology, 8(55), 1-8.
Li Y, Li H, Decety J, et al. 2013. Experiencing a natural disaster alters children's altruistic giving. Psychological Science, 24(9), 1686-1695.
Lin C Y, Chai H C, Wang J Y, et al. 2015. Using free augmented reality APP in teaching programs for children with disabilities. Displays, 42, 51-54.
Marriott S. 2002. Red in tooth and claw? Images of nature in modern picture books. Children's Literature in Education, 33(3), 175-183.
Mayer R E, Moreno R, Vagge S. 1999. Maximizing constructivist learning from multimedia communications by minimizing cognitive load. Journal of Educational Psychology, 91(4), 638-643.
Moyer S B. 1982. Repeated reading. Journal of Learning Disabilities, 15(10), 619-623.
Nagy W E, Herman P A, Anderson R C. 1985. Learning words from context. Reading Research Quarterly, 20(2), 233-253.
Nazaruddin M A, Efendi M. 2018. The book of pop up augmented reality to increase focus and object recognition capabilities for children with autism. Journal of ICSAR, 1(1), 9-14.
Neuman S B. 2008. Multimedia and Literacy Development. New York: Routledge.
Nielsen M, Gigante J, Collierbake E. 2014. Direct cost does not impact on young children's spontaneous helping behavior. Frontiers in Psychology, 5, 1509.
Nikolopoulos T P, Lloyd H, Starczewski H, et al. 2003. Using SNAP Dragons to monitor narrative abilities in young deaf children following cochlear implantation. International Journal of Pediatric Otorhinolaryngology, 67(5), 535-541.
Norraji M F, Sunar M S. 2015. WARna-Mobile-based augmented reality colouring book. 4th International

Conference on Interactive Digital Media (ICIDM), Bandung, Indonesia.

Pakulski L A, Kaderavek J N. 2001. Narrative production by children who are deaf or hard of hearing: The effect of role-play. Volta Review, 103(3), 127-139.

Paris A H, Paris S G. 2003. Assessing narrative comprehension in young children. Reading Research Quarterly, 38(1), 36-76.

Paul R, Smith R L. 1993. Narrative skills in 4-year-olds with normal, impaired, and late-developing language. Journal of Speech and Hearing Research, 36(3), 592-598.

Paulus M, Moore C. 2014. The development of recipient-dependent sharing behavior and sharing expectations in preschool children. Developmental Psychology, 50(3), 914-921.

Perfetti C A. 1985. Reading Ability. New York: Oxford University Press.

Pike M M, Barners M A, Barron R W. 2010. The role of illustrations in children's inferential comprehension. Journal of Experimental Child Psychology, 105(3), 243-255.

Pisoni D B. 1973. Auditory and phonetic memory codes in the discrimination of consonants and vowels. Percept & Psychophysics, 13(2), 253-260.

Posid T, Fazio A, Cordes S. 2015. Being sticker rich: Numerical context influences children's sharing behavior. PloS One, 10(11), e0138928.

Prabhakar J, Hudson J A. 2014. The development of future thinking: Young children's ability to construct event sequences to achieve future goals. Journal of Experimental Child Psychology, 127, 95-109.

Rapp D N, Broek P V D, Mcmaster K L, et al. 2007. Higher-order comprehension processes in struggling readers: A perspective for research and intervention. Scientific Studies of Reading, 11(4), 289-312.

Rayner K, Chace K H, Slattery J, et al. 2006. Eye movements as reflections of comprehension processes in reading. Scientific Studies of Reading, 10(3), 241-255.

Rayner K, Slattery T J, Bélanger N N. 2010. Eye movements, the perceptual span, and reading speed. Psychonomic Bulletin and Review, 17(6), 834-839.

Read K. 2014. Clues cue the smooze: Rhyme, pausing, and prediction help children learn new words from storybooks. Frontiers in Psychology, 5(5), 149.

Richels C G, Schwartz K S, Bobzien J L, et al. 2016. Structured instruction with modified storybooks to teach morphosyntax and vocabulary to preschoolers who are deaf/hard of hearing. The Journal of Deaf Studies and Deaf Education, 21(4), 352-361.

Richerd R A, Shawber A B, Hoffman R E, et al. 2009. Learning from fantasy and real characters in preschool and kindergarten. Journal of Cognition & Development, 10(1-2), 41-66.

Ridder I D. 2002. Visible or invisible links: Does the highlighting of hyperlinks affect incidental vocabulary learning, text comprehension, and the reading process. Language Learning & Technology, 6(1), 123-146.

Rideout V J, Vandewater E A, Wartella E A. 2003. Zero to six: Electronic media in the lives of infants, toddlers and preschoolers. Menlo Park: Henry J. Kaiser Family Foundation Report.

Robertson L, Dow G A, Hainzinger S L. 2006. Story retelling pattern among children with and without hearing loss: Effects of repeated practice and parent-child attunement. Volta Review, 106(2), 147-170.

Rohlfing K J, Ceurremans J, Horst J S. 2017. Benefits of repeated book readings in children with SLI. Communication Disorders Quarterly, 39(2), 367-370.

Rosenblatt L M. 1978. Thereader, the Text, the Poem: The Transactional Theory of the Literary Work. Carbondale: Southern Illinois University Press.

Roy-Charland A, Saint-Aubin J, Evans M A. 2007. Eye movements in shared book reading with children from kindergarten to grade 4. Reading and Writing, 20(9), 909-931.

Roy-Charland A, Perron M, Boulard J, et al. 2015. "If I point, do they look?": The impact of attention orientation strategies on text exploration during shared book reading. Reading and Writing, 28(9), 1-21.

Roy-Charland A, Perron M, Turgeon K L, et al. 2016. The link between text difficulty, reading speed and exploration of printed text during shared book reading. Reading and Writing, 29(4), 731-743.

Rusiñol M, Chazalon J, Diaz-Chito K. 2018. Augmented songbook: An augmented reality educational application for raising music awareness. Multimedia Tools & Applications, 77(11), 13773-13798.

Samuels S J. 1979. The method of repeated readings. Reading Teacher, 32(4), 403-408.

Samuels, S. J. 1994. Toward a theory of automatic information processing in reading, revisited. In R. B. Ruddell, M. R. Ruddell, & H. Singer (Eds.). Theoretical models and processes of reading (pp. 698-718). Newark: International Reading Association.

Samuels J. 2006. Looking backward: Reflections on a career in reading. Journal of Literacy Research, 38(3), 327-344.

Sasson N J, Turner-Brown L M, Holtzclaw T N, et al. 2008. Children with autism demonstrate circumscribed attention during passive viewing of complex social and nonsocial picture arrays. Autism Research, 1(1), 31-42.

Schwab J F, Williams C L. 2016. Repetition across successive sentences facilitates young children's word learning. Developmental Psychology, 52(6), 879-886.

Sharon T, Woolley J D. 2004. Do monsters dream? Young children's understanding of the fantasy/reality distinction. British Journal of Developmental Psychology, 22(2), 293-310.

Sim S S, Berthelsen D, Walker S, et al. 2014. A shared reading intervention with parents to enhance young children's early literacy skills. Early Child Development and Care, 184(11), 1531-1549.

Skibbe L E, Thompson J L, Plavnick J B. 2017. Preschoolers' visual attention during electronic storybook reading as related to different types of textual supports. Early Childhood Education Journal, 46(4), 419-426.

Smeets D J H, Bus A G. 2015. The interactive animated e-book as a word learning device for kindergartners. Applied Psycholinguistics, 36(4), 899-920.

Soares A D, Goulart B N, Chiari B M. 2010. Narrative competence among hearing-impaired and normal-hearing children: Analytical cross-sectional study. Sao Paulo Medical Journal, 128(5), 284-288.

Strouse G A, Nyhout A, Ganea P A. 2018. The role of book features in young children's transfer of information from picture books to real-world contexts. Frontiers in Psychology, 9, 50.

Stuart M. 1995. Prediction and qualitative assessment of five and six year old children's reading: A longitudinal study. British Journal of Education Psychology, 65(3), 287-296.

Su Z Q, Wang Y F, Sun Y D, et al. 2018. Reading independently and reading with a narrator: Eye movement patterns of children with different receptive vocabularies. Frontiers in Psychology, 9, 1753.

Svetlova M, Nichols S R, Brownell C A. 2010. Toddlers' prosocial behavior: From instrumental to empathic to altruistic helping. Child Development, 81(6), 1814-1827.

Taylor B J, Howell R J. 1972. The ability of three-, four-, and five-year-old children to distinguish fantasy from reality. The Journal of Genetic Psychology, 122(2), 315-318.

Tesolin A, Tsinakos A. 2018. Opening real doors: Strategies for using mobile augmented reality to create inclusive distance education for learners with different-abilities. In S. Q. Yu, M. Ally, A. Tsinakos (Eds.). Mobile and Ubiquitous Learning: An International Handbook (pp. 59-80). Singapore: Springer.

Thorndyke P. 1977. Cognitive structures in comprehension and memory of narrative discourse. Cognitive Psychology, 9(1), 77-110.

Trivette C M, Simkus A, Dunst C J, et al. 2012. Repeated book reading and preschoolers' early literacy development. Center for Early Literacy Learning, 5(5), 1-13.

Ugwuanyi L T, Adaka T A. 2015. Effect of Auditory Training on reading comprehension of children with hearing impairment in Enugu State. International Journal of Special Education, 30(1), 58-63.

Valentini A, Ricketts J, Pye R E, et al. 2018. Listening while reading promotes word learning from stories. Journal of Experimental Child Psychology, 167, 10-31.

Verhallen M J, Bus A G. 2011. Young second language learners' visual attention to illustrations in storybooks. Journal of Early Childhood Literacy, 11(4), 480-500.

Walker C M, Gopnik A, Ganea P A. 2015. Learning to learn from stories: Children's developing sensitivity to the causal structure of fictional worlds. Child Development, 86(1), 310-318.

Wauters L, Dirks E. 2017. Interactive reading with young deaf and hard-of-hearing children in ebooks versus print books. The Journal of Deaf Studies and Deaf Education, 22(2), 243-252.

Waxman S R, Herrmann P, Woodring J, et al. 2014. Humans (really) are animals: Picture-book reading influences 5-year-old urban children's construal of the relation between humans and non-human animals. Frontiers in Psychology, 5, 172.

Whitehurst G J, Valdezmenchaca M C. 1988. What is the role of reinforcement in early language acquisition? Child Development, 59(2), 430-440.

Williams C L, Mclean M M. 1997. Young deaf children's response to picture book reading in a preschool setting. Research in the Teaching of English, 31(3), 337-366.

Xiong M, Shi J, Wu Z, et al. 2016. Five-year-old preschoolers' sharing is influenced by anticipated reciprocation. Frontiers in Psychology, 7, 460.

Yilmaz R M. 2016. Educational magic toys developed with augmented reality technology for early childhood education. Computers in Human Behavior, 54, 240-248.

Yilmaz R M, Kucuk S, Goktas Y. 2017. Are augmented reality picture books magic or real for preschool children aged five to six? British Journal of Educational Technology, 48(3), 824-841.

Young A, Bowers P G. 1996. Effects of prosodic modeling and repeated reading on poor readers' fluency and comprehension. Applied Psycholinguistics, 17(1), 59-84.

Zawoyski A M, Ardoin S P, Binder K S. 2014. Using eye tracking to observe differential effects of repeated readings for second-grade students as a function of achievement level. Reading Research Quarterly, 50(2), 171-184.

Zhao H, Huang P, Yao J. 2017. Texturing of augmented reality character based on colored drawing. 2017 IEEE Virtual Reality, Los Angeles, USA.